民國歷史與文化研究

六　編

第 **1** 冊

《六編》總目

編輯部編

秩序的整合與國家的重塑：
梁啓超憲政思想研究

楊亮軍 著

花木蘭文化事業有限公司

國家圖書館出版品預行編目資料

秩序的整合與國家的重塑：梁啓超憲政思想研究／楊亮軍 著

— 初版 — 新北市：花木蘭文化事業有限公司，2017〔民 106〕

目 4+184 面；19×26 公分

（民國歷史與文化研究 六編；第 1 冊）

ISBN 978-986-485-139-3（精裝）

1. 梁啓超 2. 學術思想 3. 憲政主義

628.08   106013728

ISBN-978-986-485-139-3

9 789864 851393

民國歷史與文化研究

六 編 第 一 冊   ISBN：978-986-485-139-3

秩序的整合與國家的重塑：
梁啓超憲政思想研究

作　　者　楊亮軍

總 編 輯　杜潔祥

副總編輯　楊嘉樂

編　　輯　許郁翎、王筑　美術編輯　陳逸婷

出　　版　花木蘭文化事業有限公司

社　　長　高小娟

聯絡地址　235 新北市中和區中安街七二號十三樓

　　　　　電話：02-2923-1455／傳眞：02-2923-1452

網　　址　http://www.huamulan.tw 信箱 hml810518@gmail.com

印　　刷　普羅文化出版廣告事業

初　　版　2017 年 9 月

全書字數　175137 字

定　　價　六編 10 冊（精裝）台幣 18,000 元

《六編》總目

編輯部 編

《民國歷史與文化研究》六編　書目

政治史研究專輯

第一冊　楊亮軍　秩序的整合與國家的重塑：梁啟超憲政思想研究

教育史研究專輯

第二冊　姜　文　范源廉與清末民初的中國教育

第三冊　田　耕　民國時期中國童子軍運動問題研究（1912～1949）

經濟史研究專輯

第四冊　陳建成　1948 年國民黨政府幣制改革研究

第五冊　賈　銳　重慶陪都時期股份有限公司法人治理結構研究

第六冊　劉　波　中國郵政立法研究——以近現代社會變遷為背景
　　　　　　　　（上）

第七冊　劉　波　中國郵政立法研究——以近現代社會變遷為背景
　　　　　　　　（下）

第八冊　郭致廷　汪兆銘政府對外關係暨財金政策（1940～1945）

軍事史研究專輯

　　　　　蕭源聖　陳誠與東北戰場（1947～1948）

第九冊　廖奕盛　李宗仁與抗戰時期第五戰區（1937～1945）
　　　　　　　　——以安徽為中心的探討

抗戰研究專輯

第十冊　張淑冠　八年抗戰期間中日美三國漫畫之研究

《民國歷史與文化研究》六編
各書作者簡介‧提要‧目次

第一冊　秩序的整合與國家的重塑：梁啓超憲政思想研究

作者簡介

楊亮軍，男，1976 年 11 月生，甘肅莊浪人。吉林大學政治學博士，現執教於蘭州大學管理學院，主要從事政治學理論、中國政治思想史、中國政治制度史等領域的教學與研究工作。近年來在《福建論壇》、《中南民族大學學報》、《西北師大學報》、《甘肅社會科學》、《蘭州大學學報》等核心期刊、專業期刊上發表學術論文 10 餘篇，參編教材數部，主持和完成各類項目多項。

提　要

鴉片戰爭以降，世界資本主義的侵略狂潮將中國推向了亡國滅種的危機邊緣。爲了抵禦外辱和救亡圖存，中國社會各層展開了對國家出路的探索。以梁啓超爲代表的知識分子，他們在探索的過程中立足中國，放眼世界，提出了改革封建專制政治、實行立憲政治的探索主張。在梁啓超看來，中國落後挨打的眞正原因不是器物的落後，而是腐朽的封建專制統治。因此，他極力主張立憲政治——不管是君主立憲制，還是民主共和制，抑或是爲了實行立憲而做準備的開明專制——才是救亡圖存的不二法門。本文以鴉片戰爭後世界資本主義的侵略給中國社會帶來變化爲依據，分析了梁啓超憲政思想產

生的歷史背景，認為西方資本主義國家發動的侵略戰爭給中國政治、經濟、文化、社會等方面帶來的危機是梁啓超憲政救國理念產生的前提條件，而梁啓超的中學根底、西學基礎和東學背景則是構築其憲政理念的重要思想材料。在此基礎上，本文重點分析了梁啓超的君主立憲和民主共和兩大憲政思想的主要內容，認為梁啓超的民權議會思想、國家思想、法治思想、分權思想、政黨思想及分權與責任政府等思想雖然有著前後不連貫和不統一等特徵，但這種多變的特質可以說是中國當時特殊歷史際遇的一種真實反映，它充分體現了站在時代前列的梁啓超身上所具有的那種「先天下之憂而憂，後天下之樂而樂」的憂患意識與歷史使命感。因為在梁氏的內心深處，亡國滅種的危險與救國救民的緊迫感一直刺激著他去尋找一條能使中國在短期內走向獨立富強的道路。而這種「摸著石頭過河」的探索路徑給其憲政理念帶來的變化性和不一致性也是在所難免的。除此之外，梁啓超憲政思想中對國民教育、憲政文化和法制建設等方面的重視為當代中國社會主義憲政建設提供了相當的啓示，這些都是我們值得重新思考和進一步深入研究的地方。

目　次

緒　論 ……………………………………………………………………… 1
第一章　晚清社會歷史環境與憲政理念的發軔 ……………………… 17
　　一、中西文化碰撞下的晚清社會 …………………………………… 17
　　　　（一）工業文明的進入對中國傳統經濟的衝擊 ……………… 17
　　　　（二）資本主義的侵略與晚清社會的政治危機 ……………… 24
　　　　（三）西學東漸的加深與中國傳統經世思想的轉變 ………… 30
　　二、危機中的變革：晚清社會各層對國家出路的探索 ………… 35
　　　　（一）西方的侵入與中國傳統世界觀的轉變 ………………… 36
　　　　（二）「救亡圖存」：晚清憲政思想的發軔 ………………… 38
第二章　梁啟超憲政思想淵源 ………………………………………… 43
　　一、梁啓超憲政思想的西學背景 …………………………………… 43
　　　　（一）近代西方憲政思想簡述 ………………………………… 44
　　　　（二）近代西方憲政思想對梁啓超的影響 …………………… 50
　　二、梁啓超憲政思想的中學根基 …………………………………… 53
　　三、梁啓超憲政思想的「東學背景」 ……………………………… 59
第三章　政體優劣之辯：梁啟超的君主立憲思想 …………………… 65

一、戊戌維新前梁啓超的民權和議院思想 ⋯⋯⋯⋯⋯⋯ 65

　　（一）民權思想 ⋯⋯⋯⋯⋯⋯ 67

　　（二）議院思想 ⋯⋯⋯⋯⋯⋯ 69

二、維新變法失敗後梁啓超君主立憲思想的發展 ⋯⋯⋯⋯⋯⋯ 71

　　（一）「理解憲政之前提」：梁啓超的國家觀 ⋯⋯⋯⋯⋯⋯ 72

　　（二）「立憲國家之元氣」：梁啓超的憲法思想 ⋯⋯⋯⋯⋯⋯ 79

　　（三）「救時唯一之主義」：法治與憲政的關係 ⋯⋯⋯⋯⋯⋯ 90

三、清末憲政改革期間梁啓超的君主立憲主張 ⋯⋯⋯⋯⋯⋯ 99

　　（一）宣導政治革命，主張君主立憲 ⋯⋯⋯⋯⋯⋯ 100

　　（二）組織政治社團，運作立憲政治 ⋯⋯⋯⋯⋯⋯ 103

　　（三）辦報立說，鼓吹立憲改革 ⋯⋯⋯⋯⋯⋯ 105

第四章　徘徊中的選擇：梁啟超的共和立憲思想 ⋯⋯⋯⋯⋯⋯ 109

一、梁啓超的民主共和思想 ⋯⋯⋯⋯⋯⋯ 109

　　（一）「虛君共和」的設想與失敗 ⋯⋯⋯⋯⋯⋯ 110

　　（二）共和建設方案的提出 ⋯⋯⋯⋯⋯⋯ 114

二、梁啓超的政黨政治觀 ⋯⋯⋯⋯⋯⋯ 119

　　（一）對政黨與立憲政治之關係的論述 ⋯⋯⋯⋯⋯⋯ 120

　　（二）對政黨政治的總結與反思 ⋯⋯⋯⋯⋯⋯ 122

三、在反對袁世凱的鬥爭中維護共和 ⋯⋯⋯⋯⋯⋯ 125

　　（一）言論上對袁世凱復辟行為的批駁 ⋯⋯⋯⋯⋯⋯ 125

　　（二）維護共和事業的最後努力 ⋯⋯⋯⋯⋯⋯ 129

第五章　梁啟超憲政思想評價 ⋯⋯⋯⋯⋯⋯ 131

一、梁啓超憲政思想的時代特徵 ⋯⋯⋯⋯⋯⋯ 132

　　（一）憲政是實現國家富強的有效途徑 ⋯⋯⋯⋯⋯⋯ 133

　　（二）憲政文化建設是實現立憲政治的主要條件 ⋯⋯⋯⋯⋯⋯ 135

　　（三）隨勢而變是梁啓超憲政思想最明顯的特徵 ⋯⋯⋯⋯⋯⋯ 139

二、梁啓超憲政思想的歷史價值 ⋯⋯⋯⋯⋯⋯ 142

　　（一）加深了人們對憲政的理解 ⋯⋯⋯⋯⋯⋯ 142

　　（二）推動了近代中國憲政實踐的步伐 ⋯⋯⋯⋯⋯⋯ 144

三、梁啓超憲政思想的現實啓示 ⋯⋯⋯⋯⋯⋯ 147

　　（一）「憲法至上」觀念的培育及其遵循是實現憲政的基礎 ⋯⋯⋯ 147

（二）依法治國與責任政府的建立是憲政實現的重要保障⋯⋯⋯ 149

（三）穩健漸進的改革路徑是實現立憲政治的重要途徑⋯⋯⋯ 152

（四）社會經濟的發展是實現憲政的重要條件⋯⋯⋯⋯⋯⋯ 155

結　論⋯⋯⋯⋯⋯⋯⋯⋯⋯⋯⋯⋯⋯⋯⋯⋯⋯⋯⋯⋯⋯⋯⋯⋯ 161

參考文獻⋯⋯⋯⋯⋯⋯⋯⋯⋯⋯⋯⋯⋯⋯⋯⋯⋯⋯⋯⋯⋯⋯⋯ 165

第二冊　范源廉與清末民初的中國教育

作者簡介

姜文，男，1981年生，遼寧大連人。現任職於北京師範大學校史研究室。北京師範大學歷史學院中國近現代史專業博士，北京師範大學教育學部博士後，研究方向爲中國近現代教育史、思想文化史。

提　要

范源廉是近代中國教育變革中的重要人物。早年求學時務學堂，其思想發生重大變化，並逐漸確立了教育救國的志向。留學日本，是范源廉人生中的另一重大轉折，尤其是其參與創辦的速成教育，滿足了當時中國人才奇缺的狀況，對晚清的教育和政治變革起到了重要作用。

注重普通教育是范源廉教育思想和實踐的重要特徵。在民國初年擔任教育總長期間，范源廉頒佈了一系列法令，爲普通教育的發展鋪平了道路。范源廉對於教科書的管理和編寫非常重視，他不僅通過頒佈一系列法令對教科書進行管理，還親自參與教科書的編寫工作，體現了其重視實踐的可貴精神。在學校讀經和尊孔問題上的態度和做法，集中體現了范源廉的文化觀，可以看出其教育思想和實踐兼具保守與革新兩種特徵。

師範教育是普通教育的基礎，范源廉對師範教育尤其是高等師範教育非常關注，這與其受日本師範教育的影響有著密切的聯繫。民國建立以後，范源廉一直支持高等師範教育的發展，無論是高等師範區的構想，還是擔任北京師範大學首任校長，都是其重視高等師範教育的體現。可以說，近代中國高等師範教育能夠持續發展，與以范源廉爲代表的教育家的努力有著密切的關係。

北洋政府時期，由於政治四分五裂，中央權力已經無法控制各地，對教育的統一和獨立發展產生了不利影響。軍閥的混戰，又使教育經費嚴重短缺，

成為教育發展的重大障礙。范源廉為尋求教育的獨立發展採取了各種措施，無論是設立教育廳，還是以各種手段籌措教育經費，其最終目的都為尋求教育的獨立發展。但在北洋政府時期的政治亂局之下，范源廉的教育獨立目標根本無法實現。

新文化運動前後，中國的教育模式逐漸從模仿日本到學習美國轉變。在新的時代潮流中，范源廉通過親自赴美考察教育，聘請美國教育家來華講學等方式，積極推動中國教育向美國教育模式的轉變。在三次擔任北洋政府教育總長，試圖依靠政府力量自上而下改造中國教育而歷經挫折之後，范源廉逐漸對北洋政府失望，並調整自己的思路。范源廉通過組織中華教育改進社、主持中華教育文化基金董事會等教育機構，試圖依靠非政府的力量，自下而上改造中國教育，這表明其改造中國教育的新嘗試。

范源廉的一生以教育救國為終身志業，其功績不應為歷史所遺忘。雖然由於個人及時代的局限性，范源廉的許多教育理想和舉措無法實現，但其在促進中國教育變革中的努力和經驗值得後人銘記與反思。

目　次

緒　論 ……………………………………………………………………… 1
第一章　早年經歷與教育思想來源 ……………………………………… 17
　第一節　早年身世與求學歷程 ………………………………………… 17
　第二節　留學日本與教育救國思想的確立 …………………………… 20
　　一、留學日本的曲折與思想轉變 …………………………………… 20
　　二、參與創辦速成師範與速成法政 ………………………………… 23
　　三、近代女子留學教育的推動 ……………………………………… 29
　　四、參與留學生事務的管理與捲入「取締規則」風潮 …………… 31
　第三節　回國任職與教育經驗的積累 ………………………………… 35
　　一、任職學部與初登全國教育舞臺 ………………………………… 35
　　二、參與清華學堂的創建 …………………………………………… 40
第二章　注重普通教育的理念和實踐 …………………………………… 51
　第一節　初任教育總長與民初普通教育的推動 ……………………… 51
　第二節　教科書法令的制定及參與教科書的編輯 …………………… 55
　第三節　革新與保守之間：廢除學校讀經與參加祭孔 ……………… 64
第三章　高等師範教育的規劃與推進 …………………………………… 73

第一節 歷史淵源與民初高等師範區的構想 ………………………… 73

第二節 應對北京高師校長風潮 ……………………………………… 78

第三節 師範教育的踐行：擔任北京師範大學校長 ………………… 83

一、「改大」前後的北師大與「迎范」之曲折 ………………… 83

二、權力中心的轉移與對北師大的改造 ……………………… 88

三、辭職原因探析與「教授治校」制度的推行 ……………… 94

第四章 教育獨立的努力與挫折 …………………………………………… 101

第一節 推動設立省教育廳 ………………………………………… 101

一、近代省級教育行政的沿革 ………………………………… 101

二、人事與經費難局及其解決 ………………………………… 104

三、中央與地方的博弈 ………………………………………… 109

四、教育廳設立的意義與時代局限 …………………………… 113

第二節 面對教育經費難局與調解學潮 …………………………… 114

一、籌措教育經費的舉措與挫折 ……………………………… 114

二、應對北京教育界索薪運動與憤然辭職 …………………… 119

三、索薪運動中的派系衝突：教育部與交通部之糾紛 ……… 123

四、主動進行調解與學潮的初步解決 ………………………… 127

第五章 新文化運動前後教育思想與實踐的轉變 ……………………… 133

第一節 力主參加歐戰與教育政策的調整 ………………………… 133

第二節 推動中國教育向美國模式的轉變 ………………………… 137

一、邀請西方學者講學與組織實際教育調查社 ……………… 137

二、參與組織中華教育改進社及其活動 ……………………… 142

第三節 主持中基會與近代教育文化的促進 ……………………… 153

一、美國庚款退還與中基會委員之爭 ………………………… 153

二、制定經費分配原則與應對各界紛爭 ……………………… 158

三、對近代社會教育的推動：以北京圖書館的建立為中心 … 166

結 語 …………………………………………………………………………… 173

附錄一 范源廉大事年表 …………………………………………………… 177

附錄二 《范源廉集》未收文章目錄 ……………………………………… 181

參考文獻 ……………………………………………………………………… 183

第三冊　民國時期中國童子軍運動問題研究
（1912～1949）

作者簡介

　　田耕：歷史學博士，高級教師，1974 年生，祖籍陝西省商州市商南縣。2000 年畢業於西北大學，獲得歷史學碩士學位（隋唐史），專注於敦煌學及中西文化交流方向的研究。2008 年再入中國人民大學歷史學院，2011 年獲得歷史學博士學位（中國近現代史），方向爲中國近現代教育及思想史。先後發表歷史研究及歷史教學研究論文數篇。現就職於北京景山學校，致力於中等教育及歷史教育教學研究。

提　要

　　通過童子軍發展史相關「問題」的研究，挖掘其「思想意義」是本書的立足點。本書將討論：

　　1、民族主義與童子軍運動：持續發力的民族主義思潮是童子軍運動在近代中國發展的深層動力。

　　2、中國國民黨對童子軍教育理念的改造：三民主義與童子軍理念的結合，既是國民黨賦予的政治寓意，也是童子軍在中國民族化的第一步。

　　3、民國時期的童子軍理論研究：反思對童子軍教育價值的認識、組織訓練以及課程研究等方面，認爲理論研究對童子軍發展有促進作用，但同時有明顯的不足。

　　4、中國童子軍與青年訓練：國民黨認爲童子軍是青年訓練最好的工具之一。本章從兩方面致力於梳理中國童子軍與青年訓練之間的關係。

　　5、中國童子軍與學校教育：與歐美相比，在學校推廣童子軍教育是中國童子軍發展最大特點。將童子軍列入必修課程，說明從理念層面很重視，但從實踐的角度看差強人意。本章重點討論實踐層面的問題。

　　6、中國童子軍與公民教育：從三個角度討論這組關係，童子軍教育不僅是中國較早實施公民教育的形式之一，也對公民教育都有補充與創新，同時還是新生活運動的主力軍之一。

　　7、中國童子軍教育的總體評價（1912～1949）：分階段地分析童子軍發展變化的原因，剖析童子軍在基層推行中的現實困境。

　　8、童子軍教育中國化及歷史地位（1912～1949）：旨在從新教育中國化

的角度，探討童子軍教育近四十年的發展效果，並對其在中國教育現代化的地位上作出評估。

目　次

緒　論 ……………………………………………………………………… 1

第1章　民族主義：童子軍運動的發展動力 …………………………… 21

  1.1　英國童子軍運動中的民族主義 …………………………………… 22

    1.1.1　民族主義與英國童子軍運動的興起 ………………………… 22

    1.1.2　英國童子軍運動中的民族主義表現形式 …………………… 30

  1.2　民族主義與中國童子軍運動的復興 ……………………………… 33

    1.2.1　中國童子軍初興時期的發展特徵（1912～1926） ………… 34

    1.2.2　20世紀20年代民族主義與中國童子軍運動的復興 ……… 39

    1.2.3　20世紀20年代民族主義與童子軍領導機構的變動——從中國
           國民黨童子軍司令部到中國童子軍司令部 ……………… 43

    1.2.4　20世紀30年代民族主義與中國童子軍總會的成立 ……… 49

    1.2.5　中國童子軍運動中民族主義表現形式 …………………… 57

第2章　國民黨對童子軍教育理念的改造 ……………………………… 63

  2.1　童子軍理念與中國傳統教育思想的糅合 ………………………… 64

    2.1.1　國民黨改造之前的童子軍理念的變化 …………………… 64

    2.1.2　國民黨對童子軍理念的改造 ……………………………… 67

    2.1.3　《中國童子軍總章》的制定 ………………………………… 75

    2.1.4　《中國童子軍總章》的文本分析 …………………………… 79

  2.2　對童子軍的服飾及軍禮的改造 …………………………………… 82

    2.2.1　徽章 …………………………………………………………… 82

    2.2.2　服裝 …………………………………………………………… 84

    2.2.3　軍禮 …………………………………………………………… 86

第3章　民國時期童子軍的理論研究 …………………………………… 89

  3.1　民國時期童子軍理論研究的內容 ………………………………… 90

    3.1.1　對童子軍教育價值的認識 ………………………………… 90

    3.1.2　對各國童子軍組織等方面的比較研究 …………………… 94

    3.1.3　對外國訓練技術的介紹 …………………………………… 96

    3.1.4　課程研究 …………………………………………………… 98

3.2 童子軍理論研究的特點及評價 ⋯⋯⋯⋯⋯⋯⋯⋯⋯⋯⋯⋯99

   3.2.1 童子軍理論研究的特點 ⋯⋯⋯⋯⋯⋯⋯⋯⋯⋯⋯99

   3.2.2 童子軍理論研究的評價 ⋯⋯⋯⋯⋯⋯⋯⋯⋯⋯⋯101

第 4 章 中國童子軍與青年訓練 ⋯⋯⋯⋯⋯⋯⋯⋯⋯⋯⋯⋯⋯109

4.1 青年訓練的內涵 ⋯⋯⋯⋯⋯⋯⋯⋯⋯⋯⋯⋯⋯⋯⋯⋯109

4.2 國民黨加強「青年訓練」的緣由 ⋯⋯⋯⋯⋯⋯⋯⋯⋯111

4.3 國民黨「青年訓練」的一般邏輯 ⋯⋯⋯⋯⋯⋯⋯⋯⋯113

4.4 童子軍教育與青年訓練 ⋯⋯⋯⋯⋯⋯⋯⋯⋯⋯⋯⋯⋯119

   4.4.1 童子軍是青年訓練最好的方法 ⋯⋯⋯⋯⋯⋯⋯⋯119

   4.4.2 童子軍教育理念與《青年訓練大綱》 ⋯⋯⋯⋯⋯122

第 5 章 中國童子軍與學校教育 ⋯⋯⋯⋯⋯⋯⋯⋯⋯⋯⋯⋯⋯125

5.1 童子軍課程標準 ⋯⋯⋯⋯⋯⋯⋯⋯⋯⋯⋯⋯⋯⋯⋯⋯125

   5.1.1 內容分析 ⋯⋯⋯⋯⋯⋯⋯⋯⋯⋯⋯⋯⋯⋯⋯⋯125

   5.1.2 童子軍課程地位的上升 ⋯⋯⋯⋯⋯⋯⋯⋯⋯⋯⋯129

5.2 童子軍課程對學校教育內容的補充 ⋯⋯⋯⋯⋯⋯⋯⋯131

   5.2.1 童子軍與生活技能教育 ⋯⋯⋯⋯⋯⋯⋯⋯⋯⋯⋯132

   5.2.2 童子軍與健康教育 ⋯⋯⋯⋯⋯⋯⋯⋯⋯⋯⋯⋯136

5.3 童子軍教育對學校訓育制度的影響 ⋯⋯⋯⋯⋯⋯⋯⋯139

   5.3.1 「訓育」概念的內涵 ⋯⋯⋯⋯⋯⋯⋯⋯⋯⋯⋯⋯139

   5.3.2 20 世紀 30～40 年代學校訓育的強化 ⋯⋯⋯⋯⋯141

   5.3.3 從童子軍管理看學校訓育 ⋯⋯⋯⋯⋯⋯⋯⋯⋯⋯141

5.4 童子軍組織與學校行政管理體制 ⋯⋯⋯⋯⋯⋯⋯⋯⋯146

第 6 章 中國童子軍與公民教育 ⋯⋯⋯⋯⋯⋯⋯⋯⋯⋯⋯⋯⋯151

6.1 公民教育的內涵 ⋯⋯⋯⋯⋯⋯⋯⋯⋯⋯⋯⋯⋯⋯⋯⋯152

   6.1.1 國民與公民 ⋯⋯⋯⋯⋯⋯⋯⋯⋯⋯⋯⋯⋯⋯⋯152

   6.1.2 公民教育的內涵 ⋯⋯⋯⋯⋯⋯⋯⋯⋯⋯⋯⋯⋯154

6.2 童子軍教育與學校公民教育 ⋯⋯⋯⋯⋯⋯⋯⋯⋯⋯⋯156

   6.2.1 學校公民教育課程標準的評價 ⋯⋯⋯⋯⋯⋯⋯⋯156

   6.2.2 童子軍教育對公民教育內容的補充 ⋯⋯⋯⋯⋯⋯158

   6.2.3 童子軍訓練對公民教育方法論的意義 ⋯⋯⋯⋯⋯159

6.3 童子軍教育與社會公民教育 ⋯⋯⋯⋯⋯⋯⋯⋯⋯⋯⋯163

6.3.1 「社會公民教育」的內涵 ································· 163

6.3.2 童子軍與社會公民教育 ································· 164

6.4 童子軍對公民教育的意義 ····························· 171

第 7 章　中國童子軍教育的總體評估與現實困境分析（1912～1949）··· 173

7.1 中國童子軍教育發展狀況的評估 ······················ 173

7.2 民國各界對童子軍教育的評價 ························· 178

7.2.1 對童子軍教育的正面評價 ························· 178

7.2.2 對童子軍教育的負面評價 ························· 180

7.3 童子軍教育發展的現實困境分析 ······················ 183

7.3.1 宣傳不夠與教育政策的誤導 ······················ 183

7.3.2 師資培訓中的理念偏轉 ························· 184

7.3.3 經濟制約 ································· 190

7.3.4 脫離民眾的實際需要 ························· 193

7.3.5 普遍存在的官僚主義工作作風 ······················ 194

7.3.6 日本侵略的干擾 ································· 194

7.3.7 其他原因 ································· 195

第 8 章　童子軍教育中國化及歷史地位 ······················ 197

8.1 新教育中國化運動與中國童子軍教育 ······················ 197

8.1.1 向傳統回歸：新教育中國化與童子軍教育的反思 ··· 198

8.1.2 新教育中國化運動對童子軍教育研究的啟發 ······ 203

8.2 童子軍教育理念在中國教育史上的地位 ············· 207

8.2.1 重視女子教育 ································· 207

8.2.2 重視特殊兒童的教育 ························· 213

8.2.3 重視激勵教育——徽章制度 ······················ 215

8.2.4 重視「遊戲」的教育方式 ························· 217

附錄 1：中華民國童子軍大事記 ························· 221

附錄 2：《童子軍規律》內容舉要 ························· 231

附錄 3：《童子軍徽章》內容舉要 ························· 237

附錄 4：《中國童子軍總章》 ····························· 241

附錄 5：藤影荷香中的營帳——清華童子軍鉤沉（1915～1928 年）··· 247

附錄 6：國民黨童子軍與新生活運動之淵源探究 ··········· 259

主要參考文獻⋯⋯⋯⋯⋯⋯⋯⋯⋯⋯⋯⋯⋯⋯⋯⋯⋯⋯⋯⋯⋯⋯⋯⋯269

第四冊　1948年國民黨政府幣制改革研究

作者簡介

　　陳建成，男，漢族，湖北省蘄春縣人，北京信息科技大學副教授，博士，主要從事中國近現代史研究。

提　要

　　1948 年幣制改革是國民黨政府在當時法幣惡性膨脹、社會急劇動盪、財政嚴重危機、資金大量逃避等現狀下的被動選擇。蔣介石在俞鴻鈞與王雲五之間選擇了王雲五的方案。雖然該方案遭到國民黨高層及財政經濟專家的明確反對，但蔣介石仍然決定冒險嘗試。

　　王雲五幣制改革方案中發行準備和發行限額兩項政策理論上有致命錯誤，在實際執行中也沒堅持多久就失敗了。金銀外幣收兌政策影響很壞：一是黃金美鈔所定兌換率太高；二是金銀外幣收兌價格以上海、南京地區為全國統一標準，沒有考慮到其他區域；三是金銀外幣在民眾手中本可以作為儲藏貨幣購買力的工具，政府強制使用金圓券收兌金銀外幣，導致金圓券流出太多，後雖採取了增稅、發售國營股票、出售敵偽產業等措施，但收效甚微，無法使巨額的遊資回籠。再加上當時錯誤的限價政策，使得很多物品價格低廉，這更刺激了遊資和民眾追逐物資，釀成了幣制改革後期的搶購風潮，最終造成了有價無貨的局面，使國統區的各階層都遭受了重大損失。

　　幣制改革另外一項重要配套措施是物價管制，物價管制政策相關規定違背了經濟規律，在實際中造成了嚴重的經濟危機和社會危機。物價管制政策是此次幣制改革最主要的配套措施，物價管制的失敗也就意味著此次幣制改革的失敗。

目　次

緒　論⋯⋯⋯⋯⋯⋯⋯⋯⋯⋯⋯⋯⋯⋯⋯⋯⋯⋯⋯⋯⋯⋯⋯⋯⋯⋯⋯⋯⋯1
第一章　幣制改革方案的出臺⋯⋯⋯⋯⋯⋯⋯⋯⋯⋯⋯⋯⋯⋯⋯⋯⋯15
　第一節　蔣介石不得不改的緣由⋯⋯⋯⋯⋯⋯⋯⋯⋯⋯⋯⋯⋯⋯16
　第二節　幣制改革方案的出臺⋯⋯⋯⋯⋯⋯⋯⋯⋯⋯⋯⋯⋯⋯⋯24
　第三節　幣制改革後各方的反應⋯⋯⋯⋯⋯⋯⋯⋯⋯⋯⋯⋯⋯⋯32

第二章　幣制改革的兩大舉措 ··· 43
　第一節　荒謬的發行準備與發行限額 ··························· 44
　第二節　錯誤的金銀外幣收兌政策 ····························· 54
第三章　適應幣制改革的財政金融措施 ····························· 71
　第一節　增稅 ·· 71
　第二節　整理舊債與發行金圓公債 ····························· 78
　第三節　發售國營股票與出售敵偽產業 ····················· 88
第四章　配合幣制改革的物價管制及實效 ························· 99
　第一節　經濟管制政策的由來及其組織層級體系 ······· 99
　第二節　三個督導區的物價管制及市場動態 ············· 105
　第三節　其他各地物價管制及市場動態 ····················· 148
　第四節　各方對管制物價的反應 ································· 178
　第五節　管制經濟下各階層的生存狀態 ····················· 186
第五章　幣制改革中存在的主要問題及補救 ····················· 203
　第一節　遊資疏導問題 ··· 203
　第二節　生產問題及挽救 ··· 215
結　語 ·· 233
參考文獻 ·· 243

第五冊　重慶陪都時期股份有限公司法人治理結構研究

作者簡介

賈銳，法學博士。全國法制宣傳模範個人。西南政法大學律師學院副院長。重慶市十佳律師。律師執業 17 年，銀行工作 5 年，先後在大成、國浩等知名律所執業；時薪寶軟體項目創始人；承辦了豬八戒網引進 IDG 風投等重大資本運作項目，實踐經驗豐富。著有《投資併購法律實務（法律出版社，2014）》，上市 6 個月即售罄，並位列當當法律榜好評率第一，之後加印 4 次。郵箱：1350569137@qq.com

提　要

通過對重慶陪都時期股份有限公司法人治理結構的研究，筆者發現，無論從立法、理論還是實踐的角度看，這段時期的公司法人治理都已經達到了

相當的高度。本文的寫作旨在達成三個目的：一是提示理論界重新認識和重視陪都時期乃至民國時期的公司法立法與實踐中的亮點；二是考證陪都時期乃至近代公司法立法與實踐中的大量具體理論問題，澄清一些失之偏頗或模糊不清的觀點；三是借鑒當時的公司立法與實踐對接的經驗，為當代公司立法及實踐提供參考。

本文除導論外，包括總論和分論兩個主要部分：

總論部分（第一章）是近代公司、股份有限公司及其法人治理結構概述。寫作這一部分的目的主要是介紹一些基本的事實，闡明一些基本的理論問題，從而為後文的論述打下基礎。這部分包括公司及股份有限公司的制度沿革、在我國的發展狀況、我國的公司立法以及股份有限公司法人治理結構四個方面的簡要介紹，主要是梳理前人的研究成果，但也會提出一些自己的觀點。例如，理論界一致認為清末《公司律》未規定公司法人地位，屬於立法缺失。筆者經研究當時的歷史背景及之後的立法演變，認為這不屬於缺失，而是屬於有意識的取捨，且並未造成不良後果。

分論部分（第二、三、四、五章）是對公司法人治理結構各部分，即股東會、董事會、經理人、監察人及其相互關係的研究。這是本文的主幹，內容盡可能全面：既研究股東、經理人、董事、監察人的個體，也研究股東會、董事會、經理團隊、監察人團隊的整體；既研究各機構自身的產生（設置）及職權的行使，也研究各機構之間的互動關係，其重點是「董事會中心主義」在陪都時期公司中的確立。具體說：

第二章探討股份有限公司股東和股東會有關問題，包括股東身份的取得、股東的權利與義務、股東數量、小股東利益保護、股東會的組織、股東會的職權範圍及其與董事會、經理人、監察的關係等，旨在說明陪都時期公司有關股東身份取得和股東會議召開的程序比較嚴謹，公司的社會公眾性較高，確立了表決權限制等保護小股東利益的強有力的機制，並站在股東會的角度，重點分析了股東會與董事會、經理團隊、監察人之間的關係，得出了股東會一般不干預公司經營管理的結論。

第三章介紹陪都時期股份有限公司董事的產生、權力、義務、責任及激勵機制，進而介紹董事會的組成、會議的召開和職權的行使，並對陪都時期頗具特色的常務董事制度進行介紹。筆者認為，陪都時期公司法人治理結構中「董事會中心主義」的理念已經基本確立，無論是在制度安排上還是在實

踐中，董事會都擁有廣泛的權力，在公司治理中處於中心地位。本章將重點論證這一觀點，並就有學者認爲民國時期（含陪都時期）公司實行「總經理負責制」較爲普遍的觀點提出商榷意見。

　　第四章考證陪都時期公司經理人產生、報酬、義務和責任，進而探討其職權和地位。儘管直到 1946 年《公司法》才首次專設一節規定有關經理人的事項，但此前陪都時期公司大都通過章程、組織大綱等文件明確了經理人及其團隊的組成及職權。因此，此前的公司法沒有關於經理人的規定，對於經理人發揮作用並無實質性影響。與前一章關於董事會的主導地位的論述相呼應，本章將重點探討經理人與董事會之間的關係。

　　第五章研究監察人的產生、任期、報酬，以及監察人行使職權的情況，重點介紹常駐監察、監察人會議等有特色的制度，並探討監察人與股東會、董事會、經理人的關係。重點是通過對監察人激勵機制、職權範圍以及一些監察人行使職權案例的分析，論證陪都時期監察人「形同虛設」這一觀點的偏頗之處。

目　次

導　論 ··· 1
第一章　近代公司、股份有限公司及其法人治理結構概述 ············· 13
　第一節　公司及股份有限公司的沿革 ····································· 13
　　一、公司的沿革 ··· 13
　　二、股份有限公司的沿革 ··· 15
　第二節　近代中國公司及股份有限公司的發展 ······················ 17
　　一、公司在我國的發展 ··· 17
　　二、股份有限公司的發展 ··· 24
　第三節　近代我國公司立法及其公司法人治理結構制度安排 ······ 25
　　一、近代四部公司法的立法背景、立法過程及主要內容簡述 ···· 25
　　二、近代公司法關於股份有限公司法人治理結構的制度安排 ···· 32
第二章　陪都時期股份有限公司的股東及股東會 ······················· 39
　第一節　股東 ··· 39
　　一、股東身份的取得 ··· 39
　　二、股東的權利與義務 ··· 62
　　三、陪都時期公司的股東數量及小股東利益保護 ················ 75

第二節　股東會 81

　一、股東會的組織 81

　二、股東會的職權範圍及其與董事會、經理人、監察的關係 ... 94

第三章　陪都時期股份有限公司董事與董事會 99

　第一節　董事 99

　　一、董事的產生 99

　　二、董事的職權、義務與責任 105

　　三、董事的報酬 107

　第二節　董事會 111

　　一、董事會的組織 111

　　二、董監聯席會議 121

　　三、董事會的職權範圍 122

　　四、從董事會與股東會、經理人的權力邊界看董事會的中心地位 ... 129

第四章　陪都時期股份有限公司的經理人 137

　第一節　經理人產生及其報酬、義務和責任 137

　　一、總經理的產生 138

　　二、經理人團隊的組成 139

　　三、經理人的報酬、義務和責任 141

　第二節　經理人的職權及地位 143

　　一、經理團隊的職權 143

　　二、經理人與股東會、董事會、監察人之間的關係 146

第五章　陪都時期股份有限公司的監察人 149

　第一節　監察人的產生及其責任、報酬 149

　　一、監察人的產生 149

　　二、監察人的義務、責任及報酬 151

　　三、常駐監察人 151

　第二節　監察人的職權 153

　　一、監察人的法定職權及其他職權 153

　　二、監察人與股東會、董事會、經理人之間的關係 161

附件 1　本文研究的公司檔案名錄 163

參考文獻 173

第六、七冊　中國郵政立法研究
——以近現代社會變遷爲背景

作者簡介

　　劉波（1976 年出生），男，漢族，雲南昆明人，畢業於中國人民大學法學院，法學博士。曾任職中華人民共和國國家郵政局，長期從事郵政和快遞領域的立法和執法工作，親身參與了 20 世紀 90 年代以後的歷次郵政改革和中國郵政市場的開放歷程，對郵政行業發展戰略有深入研究。

提　要

　　本文是對一百年來中國郵政法立法的研究，由這條主線折射中國社會變遷對立法的影響。法律與社會一一對應，即使稍有偏離，最終也會按照某種潛移默化的規律、在一定的程序下「自覺地」回到應有軌轍之中。中國一百年的郵政立法史，從一個側面對社會與法律的這種關係做出了詮釋。

　　中國近現代郵政立法肇始於《大清郵政條例》。清朝末年的中國社會，傳統的社會治理模式和法律制度已經完全不能適應向商品經濟過渡的需要，而中國原生的商品經濟又受到西方具有強烈殖民色彩的商品經濟的打擊和壓抑。當時的中國通信組織格局，正是這一大衝擊、大變化年代的真實縮影。官方的「郵驛」日趨腐敗，風雨飄搖；萌芽於民間的「民信局」承擔了普通民眾通信的主要任務，但由於資本弱小，網絡不健全，無力在廣大城鄉爲公眾提供廣泛的通信服務；迅速蔓延鋪陳的「客郵」，直接受命於西方殖民勢力，是中國半殖民化的產物。隨著洋務運動的進展，經過艱難的長達 20 年的摸索，終於建立了大清郵政。其後，清政府頒佈了《大清郵政章程》。這部章程可謂中國第一部近代意義上的郵政法律，以立法確立國家郵政的優勢地位，爲此後針對郵驛、民信局和客郵採取的不同策略埋下了伏筆。

　　一戰後，中國曾希望以戰勝國的身份，「平等地」修正不平等條約、收回淪喪國權。1921 年 10 月，中國北洋政府在極短時間內迅速通過了《郵政條例》。主要目的就是爲統一郵權提供法律依據，支持即將於當年 11 月召開的華盛頓和會上的外交努力，使列強無法再以中國無相關郵政法律規定爲藉口拖延。然而，在華盛頓會議的最後決議中，「弱國無外交」又一次生動地教育了中國人。中國提出的「取消租界」、「撤回外國駐軍」、「取消領事裁判權」等要求幾乎全部被擱置。只有「取消外國在華郵局」成爲「中國在華盛頓會議上取

得的惟一實質性成果」。

　　1935 年，南京國民政府頒佈《中華民國郵政法》，該法規定：「郵政爲國營事業，由交通部掌管之」，明確了郵政的性質是「國家經營的事業」。該法施行後，全國各地民信局最終被取締，郵政行業從此進入長期的國有壟斷階段。

　　中華人民共和國成立後，郵政被完整接收，實行「國家經營、國家管理」的計劃經濟體制。由於計劃經濟「權力高度集中、利益格局一元和行政本位」的特點，也由於建國後法制建設遭受了重挫，這一時期，沒有再制定郵政法。政策成爲調整計劃經濟年代郵政運行和管理的最主要手段。

　　文革之後，中國開始深刻反思浩劫的原因。民主與法制成爲社會共識，中國也由此進入一個影響至今的大規模的立法時代。以 1982 年憲法爲標誌，這一階段中國的很多立法，開始重視和突出「公民人身權利和民主權利不受非法侵害」。1986 年，根據憲法第四十條，頒佈了建國後的第一部《郵政法》，將「保護通信自由和通信秘密」作爲立法宗旨之一。同時，這部法律規定了郵政實行「中央事權、政企合一」的行政管理體制，確立了郵政專營制度。

　　20 世紀 90 年代以後，中國經濟體制發生根本性變革，決定了此後立法的基本方向，是建立一個適應現代市場經濟體制發展需要的法律秩序。這種變化迅速傳導到郵政行業。一方面，傳統的國有郵政企業包袱沉重，效率低下，亟待改革，另一方面，外資、民營等多種經濟形式蓬勃興起，特別是多元化競爭的快遞市場格局逐漸形成，對固有體制形成強烈的衝擊。1986 年《郵政法》已經嚴重落後於市場經濟下的社會現實需要，修法和改革的呼聲越來越強烈。「郵政專營」成爲立法背後鬥爭的聚焦點，集中反映了社會轉型中，長期存續的計劃經濟體制與剛剛建立的市場經濟體制的劇烈衝突。經歷了 10 年複雜曲折的修法歷程，2009 年修訂頒佈的新的《郵政法》終於確立了市場化的郵政體制改革方向，「鼓勵競爭、促進發展」成爲郵政市場監督管理的基本原則，爲今後更加深入的郵政改革奠定了基礎。

目　次

上　冊

導　論 1
第 1 章　大清郵政條例 17

1.1 近代中國社會和法制的變局 17

  1.1.1 二千年傳統社會的變化 17

  1.1.2 中國法制的近代化 19

  1.1.3 「自強」和「獨立」是近代中國立法的重要價值傾向 ... 20

1.2 郵政產生的歷史原因 22

  1.2.1 洋務運動 22

  1.2.2 西方現代化的影響 25

  1.2.3 社會化大生產的形成 25

1.3 身邊的競爭者 26

  1.3.1 官府郵驛：風雨飄搖，走向末路 27

  1.3.2 民信局：早期的民間通信組織 31

  1.3.3 「客郵」：畸形的網 37

1.4 郵政的誕生 45

  1.4.1 特殊的出身：海關創辦郵政 45

  1.4.2 海關郵政向國家郵政的過渡 47

  1.4.3 初具規模 49

1.5 第一部郵政法——大清郵政章程的制定 50

  1.5.1 《郵政章程》十三條 50

  1.5.2 《大清郵政章程》 52

  1.5.3 以立法確立國家郵政的優勢地位 59

  1.5.4 大清郵政初步打開局面 73

第2章　民國郵政條例 77

2.1 法律民族主義——民國初期立法的重要特徵 77

  2.1.1 近代中國的民族危機 77

  2.1.2 法律民族主義的興起 82

2.2 一戰後的中國 84

  2.2.1 對德宣戰與山東權益 84

  2.2.2 戰後中國的強烈願望——「收回主權，與列國平等」 85

  2.2.3 為參加華盛頓和會而制定郵政條例 91

  2.2.4 撤銷客郵——華盛頓和會上中國得到的唯一成果 100

  2.2.5 撤銷客郵後，對中華郵政發展的促進 108

第3章　民國郵政法 ································· 111

3.1 立法過程 ·································· 111

3.2《民國郵政法》的主要內容 ····················· 114

3.3「郵政是國家經營的事業」成為法律的規定 ··········· 124

3.4 民信局被取締 ····························· 133

3.5 立法的社會效應 ·························· 138

　3.5.1 隨著通信的發展，民信局已經不適應社會的需要 ···· 138

　3.5.2 民信局的反抗——弱而無力直至無聲無息 ········· 142

　3.5.3 社會的反響——令人吃驚的波瀾不驚 ··········· 145

3.6 中華郵政的黃金時期——主要依靠服務贏得市場 ······· 146

　3.6.1 國家信譽 ··························· 147

　3.6.2 採用先進的運輸方式 ····················· 150

　3.6.3 低廉的資費 ························· 154

　3.6.4 國家資本對建設城鄉郵政網絡的支持 ··········· 157

　3.6.5 獨立的財政制度 ····················· 162

　3.6.6 源自西方的文官制度 ····················· 165

　3.6.7 良好嚴密的管理制度 ····················· 170

　3.6.8 從加入萬國郵聯到通達海外 ················ 174

第4章　新中國計劃經濟時期的郵政政策 ················ 177

4.1「國家經營國家管理」體制進一步鞏固 ············· 177

　4.1.1 體制形成的時代背景 ····················· 177

　4.1.2 郵電行業實行了國有化改造 ················ 181

　4.1.3 成立郵電部 ························· 182

　4.1.4 實行「郵電合營」 ····················· 184

　4.1.5 百廢待興的中國，中央領導體制有利於郵政恢復和重建 · 185

4.2 依靠政策而不是法律 ······················ 186

　4.2.1 廢除六法全書 ······················ 186

　4.2.2 五十年代以後，郵政立法的長期擱置 ··········· 187

　4.2.3「政策就是法」，政策成為郵政最主要的治理手段 ···· 190

4.3 郵政形成高度的計劃經濟體制 ················· 195

　4.3.1 計劃經濟社會的基本確立 ················· 195

4.3.2 計劃經濟體制的運行模式 …………………………… 196

4.3.3 郵電部的高度計劃體制 ……………………………… 198

4.4.4 計劃經濟對郵政發展的正面作用 …………………… 198

第 5 章　改革開放後的 1986 年郵政法 ……………………… 201

5.1 中國社會進入民主與法制時期 ……………………………… 201

5.1.1 文革的「無法無天」…………………………………… 201

5.1.2 呼喚法制 ……………………………………………… 203

5.1.3 大規模的立法時代 …………………………………… 204

5.2 建國後的第一部《郵政法》………………………………… 205

5.2.1 制定《郵政法》已是社會迫切的要求和共識 ……… 205

5.2.2 著手開展《郵政法》的立法工作 …………………… 208

5.2.3《郵政法》（1986 年）的主要內容 ………………… 209

5.3 特殊的價值 ………………………………………………… 211

5.3.1 貫徹憲法規定的「通信自由和通信秘密」………… 212

5.3.2 明確了郵政的「企業性質」，定紛止爭 …………… 217

5.3.3 明確了郵政「中央事權、政企合一」的行政管理體制 … 219

5.3.4 規定郵件損失「限額賠償」的原則，體現法律公平性 … 221

5.3.5 確立了「郵政專營」制度 …………………………… 221

下　冊

第 6 章　2009 年《郵政法》修訂 …………………………… 227

6.1 中國社會的再次轉型 ……………………………………… 227

6.1.1 由計劃經濟走向市場經濟 …………………………… 227

6.1.2 以開放促改革——加入世貿組織 …………………… 230

6.1.3 建設法治社會的理想 ………………………………… 235

6.1.4 多種經濟的興起 ……………………………………… 235

6.2《郵政法》——條文與現實的距離 ………………………… 239

6.2.1 通信需求的重大變化：電信取代郵政？…………… 239

6.2.2 郵電分營 ……………………………………………… 243

6.2.3 普遍服務與競爭性服務的矛盾 ……………………… 247

6.2.4 郵政市場：新的經營主體出現 ……………………… 255

6.2.5「郵政專營」成爲導火索 …………………………… 257

6.3 曲折複雜的修法之路 ·· 260
　6.3.1 最初的修法目的 ·· 260
　6.3.2 利益競爭影響修法進程 ·· 261
　6.3.3 相互衝突的觀點 ·· 263
　6.3.4 「維護壟斷」，還是「依法保護專營」 ············· 269
　6.3.5 外資問題 ··· 273
6.4 轉折──政企分開 ··· 280
　6.4.1 政企分開成為世界郵政改革的潮流 ······················ 280
　6.4.2 中國的郵政政企分開改革順利實施 ······················ 282
　6.4.3 修法進入新階段 ·· 284
6.5 新的體制，新的法律 ·· 286
　6.5.1 按程序進行的立法進程 ·· 286
　6.5.2 修訂後的《郵政法》建立的主要制度 ··················· 289
6.6 立法的社會效果 ·· 293
　6.6.1 推動了郵政企業的體制改革 ································· 293
　6.6.2 建立許可制度──賦予快遞企業法律身份 ·············· 295
　6.6.3 郵政市場的蓬勃新面貌 ·· 295
　6.6.4 轉變中的政府職能 ·· 296
第7章　郵政法修改過程中的外國郵政法考察 ················ 299
7.1 美國郵政法 ·· 299
　7.1.1 《私營快遞條例》 ·· 299
　7.1.2 《美國郵政重組法案》 ·· 301
　7.1.3 《郵政責任與加強法案》 ···································· 303
　7.1.4 美國郵政立法的新變化 ·· 308
7.2 歐盟郵政指令 ·· 310
　7.2.1 歐盟 1997 年郵政指令 ··· 310
　7.2.2 歐盟 2002 年郵政指令 ··· 311
　7.2.3 歐洲郵政市場的開放情況 ····································· 312
7.3 日本郵政立法 ·· 314
　7.3.1 曾經長期穩定的日本郵政法 ································· 314
　7.3.2 郵政改革推動了日本郵政法的修改 ······················ 315

  7.3.3　信件市場准入制度‧‧‧317

  7.3.4　日本郵政改革立法的新變化‧‧‧‧‧‧‧‧‧‧‧‧‧‧‧‧‧‧‧‧‧‧‧‧‧‧‧‧‧‧‧‧‧‧‧‧‧‧318

第 8 章　結　語‧‧319

 8.1　由郵政法透視中國的社會變遷‧‧‧‧‧‧‧‧‧‧‧‧‧‧‧‧‧‧‧‧‧‧‧‧‧‧‧‧‧‧‧‧319

 8.2　立法中的新舊體制的衝突‧‧‧‧‧‧‧‧‧‧‧‧‧‧‧‧‧‧‧‧‧‧‧‧‧‧‧‧‧‧‧‧‧‧‧‧‧‧‧327

 8.3　立法對利益格局的認識與選擇‧‧‧‧‧‧‧‧‧‧‧‧‧‧‧‧‧‧‧‧‧‧‧‧‧‧‧‧‧‧‧‧329

 8.4　市場經濟立法的重構‧‧331

 8.5　政府立法的改革是市場經濟立法改革的核心‧‧‧‧‧‧‧‧‧333

 8.6　對今後《郵政法》修改立法思想的建議‧‧‧‧‧‧‧‧‧‧‧‧‧‧‧‧335

 8.7　對嗣後《郵政法》修改幾個具體問題的建議‧‧‧‧‧‧‧‧‧338

  8.7.1　關於郵政普遍服務‧‧338

  8.7.2　關於專營問題‧‧‧339

  8.7.3　關於推進和深化郵政企業改革問題‧‧‧‧‧‧‧‧‧‧‧‧‧‧‧‧‧‧341

 8.8　結束語‧‧345

附　錄‧‧‧349

參考文獻‧‧‧395

第八冊　汪兆銘政府對外關係暨財金政策（1940～1945）

作者簡介

  郭致廷，1988 年生於臺北市，2016 年取得國立中興大學歷史學系碩士學位，目前於文化部文化資產局服役。由於對歷史上之所謂「亂局」感到一定程度興趣，因此以中國近現代外交史、近現代中日關係史、民國史做為研究領域。畢業論文為《析論汪兆銘政府對外關係與財金政策（1940~1945）》。

提　要

  抗戰爆發後，中國的經濟及政治中心——上海與南京於半年內分別淪陷，中日雙方軍事實力的差距顯而易見，使得中國內部，出現一股對日媾和的聲音。且隨著戰爭的進行，日本在佔領區逐漸擴大的情形之下，為避免激起中國人的仇日情緒；並欲證明此次軍事行動，係針對蔣中正所領導的抗日政府，而非中國，因此日本嘗試尋找願意與之合作，並共同建立新政府之人選。時任國民黨副總裁的汪兆銘，即在這種時空背景下，於戰時陪都重慶出

走，並與日本合作。1940 年 3 月 30 日，汪兆銘於南京宣告「還都」，重組政府。

汪政府的成立，係以「國民政府」之名重組，與重慶政府皆以「正統」中國自居。但汪政府甫成立之時，並無法得到國際上的普遍承認，使得合法性大打折扣，未能成功取代重慶政府，成為所謂「正統」的中國。本研究即試圖介紹汪政府是如何在此等困境中，藉由世界情勢的轉變，而在外交關係上製造出突破口，並藉此亂局，爭取中國在國際上之利益。

另外汪政府的運作，亦為本研究探討的課題之一。一政府之運作，財政為其根本，就稅收問題而言，當時中國最大宗之三項主要稅收：關稅、鹽稅及統稅，自華北、華中及沿海一帶淪陷後，該地徵收權皆掌握於日本之手。此三稅涉及到國際貿易與民用物資，與轄區人民之生計息息相關。因此本研究試圖說明，汪政府成立初期，在未掌握稅收的情形之下，係如何運作；而在穩定財源後，又是如何與日本周旋，樹立自身之財政系統，最終進而延伸至戰後，國民政府的接收。

目 次

謝 辭
第一章 緒 論 1
第二章 汪兆銘政府的成立 11
　第一節 日本對華工作 11
　第二節 新政府組織工作 25
第三章 汪兆銘政府的對外關係 39
　第一節 日汪國交的確立 40
　第二節 汪政府與各國之互動 49
　第三節 太平洋戰爭與汪政府 60
第四章 汪政府的財金措施與戰後結束 73
　第一節 中儲行的成立與中儲券之波動 73
　第二節 汪政府對法幣的鬥爭 85
　第三節 政權的結束和清算 93
第五章 結 論 103
徵引書目 109

陳誠與東北戰場（1947～1948）

作者簡介

　　蕭源聖，1986 年生於臺灣屏東。畢業於國立中正大學歷史系、國立中興大學歷史研究所。曾於 2014～2015 年參與國史館外交部檔案的史料建檔、《蔣中正先生年譜長編》校對工作、蔣介石《事略稿本》讀書會，及協助抗戰勝利七十周年國際學術討論會準備工作。

提　要

　　抗戰勝利後，在美、蘇兩強互相拉扯，彼此間都不願對方在東北取得絕對的利益，但也都想保障自身的利益的影響下。國內兩大勢力——國民政府與中共在意識型態與實際利益上的衝突，已然浮上檯面，其中尤以接收淪陷區問題為最。1945 年 11 月，國軍進入東北和中共展開全面性的爭鬥，初始國軍曾一度勢如破竹，似能一舉擊潰中共。但 1946 年 6 月，中共利用馬歇爾（George C. Marshall, Jr., 1880～1959）的調停穩住了局勢、挺住了壓力。

　　在這段喘息時間內，中共徹底檢討並改正了 1946 年初期失敗的問題，中共在經過整頓後，改善了共軍的組織，終於在 1946 年下半年轉守為攻。反觀國軍卻因戰線拉長，導致兵力不足，加上當時財政經歷八年的抗戰而消耗殆盡，在軍需、彈藥都不足的情況下，無法一鼓作氣擊潰中共，國軍的士氣則日趨低落。

　　1947 年國府中央試圖扭轉局勢，9 月國府主席蔣中正（1887～1975）令參謀總長陳誠（1898～1965）兼任國民政府東北行轅主任，此舉頗表重視東北之意。然陳誠在東北的舉措並不令人滿意，故而若干人認為東北之失，是為陳誠的責任。陳誠在東北，時間僅短短 5 個月，而國共勢力的平衡，卻在這 5 個月間有著相當大的轉變。

　　過去學者，在探討當時東北的景況，大多是從軍事或外交層面出發，鮮少有論及陳誠個人在東北的作為及其影響。故筆者嘗試以陳誠在東北為主體出發，去探討關於陳誠主政期間之作為與東北敗亡有何關聯，是否東北之丟失為陳誠的責任。期望對學界關於陳誠在東北主政之研究，增添些微貢獻。

目　次

第一章　緒　論 ……………………………………………………………………… 1
第二章　東北戰場國共消長 ……………………………………………………… 11

第一節　從雅爾達密約至馬歇爾調停 ⋯⋯⋯⋯⋯⋯⋯⋯ 11
　一、美蘇兩方的態度與企圖 ⋯⋯⋯⋯⋯⋯⋯⋯⋯⋯⋯ 11
　二、中共方面的評估與目標 ⋯⋯⋯⋯⋯⋯⋯⋯⋯⋯⋯ 13
　三、國府方面的評估與目標 ⋯⋯⋯⋯⋯⋯⋯⋯⋯⋯⋯ 17
第二節　陳誠到任前的東北戰局 ⋯⋯⋯⋯⋯⋯⋯⋯⋯⋯ 19
　一、國共的爭強 ⋯⋯⋯⋯⋯⋯⋯⋯⋯⋯⋯⋯⋯⋯⋯ 19
　二、戰局的轉變 ⋯⋯⋯⋯⋯⋯⋯⋯⋯⋯⋯⋯⋯⋯⋯ 24
第三節　東北戰局逆轉之原因 ⋯⋯⋯⋯⋯⋯⋯⋯⋯⋯⋯ 28
　一、政治層面 ⋯⋯⋯⋯⋯⋯⋯⋯⋯⋯⋯⋯⋯⋯⋯⋯ 28
　二、經濟層面 ⋯⋯⋯⋯⋯⋯⋯⋯⋯⋯⋯⋯⋯⋯⋯⋯ 30
　三、軍事層面 ⋯⋯⋯⋯⋯⋯⋯⋯⋯⋯⋯⋯⋯⋯⋯⋯ 33

第三章　陳誠出任艱鉅 ⋯⋯⋯⋯⋯⋯⋯⋯⋯⋯⋯⋯⋯⋯ 37
第一節　陳誠的政治角色 ⋯⋯⋯⋯⋯⋯⋯⋯⋯⋯⋯⋯⋯ 37
　一、陳誠抗戰前的軍政經歷 ⋯⋯⋯⋯⋯⋯⋯⋯⋯⋯⋯ 37
　二、蔣陳關係及抗戰歷程 ⋯⋯⋯⋯⋯⋯⋯⋯⋯⋯⋯⋯ 40
第二節　陳誠出掌東北軍政 ⋯⋯⋯⋯⋯⋯⋯⋯⋯⋯⋯⋯ 43
　一、陳誠出任前的東北亂象 ⋯⋯⋯⋯⋯⋯⋯⋯⋯⋯⋯ 43
　二、陳誠出掌東北行轅 ⋯⋯⋯⋯⋯⋯⋯⋯⋯⋯⋯⋯⋯ 46
第三節　陳誠整頓政風吏治 ⋯⋯⋯⋯⋯⋯⋯⋯⋯⋯⋯⋯ 50
　一、人事與機構整併 ⋯⋯⋯⋯⋯⋯⋯⋯⋯⋯⋯⋯⋯⋯ 50
　二、陳明仁撤職案 ⋯⋯⋯⋯⋯⋯⋯⋯⋯⋯⋯⋯⋯⋯⋯ 54

第四章　陳誠去職與東北失利 ⋯⋯⋯⋯⋯⋯⋯⋯⋯⋯⋯ 59
第一節　陳誠力挽軍事危機 ⋯⋯⋯⋯⋯⋯⋯⋯⋯⋯⋯⋯ 59
　一、陳誠的東北軍事戰略 ⋯⋯⋯⋯⋯⋯⋯⋯⋯⋯⋯⋯ 59
　二、偽軍編收案 ⋯⋯⋯⋯⋯⋯⋯⋯⋯⋯⋯⋯⋯⋯⋯⋯ 61
第二節　陳誠在東北的軍事失敗 ⋯⋯⋯⋯⋯⋯⋯⋯⋯⋯ 69
　一、國共雙方的部隊整補 ⋯⋯⋯⋯⋯⋯⋯⋯⋯⋯⋯⋯ 69
　二、陳誠的東北軍事作戰 ⋯⋯⋯⋯⋯⋯⋯⋯⋯⋯⋯⋯ 70
　三、公主屯會戰 ⋯⋯⋯⋯⋯⋯⋯⋯⋯⋯⋯⋯⋯⋯⋯⋯ 73
第三節　陳誠去職與京中迴響 ⋯⋯⋯⋯⋯⋯⋯⋯⋯⋯⋯ 75
　一、陳誠東北去職 ⋯⋯⋯⋯⋯⋯⋯⋯⋯⋯⋯⋯⋯⋯⋯ 75

　　二、陳誠與國民大會 ………………………………………… 78

第五章　結　論 ……………………………………………………… 83

徵引書目 ……………………………………………………………… 91

第九冊　李宗仁與抗戰時期第五戰區（1937～1945）
──以安徽爲中心的探討

作者簡介

　　廖奕盛，雲林縣二崙人，1990 年生。私立淡江大學統計學系畢業，國立中興大學歷史學碩士。研究範圍爲中國近現代史、軍事史。

提　要

　　抗戰爆發後，李宗仁所領導的桂系集團加入對日作戰行列。李宗仁擔任第五戰區司令長官期間，由於戰法靈活，使得日軍無法消滅第五戰區的主力部隊；1941 年中旬以後，日軍就不復對第五戰區實施大規模的作戰，直到李宗仁調離後，日軍才重新對第五戰區發動攻勢。

　　安徽省在抗戰初期，就被劃入第五戰區的作戰範圍內。戰時安徽省總共歷經三位省主席，分別是李宗仁、廖磊和李品仙。桂系運用戰前統治廣西的經驗來治理安徽省，成功將安徽省染上桂系的色彩。在經歷桂系的治理後，安徽省在戰後成爲桂系的勢力範圍。

　　第五戰區從抗戰初期，即是由各個軍系所組成，內部相當的龐雜，李宗仁除了要跟各個派系將領維持良好關係，還必須消除彼此之間的對立，才能有效指揮作戰，但這樣的行爲，自然也引起中央的猜忌。不過在李宗仁立下戰功後，舒緩中央的疑慮，只是中央仍對李宗仁持有戒心。

　　抗戰初期，李宗仁在擔任安徽省主席期間，對於中共派遣人員到安徽來建立組織，並不反對；但隨後引發的高敬亭事件，讓李宗仁對中共逐漸感到不滿。李宗仁對於中共的誠意，產生了疑問，加上各個機關被中共嚴重滲透，決定開始排除中共參與各種機關和活動。1940 年後，雖然雙方尚未公開破裂，但桂系已經不再跟中共合作，彼此之間的衝突也不斷地加深。待新四軍事件發生後，桂系與新四軍的衝突也表面化，雙方對於皖東地區的爭奪，在之後的抗戰期間，從沒有停止過。

　　李宗仁擔任第五戰區司令長官期間，將桂系的聲勢推向高峰；不但將安

徽省納入其勢力範圍，也成功結交其他派系的軍事將領。儘管中央對李頗有戒心，但因李相當遵從中央號令，使得中央只好繼續由李擔任此一職務。直到日軍「一號作戰」後，中央才藉機將李宗仁升任漢中行營主任，調離第五戰區，直至抗戰勝利為止。

目　次

第一章　緒　論 1
第二章　第五戰區的成立與戰績 11
　第一節　抗戰前廣西與中央的分合 11
　　一、武漢事變 11
　　二、重振桂系 13
　　三、兩廣事變 16
　第二節　李宗仁的戰略構想及投入抗戰 19
　　一、李宗仁的抗戰思想 19
　　二、桂軍出省作戰 21
　　三、徐州會戰 24
　　四、武漢會戰 33
　第三節　敵我相持下的第五戰區 37
　　一、隨棗會戰 37
　　二、冬季攻勢 41
　　三、棗宜會戰 44
　　四、豫南會戰 50
第三章　第五戰區的基層治理——以安徽為例 55
　第一節　桂系的治理績效 55
　　一、李宗仁時期（1938/01～1938/09） 55
　　二、廖磊時期（1938/09～1939/10） 61
　　三、李品仙時期（1939/11～1944/12） 68
　第二節　戰區糧政措施的推行 77
　　一、糧食管理機構的設置與調整 77
　　二、戰時的糧食政策 79
　　三、實施田賦徵實 82
　　四、徵購軍公糧 85

　　　五、調節民食 ……………………………………………………… 87
　　第三節　立煌事變與戰區的善後政策 ……………………………… 88
　　　一、事變經過 …………………………………………………… 88
　　　二、善後政策的施行 …………………………………………… 92
第四章　戰區與各方的關係 ……………………………………………… 99
　　第一節　戰區內部人事的協調 ……………………………………… 99
　　　一、章乃器引發的紛爭 ………………………………………… 99
　　　二、與國民黨 CC 派的鬥爭 …………………………………… 101
　　　三、與「雜牌軍」的相處 ……………………………………… 103
　　　四、中央的反感 ………………………………………………… 107
　　第二節　與各戰區的合作與衝突 ………………………………… 110
　　　一、省務方面 …………………………………………………… 110
　　　二、軍事方面 …………………………………………………… 113
　　第三節　戰區內中共之活動 ……………………………………… 118
　　　一、初期合作 …………………………………………………… 118
　　　二、高敬亭事件 ………………………………………………… 119
　　　三、從修好到決裂 ……………………………………………… 121
　　　四、國共爭奪皖東 ……………………………………………… 124
第五章　迎接勝利 ……………………………………………………… 129
　　第一節　重新調整戰區 …………………………………………… 129
　　　一、豫中會戰 …………………………………………………… 129
　　　二、重新劃分第五戰區 ………………………………………… 133
　　　三、李宗仁調任漢中行營 ……………………………………… 134
　　　四、豫西鄂北會戰 ……………………………………………… 136
　　第二節　新四軍事變後的共軍活動 ……………………………… 138
　　　一、壓迫鄂東地區的新四軍 …………………………………… 138
　　　二、皖東地區的爭奪 …………………………………………… 142
第六章　結　論 ………………………………………………………… 145
附　錄 …………………………………………………………………… 149
徵引書目 ………………………………………………………………… 159

第十冊　八年抗戰期間中日美三國漫畫之研究

作者簡介

　　張淑冠，畢業於中國文化大學藝術研究所美術碩士與史學研究所博士，擅長繪畫創作與美術史研究，是藝術家亦是學者。除從事學術單位與藝術相關的講師，現為紗帽山畫會與漆畫學會的會員，以創作油彩與漆畫藝術為主，並定期參加歷屆的畫會聯展與海峽兩岸美術聯展的邀約。

提　要

　　漫畫藝術於近代戰爭期間所發展出來的「戰爭漫畫」具有獨樹一幟的特性，它的意義不單只是如同早期紀錄風俗民情的幽默風趣，也不像現今漫畫具有娛樂消遣的商業行為，而是為了戰爭的需求，其中參雜了許多政治作戰的宣傳意涵，成為了各國宣傳戰中的重要形式媒介，不僅協助了國家軍事戰略上對國際間的宣傳戰術，淺顯易懂的漫畫圖像同樣也對國內的民眾引導教化的作用展現相當程度的影響力。

　　為了應證戰爭期間漫畫發展的獨特意義，本論文以二次世界大戰前後之亞洲戰場上中日全面戰爭以及太平洋戰爭為時間、區域的研究主軸，再分別以中國、美國、日本的戰爭漫畫發展作為研究對象，進行個別研究並作總結的歸納與比較。筆者根據此研究方向所收集到戰爭漫畫相關的資料與圖像，以為中國、日本、美國參與戰爭過程及意義的不同，加上各自歷史環境、文化背景的差異，影響其戰爭漫畫宣傳的屬性也大相逕庭，於是將之個別分類為中國的抗戰漫畫、日本的侵略漫畫以及美國的反擊漫畫做為研究範疇。該研究範疇中有關中國的抗戰漫畫，主要建立在中華民族過去歷經數千年歷史融合背景的基礎上，在面對日本強國侵略的暴行，中國漫畫家凝聚團結力量，透過抗戰漫畫的宣傳體現了民族主義強烈的愛國精神；至於日本的侵略漫畫，則是受到軍國主義強制的干涉，漫畫界在日本政府的控制下被迫要求宣傳侵略戰爭的合法性；來自美國的反擊漫畫，其重點在於實踐民主主義的自由理念，以促進世界和平的正義精神作為反擊戰爭的宣傳目標。基於上述背景條件的分析，幫助筆者深入探討比較各國對於戰爭漫畫宣傳的運用發展與風格特性。

　　除了從宏觀角度，進行國家戰爭漫畫宣傳屬性的足跡研究。筆者亦兼具微觀的研究思維，擬從中日美三國之中，各自列舉代表性的研究對象，如中

國漫畫家豐子愷（1898～1975）與黃堯（1917～1981）的抗戰漫畫、台灣日治時期《臺灣日日新報》的侵略漫畫以及美國社論漫畫家蘇斯博士（Dr. Seuss, 1904～1991）的諷刺漫畫，研究這三者於戰爭期間對戰爭漫畫的貢獻與付出。筆者希望從國家整體的研究乃至局部個體的觀察，能夠讓讀者更具體清楚認識戰爭漫畫宣傳對國家安危、民族意識、社會氛圍等所帶來的影響與緊密關係，藉此表明其存在之意義與價值。

目　次

第一章　緒　論 ··· 1
第二章　中國民族主義的抗戰漫畫宣傳 ················ 21
　第一節　抗戰漫畫發展之動向 ·························· 21
　第二節　抗日漫畫宣傳的推行助力 ·················· 34
　第三節　抗戰漫畫宣傳內容之走向 ·················· 40
　第四節　中國漫畫始祖——豐子愷與民族抗戰漫畫家——黃堯 ··· 59
第三章　日本軍國主義的侵略漫畫宣傳 ················ 91
　第一節　侵略漫畫發展之趨勢 ·························· 91
　第二節　侵略漫畫宣傳的推行管道 ·················· 108
　第三節　侵略漫畫宣傳的內容走向 ·················· 115
　第四節　軍國統制的侵略漫畫——日治時期《臺灣日日新報》··· 137
第四章　美國民主主義的反擊漫畫宣傳 ················ 151
　第一節　反擊漫畫宣傳發展之動向 ·················· 151
　第二節　反擊漫畫宣傳的推行要素 ·················· 163
　第三節　反擊漫畫宣傳的內容走向 ·················· 167
　第四節　民主自由的反擊漫畫——社論漫畫家蘇斯博士 ··· 196
第五章　比較與結論 ··· 209
　第一節　中日美三國戰爭漫畫宣傳的比較 ········ 209
　第二節　結論 ··· 218
參考書目 ·· 223
參考附錄 ·· 229

秩序的整合與國家的重塑：
梁啓超憲政思想研究

楊亮軍　著

作者簡介

楊亮軍，男，1976 年 11 月生，甘肅莊浪人。吉林大學政治學博士，現執教於蘭州大學管理學院，主要從事政治學理論、中國政治思想史、中國政治制度史等領域的教學與研究工作。近年來在《福建論壇》、《中南民族大學學報》、《西北師大學報》、《甘肅社會科學》、《蘭州大學學報》等核心期刊、專業期刊上發表學術論文 10 餘篇，參編教材數部，主持和完成各類項目多項。

提　　要

　　鴉片戰爭以降，世界資本主義的侵略狂潮將中國推向了亡國滅種的危機邊緣。爲了抵禦外辱和救亡圖存，中國社會各層展開了對國家出路的探索。以梁啓超爲代表的知識分子，他們在探索的過程中立足中國，放眼世界，提出了改革封建專制政治、實行立憲政治的探索主張。在梁啓超看來，中國落後挨打的眞正原因不是器物的落後，而是腐朽的封建專制統治。因此，他極力主張立憲政治——不管是君主立憲制，還是民主共和制，抑或是爲了實行立憲而做準備的開明專制——才是救亡圖存的不二法門。本文以鴉片戰爭後世界資本主義的侵略給中國社會帶來變化爲依據，分析了梁啓超憲政思想產生的歷史背景，認爲西方資本主義國家發動的侵略戰爭給中國政治、經濟、文化、社會等方面帶來的危機是梁啓超憲政救國理念產生的前提條件，而梁啓超的中學根底、西學基礎和東學背景則是構築其憲政理念的重要思想材料。在此基礎上，本文重點分析了梁啓超的君主立憲和民主共和兩大憲政思想的主要內容，認爲梁啓超的民權議會思想、國家思想、法治思想、分權思想、政黨思想及分權與責任政府等思想雖然有著前後不連貫和不統一等特徵，但這種多變的特質可以說是中國當時特殊歷史際遇的一種眞實反映，它充分體現了站在時代前列的梁啓超身上所具有的那種「先天下之憂而憂，後天下之樂而樂」的憂患意識與歷史使命感。因爲在梁氏的內心深處，亡國滅種的危險與救國救民的緊迫感一直刺激著他去尋找一條能使中國在短期內走向獨立富強的道路。而這種「摸著石頭過河」的探索路徑給其憲政理念帶來的變化性和不一致性也是在所難免的。除此之外，梁啓超憲政思想中對國民教育、憲政文化和法制建設等方面的重視爲當代中國社會主義憲政建設提供了相當的啓示，這些都是我們值得重新思考和進一步深入研究的地方。

目

次

緒　論 ……………………………………………………………… 1

一、選題意義 ………………………………………………… 1

二、研究現狀 ………………………………………………… 5

三、研究方法與思路 ……………………………………… 13

四、研究重點與難點 ……………………………………… 14

第一章　晚清社會歷史環境與憲政理念的發軔 …… 17

一、中西文化碰撞下的晚清社會 ……………………… 17

（一）工業文明的進入對中國傳統經濟的衝擊

…………………………………………………… 17

（二）資本主義的侵略與晚清社會的政治危機

…………………………………………………… 24

（三）西學東漸的加深與中國傳統經世思想的

轉變 ………………………………………… 30

二、危機中的變革：晚清社會各層對國家出路的

探索 ……………………………………………… 35

（一）西方的侵入與中國傳統世界觀的轉變 … 36

（二）「救亡圖存」：晚清憲政思想的發軔 …… 38

第二章　梁啟超憲政思想淵源 ……………………… 43

一、梁啟超憲政思想的西學背景 ……………………… 43

（一）近代西方憲政思想簡述 ………………… 44

（二）近代西方憲政思想對梁啟超的影響 …… 50

二、梁啟超憲政思想的中學根基 53

三、梁啟超憲政思想的「東學背景」 59

第三章　政體優劣之辯：梁啟超的君主立憲思想 65

一、戊戌維新前梁啟超的民權和議院思想 65

　　（一）民權思想 67

　　（二）議院思想 69

二、維新變法失敗後梁啟超君主立憲思想的發展 71

　　（一）「理解憲政之前提」：梁啟超的國家觀 72

　　（二）「立憲國家之元氣」：梁啟超的憲法思想

　　　　　.. 79

　　（三）「救時唯一之主義」：法治與憲政的關係

　　　　　.. 90

三、清末憲政改革期間梁啟超的君主立憲主張 99

　　（一）宣導政治革命，主張君主立憲 100

　　（二）組織政治社團，運作立憲政治 103

　　（三）辦報立說，鼓吹立憲改革 105

第四章　徘徊中的選擇：梁啟超的共和立憲思想 109

一、梁啟超的民主共和思想 109

　　（一）「虛君共和」的設想與失敗 110

　　（二）共和建設方案的提出 114

二、梁啟超的政黨政治觀 119

　　（一）對政黨與立憲政治之關係的論述 120

　　（二）對政黨政治的總結與反思 122

三、在反對袁世凱的鬥爭中維護共和 125

　　（一）言論上對袁世凱復辟行為的批駁 125

　　（二）維護共和事業的最後努力 129

第五章　梁啟超憲政思想評價 131

一、梁啟超憲政思想的時代特徵 132

　　（一）憲政是實現國家富強的有效途徑 133

　　（二）憲政文化建設是實現立憲政治的主要

　　　　　條件 135

　　（三）隨勢而變是梁啟超憲政思想最明顯的

　　　　　特徵 139

二、梁啓超憲政思想的歷史價值 ……………………… 142
　　（一）加深了人們對憲政的理解 ……………… 142
　　（二）推動了近代中國憲政實踐的步伐 ……… 144
三、梁啓超憲政思想的現實啓示 ………………… 147
　　（一）「憲法至上」觀念的培育及其遵循是
　　　　　實現憲政的基礎 ……………………… 147
　　（二）依法治國與責任政府的建立是憲政
　　　　　實現的重要保障 ……………………… 149
　　（三）穩健漸進的改革路徑是實現立憲政治
　　　　　的重要途徑 ………………………… 152
　　（四）社會經濟的發展是實現憲政的重要
　　　　　條件 ………………………………… 155

結　論 ……………………………………………… 161
參考文獻 …………………………………………… 165
後　記 ……………………………………………… 181

緒　論

一、選題意義

在中國近代政治思想上，梁啓超是一位值得我們去研究的政治思想家。長期以來，人們嘗試著用不同的方法對這位在中國近代史上有著「百科全書」之稱的思想家的政治思想進行研究，但結果往往是見仁見智、莫衷一是，很難有一個統一的結論。對於梁啓超政治（憲政）思想在中國近代思想史上的影響和地位，我們可以從胡適先生所說的一段話中管窺一斑，他說：「梁任公爲吾國革命第一大功臣，其功在革新吾國之思想界。十五年來，吾國人士所之稍知民族思想主義及世界大勢者，皆梁氏之賜，此百喙所不能誣也。去年武漢革命，所之能一舉而全國回應者，民族思想政治思想入人已深，故勢如破竹耳。使無梁氏之筆，雖有百十孫中山、黃克強，豈能成功如此之速耶？近人詩『文字收功日，全球革命時』，此二語惟梁氏可以當之無愧。」胡先生的這些話語也許有恭維之處，但他對梁啓超思想在當時影響力的肯定卻不容置疑。

爲了盡可能客觀全面地研究梁啓超的憲政思想，我們有必要採取「歷史還原法」，將其放置於當時特定的歷史環境之中進行分析和解讀。我們知道，在鴉片戰爭後，隨著西方資本主義工業文明的不斷侵入，晚清社會各個階層嘗試著用各種不同的方式對國家的出路進行探索。有的主張「師夷長技以制夷」，通過學習西方的先進技術來抵禦外國侵略；有的則認爲「祖宗之法不可變」，希望能在中國傳統的治國資源中尋求救國之道；還有一部分人則主張只有通過「種族革命」的方式，推翻封建專制政體之後才能實現富國強兵之目

的，等等。而以梁啓超爲代表的知識精英，則把憲政看作是整合社會秩序、重建國家權威和推動國家走向發達富裕道路的必要條件。在辛亥革命之前，他曾對英國和日本的君主立憲政治大加贊賞，主張中國應該擇優倣仿學習之（在這期間，逃亡到日本的梁啓超也一度表現了對革命和民主共和的認可，但持續的時間比較短）；而等到民國肇建之後，他又對剛剛確立起來的民主共和體制充滿贊美之詞，並不惜與袁世凱妥協以維持共和局面。梁啓超憲政理念這種前後不一致的變化性不僅是他「流質易變」的一個縮影，而且也成爲研究者所詬病的一個依據。據此有人就認爲，因爲梁啓超的憲政思想變來變去，缺乏一定的連貫性和系統性，所以致使他的憲政理念的時代價值大打折扣。而一些研究者卻認爲，梁啓超憲政思想上的這種變化是一種歷史的必然，它是梁啓超的階級屬性和當時中國所處的那個動盪不安的歷史環境所決定的。鑒於這種原因，我們對梁啓超的憲政思想進行研究不僅是必要的，而且也是非常有意義的。

首先，就政治思想史本身的研究來說，研究梁啓超的憲政思想，有助於提高我們對中國近代政治思想發展脈絡的理解和把握。梁氏作爲中國近代史上最重要的思想家之一，尤其是作爲最早把注意力轉向政治變革的思想家，他的憲政思想是中國社會思想文化在近代演變過程中的一個重要環節。近代以來，隨著資本主義國家的入侵，中國傳統社會固有的發展步伐逐步被打亂後，中國傳統文化的合法性也受到了前所未有的挑戰。近代的一些思想家在挽救國家危亡的同時，自覺地承擔起改造中國傳統文化的責任。一部分人以「中體西用」爲宗旨，提出通過學習西方的聲光化電來捍衛日漸失墜的國家權威和社會秩序，進而維護傳統文化在世界體系中的尊嚴。另一部分思想家在主張融合中西文化的同時，堅持認爲只有在中國確立起像西方那樣具有生命力的並能促進國家獨立富強的立憲政治（改革派主張在不破壞原有政治秩序的基礎上通過改革的方式確立君主立憲制；革命派堅持認爲中國的舊有體制已經成爲國家發展的桎梏，只有通過革命的手段打破原有的統治秩序並確立民主共和國，才能使中國避免列強蠶食，逐步地走向現代化之路）才能真正地實現國家和文化的再造。還有一部分人認爲，如果對中國幾千年來所堅守的文化不進行大刀闊斧的改造，中國不可能走向真正的現代化。總之，近代以來，圍繞著國家向何處去這一中心問題，整個思想界出現了類似「百家爭鳴」的繽紛景象。梁啓超作爲當時改良人士的傑出代表，他的憲政理念無疑豐富了中國近代政治思想的內容。

　　其次，研究梁啓超的憲政思想，有助於我們理解中國近代思想家向西方學習，接受近代西方先進思想和價值理念的歷史過程，從而進一步加深我們對中國近代化發展歷程的理解。鴉片戰爭前，由於受國家政策、文化觀念、歷史環境以及科學技術等因素的制約，中國與西方世界的交流在廣度和深度上遠遠不如鴉片戰爭後的交往。但是，隨著西方資本主義侵略的加深以及清政府統治危機的加重，人們向西方學習的行為獲得了一定的「合法性」，它不僅獲得了統治者的認可，而且也得到了社會各層的支持。概括地看，近代中國向西方的學習大致經歷了「由淺到深」、「由表及裏」的這樣一個歷程，而梁啓超的憲政思想可以說是處於「由淺到深」和「由表及裏」的中間階段，在某種程度上起到了承上啓下的作用。基於這種判斷，對梁啓超憲政思想的研究可以幫助我們進一步理解近代中國向西方學習的過程、原因及結果。憲政作為制度設計，它根植於西方政治文化的土壤之中，是西方社會發展在政治方面的表現。它體現了西方政治文化對人、社會、國家、自由、民主、平等、權力、法治等價值觀念的理解和實踐。相反，近代中國在引入憲政理念時所面對的環境與憲政在西方的生成環境有著很大的差異，這在一定程度上導致了近代中國的憲政主張與西方的憲政理念在內涵上有著很大的不同。因為在西方資本主義軍事威脅下，國家危機與民族生存已成為近代中國所有人關心的第一主題，所以憲政自從進入中國傳統知識體系的那一刻起，它就肩負起了挽救國家和拯救民族的歷史重任，而不像西方那樣把憲政看作是一種在限制政府權力的基礎上確保社會正義得以實現的制度設計。憲政救亡圖存的這種實用價值在早期介紹西方憲政理念的王韜、鄭觀應等人那裏表現的尤為明顯。隨著西方列強侵入的加深，以梁啓超為代表的改良人士對西方的憲政有了更為深刻全面的認識，他們逐漸地把國家與國民、民權與君權、憲法與憲政、自由與法律、責任與義務等相關觀念通過憲政統一起來，並主張在中國實現君主立憲政體來整合社會秩序和重建國家權威的方式來達到國家富強與獨立的目的。到民國建立後，梁啓超並沒有因為自己所追求的君主立憲政體未能在中國得以建立而感到悲痛，相反，他通過對初創的民主共和體制的讚揚，渴望這一新生的體制能夠達到整合社會秩序與重建國家的目的。與梁啓超等改革派人士主張通過改良的方式在中國實行君主立憲制不同的是，以孫中山為代表的革命派人士的憲政理念則代表著另一種憲政發展思路和實踐模式，他們對憲政的理解也上了一個層次，認為只有通過徹底的革命和推

翻腐朽的清王朝，在中國建立起美國式的民主共和制才能實現富國強兵和救亡圖存的目的。總之，自憲政理念進入近代中國思想和知識體系之後，不同的思想家在不同的歷史時期對憲政有著不同的理解和闡釋，而梁啓超的憲政思想在近代中國憲政思想體系中具有某種承上啓下的歷史作用。

第三，研究梁啓超的憲政思想，能幫助我們對它的時代價值給予客觀的認知和評價。研究者一般認爲，梁啓超思想最大的特點之一就是它具有「善變性」。這樣的特點不僅影響了梁啓超憲政思想的連貫性和整體性，也影響了人們對他的憲政思想的認知和評價。關於梁啓超的「善變性」，他本人也有比較清楚的認識，例如在《清代學術概論》中就寫道：「啓超既日倡革命排滿共和之論，而其師康有爲深不謂然，屢責備之，繼以婉勸，兩年間函箚數萬言。啓超亦不慊於當時革命家之所爲，懲羹而吹齏，持論稍變矣。然其保守性與進取性交戰於胸中，隨感情而發，所執往往前後相矛盾，嘗自言曰：『不惜以今日之我，難昔日之我。』世多以此爲詬病，而其言論之效力亦往往相消，蓋生性之弱點然矣。」（見《梁啓超全集》第五冊，北京人民出版社，1999 年版，第 3100 頁）。其實，梁啓超思想的這種「善變性」並不全是他自己刻意追求的結果，而更多的是當時「多變」的歷史現實所造成的。這是因爲，隨著近代以來中西文化交流和碰撞範圍的不斷擴大加深，各種各樣的西方政治理論和思想學說相互激蕩並影響著人們的思想，但是，近代中國社會的發展之快、變化之大又出乎人們的意料，以至於一些思想和學說還未來得及被人們所眞正的認知和消化，就匆匆忙忙地被另外一種思想和學說所代替。所以，我們不能因爲梁啓超憲政思想的多變就去否定它的歷史價值，而應該在把握這種多變的前提下，客觀中肯地分析和挖掘梁啓超憲政思想的歷史價值。

最後，在研究梁啓超的憲政思想時，可結合當代中國政治發展的客觀實際，發掘出一些對當代中國政治發展有用的思想資源。歷史地看，思想家某一思想的價值，往往體現在這一思想的歷史影響力上，也就是這一思想主張要經得起歷史的考驗。就梁啓超的憲政思想而言，它的價值不是體現在當時中國有沒有實現它的可能性上，而是體現在梁啓超憲政理念的內涵在多大程度上反映了當時中國面臨的實際狀況以及它在多大程度上被人們所接受。從其思想的影響力方面看，那個時期的知識青年無不受梁啓超思想尤其憲政思想的感染。例如毛澤東就承認他在青年時代曾一度以梁啓超爲「楷模」，對梁啓超主編的《新民叢報》「讀了又讀，直到可以背出來」。郭沫若在談到梁啓

超的影響時也認爲，「平心而論，梁任公地位在當時確實不失爲一個革命家的
代表。他是生在中國的封建制度被資本主義衝破了的時候，他負戴著時代的
使命，標榜自由思想而與封建的殘壘作戰。在他那新興氣銳的言論之前，差
不多所有的舊思想、舊風氣都好像狂風中的敗葉，完全失掉了它的精彩。二
十年前的青少年——換句話說，就是當時有產階級的子弟——無論是贊成或
反對，可以說沒有一個沒有受過他的思想或文字的洗禮的。他是資產階級革
命時代的有力的代言者，他的功績實不在章太炎輩之下。」就梁啓超憲政思
想對當代中國憲政建設的啓示而言，他對國民教育、憲政文化、法制觀念等
方面的重視值得我們深入地去研究和挖掘。

二、研究現狀

　　梁啓超（1873～1929），字卓如，號任公，又號飲冰室主人，廣東新會縣
人。他在戊戌變法時期嶄露頭角，以後活躍於歷史舞臺達三十年之久。在這
三十年當中，梁任公滿懷熱情地著書立說並積極地參與各種政治活動，晚年
退出政壇又從事教育與學術研究，成爲近代中國歷史上很有影響力而又較爲
複雜的人物。因此，國內外學術界都極爲關注，從各方面對他進行了長期的
研究。南開大學侯傑教授在其研究中指出，近百年來，學術界根據梁啓超留
下的 1400 多萬字的著作及相關文獻，對他的政治思想、國家民族思想、文學
思想、史學思想、哲學思想、法學思想、經濟思想、社會倫理觀、宗教觀、
中西文化觀、教育、圖書館事業、檔案學、翻譯學、目錄學等上的貢獻進行
了全面的研究，已經出版的有關研究梁啓超的書籍 360 多部，論文 1200 篇以
上，這些研究的進行足以說明梁啓超在中國思想界與學術界的影響與造詣。
由於對梁啓超研究所涉及的領域及所形成的相關研究成果非常豐富，現將研
究梁啓超政治（憲政）思想且在學術界有一定影響力的文獻根據論文寫作的
需要大致上劃分爲以下幾類：

　　第一類是在有關梁啓超的傳記性和回憶性的著作中，研究者對梁啓超憲
政思想所做的宏觀介紹和簡要論述。這類論著最大的優點是以梁啓超的生平
及其從事的一些重要活動爲研究線索，在對梁啓超不同時期的思想狀況和社
會活動軌跡進行評述的同時，也對他的政法思想進行了比較宏觀的介紹。這
些論著雖然不是研究梁啓超憲政思想的專著，但它爲我們全面深入地研究梁
啓超的憲政思想提供了較爲豐富的素材和可借鑒的研究思路。在這類著作

中，最有代表性的是南開大學教授李喜所、元青的《梁啓超傳》（北京：人民出版社，1993 年版）。在這部著作中，作者通過寓評論於敘史之中，對梁啓超在不同歷史時期的政治思想、社會活動等各方面做出了全面的學術性分析，在社會上產生了相當大的影響，爲我們全面理解梁啓超的憲政思想提供了很好的材料。例如，在「維新大思路」一章中，作者對梁啓超的「進化思想」、「民權思想」和「議院思想」做了重點分析，認爲梁啓超把民智看成是衡量個人能否獲得權利和國家能否獨立富強的重要依據具有一定的理論意義，但在當時中國實施起來卻沒有現實基礎，也容易爲資本主義國家的入侵製造口實。李喜所教授認爲，梁啓超把「議院」的開設和「民智」的高低聯繫在一起，以民智爲體，以議院爲用，以形成合群之勢，增強中國人的團結力量的觀點具有一定的科學性。而在「構築新文化的新星」一章中，李教授分析了戊戌變法失敗後梁啓超在國外的思想狀況和具體活動，認爲這是梁啓超在思想逐漸豐富並發生轉變的重要時期。在「政治文化」一節中，重點論述了梁啓超的憲政思想，並指出在梁啓超看來立憲政治反映了人爭自由、求發展的本質，是天賦人權的體現，同時認爲，梁啓超以君主共和爲核心的政治文化在理論上、學術上是上乘的、積極的，在實際推行上是低水準的、消極的，是理論上的巨人，行動上的矮子。最後，在「死戰革命黨」、「爲憲政運動推波助瀾」與「辛亥革命後的抉擇」等章節中，對梁啓超的政治思想尤其是憲政思想做了重點的介紹和分析，認爲通過與革命派的革命主張的辯論，使當時更多的人認識了梁啓超的改良立憲思想，同時也使鴉片戰爭以來的立憲思想在社會上廣爲傳播。作者指出，在清末立憲運動和擁袁反袁的鬥爭中，梁啓超變化的只是策略性的，而不變的則是他的理想——通過改良的方式在中國確立英國式的君主立憲政體。總體來看，李著《梁啓超傳》對梁啓超憲政思想的論述爲我們進一步研究梁啓超的憲政思想提供了很好的啓示，有學者稱頌該書是「對梁啓超研究做了集大成式的總結」。除此之外，董方奎的《曠世奇才梁啓超》（武漢：武漢出版社，1997 年版），也是一部能幫助我們研究梁啓超憲政思想的著作。董先生從梁啓超與清末政體變革的關係出發，具體闡述了近代志士仁人追求民主憲政的歷史，探討了近代中國民主進程與國情的關係，注意到當時的中國缺乏建立資產階級議會制、君主立憲及民主共和的條件，認爲梁啓超的漸進論、主張通過開明專制或建立君主立憲政體並反對在中國推行美國式共和政體，都有著可靠的根據和先見之明。除有關梁啓

超的傳記性著作外，一些資料性和回憶性的論著也是我們研究梁啓超憲政思想的重要資料。其中，丁文江和趙豐田編寫的《梁啓超年譜長編》（上海：上海人民出版社，1983 年版），乃是一部研究梁啓超的資料性的扛鼎之作。該書引證豐富、觀點鮮明、考證詳實、是一部力求眞實評價梁啓超的年譜，塡補了梁啓超研究資料方面的一個空白，也爲我們解讀梁啓超提供了詳實、重要的史料。除此之外，還有中華書局編的《梁啓超未刊書信手跡》（北京：中華書局，1994 年）和張品興主編的《梁啓超家書》（北京：中國文聯出版社，2000年），可以說是梁氏的書信、家書的結集出版，都具有很高的史料價值。

　　第二類研究成果是在一些歷史性的研究論著中，研究者對梁啓超憲政思想所所做的歷史性的分析。總體來看，在這類著作中，研究者雖然沒有將梁啓超的憲政思想作爲專門的研究對象進行全面地分析，但這類著作能夠將梁啓超的憲政思想放在中國近代歷史發展的大背景下進行解讀，能對梁啓超憲政思想產生的歷史背景，文化環境、發展特點等說明的比較全面、透徹，其美中不足之處則是未能對梁啓超憲政思想進行政治學上的分析。例如張海鵬、李細珠所著的《中國近代通史》（南京：江蘇人民出版社，2006 年版）就是一部具有影響力的著作。在這部長達十卷本的著作中，作者用了很大的篇幅來研究以梁啓超爲代表的近代知識分子對國家出路的探索。在作者看來，梁啓超等人提出的「憲政救國」道路不僅是近代中國歷史發展的「U」字形進程中的一個必然結果，而且也是中國早期現代化嘗試的一次繼續和深化。作者認爲，梁啓超的政治（憲政）思想充分體現了那個時代的知識分子對中國傳統文化的反思和對西方近代文明的認知水準，它是中國傳統文化和西方近代文化碰撞的結果之一。在第四卷「從戊戌維新到義和團」中，作者對梁啓超在維新前後的思想與活動進行了歷史性研究，認爲梁任公拜師康有爲是其思想發生轉變的開始，而戊戌維新及失敗之後逃亡日本則標誌著梁啓超對西方政治學說認識的加深。在第五卷「新政、立憲與辛亥革命」中，作者又將梁啓超置於清末政治變局之中，認爲他在這一時期的政治主張和政治行動，是梁任公踐行其憲政理念的集中反映。在李先生看來，梁啓超憲政理念在學理上並沒有實質性的突破，只是在其中融入了不少的中國因素，而與革命派關於憲政理念的辯論給社會所帶來的社會影響則要大於辯論本身的意義。陳旭麓先生的《近代中國社會的新陳代謝》（上海：上海社會科學出版社，2006年版），以近代中國社會的「新陳代謝」爲主要範疇，認爲以康有爲、梁啓超

等人爲代表的改良派的政治主張是近代中國社會發生「新陳代謝」的必然結果，這種「代謝」的結果造就了近代中國社會的獨有特點，它既不同於中國古代那種靜態的、有很大凝固性的社會，也不同於西方那種通過自我更新機制來實現的社會變革，而是一個動態的、新陳代謝迅速的並將外力衝擊變爲內在革新動力的社會。在這樣的社會狀態中，近代中國憲政思想的興起像其他舶來品一樣也是西方侵略中國所帶來的副產品。在談到梁啓超時，陳先生用歷史比較的方法將他與同時期的頑固派、革命派等進行了比較研究，認爲梁啓超的憲政思想是其早期變法思想的繼續，也是對洋務派的批判和發展而來，尤其是在日俄戰爭後，更加堅定了梁啓超等人通過改良的方式確立立憲政治的信念，爲此梁啓超在清末憲政改革中也顯得特別活躍積極。在陳先生看來，梁啓超等人的政治主張和政治活動，無疑加速了近代中國新陳代謝的速度，在當時有一定的積極歷史意義。除上面兩位先生的佳作之外，還有如湯志鈞的《戊戌變法史》（北京：人民出版社，1984 年版）、熊月之的《西學爾進與晚清社會》等都有對梁啓超政治思想的論述。而在國外，對梁啓超的研究也從未間斷，例如，由費正清主編的《劍橋晚清中國史》、《劍橋中華民國史》（〔美〕費正清編、中國社會科學院歷史研究所編譯室譯）對梁啓超的政治思想也有描述。在《劍橋中國晚清史》下卷中，作者首先指出在 19 世紀90 年代，康有爲、梁啓超等人發起的維新運動是在西方的擴張下，中國傳統文化自身發展的結果，但由於在 19 世紀末中國經濟和社會變化仍局限於通商口岸，所以西方對中國的影響還是有限的，但隨著西方擴張的加重，它對中國的影響也隨之加深，這一點在思想文化領域尤爲明顯，而梁啓超的憲政理念也就深深地打上了西方的烙印；其次，費正清對梁啓超政治思想的核心內容也做了總結，認爲民族主義實現、新的政治共同體的建立以及社會秩序的恢復既是梁啓超政治思想的重要內容，也是梁啓超的政治理想，而實現這一理想的途徑在梁啓超則是通過和平改良的方式建立起來的立憲政體。除此之外，卡梅倫英文專著《中國的維新運動（1898～1912）》一書（注：Meribeth E.Cameron, The Reform Movement In China, 1898～1912（New York: Octogan Books, INC.,1963）.）也對梁啓超的憲政思想做了一定的研究。該書自 1931年由斯坦福大學出版以來，一直爲研究這段中國歷史的外國學者廣泛引用。由於受篇幅所限，不一一列舉。在中國近代思想史研究著作中，對梁啓超政治思想進行論述的內容也很豐富。例如，王人博先生的《近代中國的憲政思

潮》（北京：法律出版社，2003 年版），從學理上對近代中國憲政思潮的內在理路做了深刻的解讀，認為由於語境的轉換使得近代以來像梁啓超這樣的思想精英，在介紹和引進西方的憲政思想和制度時不得不在價值上做相應的改變——把憲政看作是國家達到獨立富強的一個工具。因而近代中國憲政實踐失敗的真正原因就在於中國歷史上憲政價值的缺失。葛兆光在其《中國思想史》（上海：復旦大學出版社，2004 年版）第二卷中，以梁啓超等思想家的憲政思想為例，研究了近代中國的知識、思想與信仰體系發生的變化及其所具有的特點，認為梁啓超的憲政思想，恰恰是中國傳統的「天不變，道亦不變」這一理念發生轉變的表現，他代表了近代中國人為了應對西方異質文明對中國傳統文明的挑戰而提出的旨在挽救國家的主張。通觀這類研究論著，其在分析梁啓超政治思想時最大的特點是拋棄了過去那種「階級鬥爭」分析法和「革命主義浪漫情懷」，將梁氏的憲政思想置於近代中國的具體歷史背景下，客觀辯證地分析和評價資產階級改良派的政治觀點。

　　第三類是專門研究梁啓超思想或政治（憲政）思想的論著。例如，董方奎的《梁啓超與立憲政治》（武漢：華中師範大學出版社，1991 年版）就是一部較早研究梁啓超憲政思想的著作。在具體論述梁啓超的君主立憲方案時，董先生認為，近代世界各國的開明專制都為封建社會向資本主義社會過渡準備了條件，這種過渡穩而不亂，似慢非慢。梁啓超放棄美式共和國方案而主張通過開明專制過渡到君主立憲，在追求民主憲政的目的上沒有什麼實質性的變化，只是認為以開明專制為過渡更適合中國國情。辛亥革命後資產階級共和國的破產，生動地說明美式共和國方案不符合中國國情。同時，董先生對梁啓超的善變做了中肯的評價，認為梁啓超多變善變，修正錯誤，服從真理的品格，以及知行合一，從不虛偽造作的真性情才使他成為傑出的啓蒙思想家、政治家和學者，應該說也是一個善變的豪傑。張朋園的《梁啓超與清季革命》和《梁啓超與民國政治》（長春：吉林出版有限責任公司，2007 年版）兩部著作，從梁啓超思想的背景、內容、**轉變**、與革命派的關係及梁啓超的政治活動、社會實踐等方面對梁啓超的政治思想做了全面地分析。例如，在《梁啓超與清季革命》中張先生認為，梁啓超到了日本後，他的民權思想隨著學識的增長而發生了很大的變化，一方面他將自己固有的思想進行了重新評估，另一方面他則論述和援引了西方權利思想家的思想，並希望將其移植到中國來。在談到梁啓超由民主共和主張向君主立憲主張轉變的原因時，張

先生認為康有為對梁啟超的壓力、梁本人畏懼破壞之後建設的不易以及與革命黨感情的日益惡化都是促使梁啟超變化的重要原因。通過對梁啟超在辛亥時期和民國時期的言論與活動的分析，張先生認為梁啟超思想是變與不變的統一：變的是策略，不變的是內涵。導致梁啟超思想變化的主要原因是中國多變的時局和不能確定的歷史命運。而梁啟超對西方君主立憲政體的青睞和嚮往則是其思想不變的主要依據。所以，人們不應該以梁啟超思想的多變性來否定他在近代思想領域中的翹楚地位。臺灣學者孫會文的《梁啟超的民權與君憲思想》對梁啟超在不同時期的憲政思想作了詳細的考察，認為梁啟超憲政思想的最大特點就是「調和」，這種調和表現在梁啟超對民權與國權的調和、分權與集權的調和、自由放任與制憲干涉的調和、行政權與立法權的調和等方面。黃克武的《一個被放棄的選擇——梁啟超調適思想之研究》（北京：新星出版社，2006 年版）對我們研究梁啟超政治思想也有很大的幫助。作者以《新民說》為研究文本，對梁啟超的調適思想做了深入的研究。黃先生首先提出了這樣一個問題：近代中國多災多難的歷史境遇是不是因為國人放棄了梁啟超主張的那種穩健漸進的現代化取向而是採用了激烈的革命趨向的原因呢？在黃先生看來，回答這個問題雖然比較困難且決定歷史的因素有很多，但從思想史的角度來看，梁啟超調適性的現代化取向，以及當時人們對此取向的反應，無疑是中國近代思想史上的一個至關重要的問題。

國外對梁啟超思想進行專門的研究也有豐碩的成果，其中美國著名學者、「哈佛學派」主要代表人物列文森的《梁啟超與中國近代思想》（劉偉等譯，成都：四川人民出版社，1986 年版）具有較大的聲譽和影響力。在這部著作中，作者沿用了其師費正清對近代中國的分析範式，即「衝擊——回應」模式，並將梁啟超的思想放在「傳統與現代」「中國與西方」等範疇中進行了研究，認為在西方對中國的衝擊下，梁啟超的中西文化觀包含著內在的邏輯矛盾，這種邏輯矛盾來自他既尊重傳統又欲變更傳統的含糊的思維方式。梁啟超時刻關心的是匡正中國文化的名聲，因此在他那裏，從西方引進來的文化必須被轉變為民族傳統文化的天然要素之後才有它的存在價值，這種內在的矛盾邏輯使得梁啟超在介紹盧梭、孟德斯鳩、達爾文、康德、伯倫知理等人的政治理論時也陷入了矛盾的狀態之中。總之，列文森將梁啟超看成是一位為了防止中國文化免遭西方文明吞噬而被動地接受西方知識的一位思想家，他將梁啟超政治思想中所體現出來的「矛盾品格」概括為以下幾點：有

時認爲民主思想在中國古代是不存在的，有時又認爲民主思想古而有之；有時主張溫和漸進的改良主義，有時則抨擊猛烈的革命行爲；有時對封建專制深惡痛絕，有時卻對君主立憲青睞有加。在此基礎上，列文森將梁啓超的政治思想看成他在協調「歷史」與「價值」衝突中所表現出來的矛盾，從而得出了梁啓超是一個不合邏輯、矛盾百出的思想家的結論。而張灝的《梁啓超與中國思想的過渡 1890～1907》（崔志海，葛夫平譯，南京：江蘇人民出版社，1995 年版）擯棄「衝擊——回應」和「傳統——近代」研究模式，主張應重視中國內部的發展變化，建議學者們在研究 19 世紀的中國思想時，最好採用馬克斯・韋伯（Max Weber）的「設想參與」（imaginative participation）的方法，將自己放在當時儒家文人學士的地位去考察。即作者主張採用布萊克的「中國中心觀」（China-Centered approach）的研究方法分析中國近代思想的發展變化。張先生認爲，在從傳統到現代中國文化的轉變過程中，如果把 19 世紀 90 年代中葉至 20 世紀最初 10 年裏發生的思想變化看成是一個分水嶺的話，那麼梁啓超無疑是這一時期最爲關鍵的人物之一。因爲梁啓超不僅繼承了晚清思想中儒家經世致用的傳統，而且將這一傳統固有的關切轉變爲以他著名的國民形象爲標誌的新的人格和社會理想，所以他的思想成爲 20 世紀中國意識形態運動的一個重要的和永久的組成部分。而關於梁啓超的政治（憲政）思想，張灝認爲梁氏的政治思想發展已經超出了傳統反專制主義的水準，已經開始有意無意地從仁政理想轉變到西方政治參與的理想。在作者看來，梁啓超從一開始接觸西方思想時，似乎就迷戀上了西方式的立憲政體，並將它作爲矯正傳統專制制度的有效辦法。但是，由於梁啓超最關心的是如何建立一個團結強大的民族國家，而政治參與在他看來有助於民族國家的形成。所以梁啓超把西方的立憲政治看作是一種確保公民參與的政治措施，而不是將他看成一種保護公民自由的制度措施。除美國學者的研究之外，日本學者對梁啓超也進行了大量的研究，如溝口雄三、狹間直樹的研究就很有影響力。

　　近年來，隨著學界對梁啓超研究的深入，研究者也發表了一些高品質的專門研究梁啓超憲政思想的論文。如，王德志的《論梁啓超的憲政學說》（《山東社會科學》2009 年第 5 期）就從憲政的構成要件、憲政的實施方案和憲政的路徑選擇幾個方面對梁啓超的憲政學說進行研究；李秀清的《「梁啓超憲草」與民國初期憲政模式的選擇》（《當代法學》2001 第 6 期）從梁啓超的憲政主張與民國初年的憲政實踐之間的關係出發，對梁啓超的憲政思想和實踐模式

做了有益的研究；方平的《論清末梁啓超的國家思想》(《華東師範大學學報》1999 年第 1 期）則以梁啓超的國家思想爲研究重點，闡述了這一思想在梁啓超憲政思想中所處的地位和作用；吳海雲的《梁啓超與近代中國近代憲政運動》；熊月之的《論戊戌時期梁啓超的民權思想——兼論梁啓超與康有爲的歧異》(《蘇州大學學報》，1984 年第 3 期）等對梁啓超的憲政思想都有比較獨到的見解。

就以上幾類專門研究梁啓超政治（憲政）思想的論著來看，以往研究所關注的問題主要有：一是梁啓超思想中的中西文化觀問題，其中絕大部分觀點認爲梁啓超憲政思想只不過是在重複近代西方資產階級憲政思想家的憲政理念而已，梁氏的憲政「救國論」帶有明顯的「工具理性」特徵，而中國傳統文化與西方的憲政文化之間的巨大鴻溝是產生中國追求憲政之路的最大障礙，因而要想建成眞正的憲政國家，必須對傳統文化進行革新；二是對戊戌變法前後梁啓超「興民權」的探討，其中的一些研究因爲這一時期梁啓超對滿清腐朽專制政治的批判和領導戊戌變法等進步活動而對其「行民權」和「設議院」等朦朧的憲政理念大加讚賞，不免有以偏概全和人云亦云之嫌；三是有關民國前後梁啓超善變的政治思想問題。這也是很多研究者最爲詬病的一個問題，其原因就在於一些研究者出於對革命黨人以及所領導的革命鬥爭的頌揚而對梁氏轉向保守之行爲的不滿；四是民國時期特別是民國早期梁啓超從擁袁到反袁這一過程中所堅持的憲政主張。梁氏因爲擁袁而得到時人的批評，後又因反袁而得到時人的褒獎。人們對梁啓超的態度基本上都圍繞著梁氏的某些行動而展開，似乎忘卻了他在這一時期所發表言論的中心。總的來說，這些研究成果給我們提供豐富材料的同時，其中沒有涉獵的或涉獵不夠的研究內容也爲我們全面地研究梁啓超憲政思想預留了一定的空間。具體表現在，一是研究在梁啓超的憲政思想時，一定要將它與近代中國的特殊歷史背景相結合，這樣才有可能全面地理解和把握梁啓超憲政思想產生的背景、特點及歷史價值；二是要關注梁啓超在不同的歷史時期對憲政的不同表述，分析梁氏憲政思想的「變」與「不變」之關係，挖掘引領梁氏憲政思想的主線，掌握梁氏憲政設計對「秩序的整合與國家重塑」這一主題的重視；三是要對梁啓超的君主立憲思想給予客觀公正的評價。過去的一些研究往往受到意識形態和「革命浪漫主義」的影響，將梁啓超漸進改革的立憲路徑和實現君主立憲的政治主張看成是落伍的甚至是反動的，這些都是我們在研究中應

該注意的問題；四是要進一步研究梁啓超憲政思想的時代價值，重新發掘它的歷史價值，爲中國的憲政建設之路尋求一定的思想資源。中國新一屆國家領導人在談及治國理政之思想資源時曾多次強調要從歷史傳統中總結吸收有用的養分，爲我國社會主義民主政治的建設增磚添瓦，提供可資利用的資源。誠如習近平在 2013 年 12 月 30 日的中央政治局第十二次集體學習時指出的那樣：一個國家選擇什麼樣的治理體系，是由這個國家的歷史傳承、文化傳統、經濟社會發展水準決定的，是由這個國家的人民決定的。我國今天的國家治理體系，是我國歷史傳承、文化傳統、經濟社會發展的基礎上長期發展、漸進改進、內生性演化的結果。中華民族是一個相容並蓄、海納百川的民族，在漫長的歷史進程中，不斷學習他人的好東西，把他人的好東西化成我們自己的東西，這才能形成我們的民族特色。

三、研究方法與思路

歷史研究法。作爲一位在中國近代史上頗有影響力的思想家，歷史研究法是我們研究梁啓超憲政思想的有效工具。具體地說，就是我們在研究梁啓超憲政思想時，必須把它和當時的具體歷史相結合，從特定的歷史背景當中去解讀梁啓超的憲政思想。首先要分析梁啓超憲政思想生成的歷史背景。鴉片戰爭後，隨著資本主義入侵的常態化，中國傳統文化在與西方工業文明碰撞中所表現出的疲態已被社會所公認。爲此，一些有識之士從不同的角度反思傳統文化，探索救國救民之道。梁啓超憲政思想也正是在這種背景之下所生成的一種救國理念；其次，對梁啓超憲政思想的內容要進行歷史的分析。由於憲政思想在近代中國的興起與資本主義對中國的侵略有內在的聯繫，所以當我們在解讀梁啓超憲政思想時，要客觀地分析近代以來西方的憲政理念是如何進入梁啓超等人的視野當中，他們是如何理解憲政以及他們的憲政理念發生了什麼變化。最後，要對梁啓超憲政思想進行歷史的評價。在中國近代歷史上，梁啓超既是一位影響力巨大的思想家，同時又是一位頗有爭議的思想家，所以對他的憲政理念進行歷史客觀的分析顯得十分必要。過去由於受到意識形態的制約和「革命浪漫情懷」影響，人們在評價梁啓超憲政思想的過程中似乎都帶有一定的主觀性，這也增加了我們認識梁啓超的難度。爲此，在分析梁啓超憲政思想的歷史意義時，應將其置於當時具體的歷史背景之中，而不是就思想而思想地進行分析。

文獻研究法。在研究梁啓超憲政思想時，文獻研究法能幫助我們收集、整理和解讀與梁啓超憲政思想相關的文獻，從而爲我們更爲準確、更爲全面地把握梁氏的憲政思想提供方便。研究者一般認爲，憲政是資本主義國家侵略中國的「附屬品」，它是西方政治文化發展的必然產物，它體現的是近代西方資本主義民主政治的發展特點。近代中國的一些有識之士，將起源於西方的憲政理念引進中國，並希望在中國實現立憲政治以達到國家的獨立與富強。這種對憲政「實用主義」的理解和引進，使它原有的內涵必將發生某些變化。所以，我們在研究梁啓超來憲政思想時，有必要對各種相關的文獻資料進行仔細地梳理和甄別，儘量全面深入地分析和解決論文所提出的問題。同時，對相關文獻進行梳理和解讀有利於我們比較梁啓超與其他中外憲政思想家如王韜、鄭觀應以及盧梭、孟德斯鳩、伯倫知理等人的憲政思想，繼而爲我們全面深入地解讀梁啓超憲政思想的內涵、特點以及歷史價值提供方便。

比較分析法。比較方法是社會科學研究中經常應用的一種邏輯方法。所謂的比較就是對照所要分析的每個事物，找出它們彼此之間的共同點和不同點，進而確定事物之間的普遍屬性和特殊屬性。常言道「沒有比較就沒有鑒別」。本研究首先通過將梁啓超的憲政思想和同時代其他中國思想家的憲政主張進行橫向比較，分析研判它們之間的異同，從而發現梁氏憲政理念的特色。例如，將梁啓超的憲政思想和早期其他維新人士如王韜、鄭觀應、馮桂芬等人的政治觀念相比較，我們會發現梁氏憲政理念更加具有近代西方憲政思想的味道，其實踐路徑也具有較爲激進的革新味道；而如果將其與後來革命派的憲政理念和實踐路徑相比較的話，我們會發現梁氏憲政主張的多變性與保守性。其次通過將梁啓超的憲政思想與近代西方資產階級的憲政理念進行縱向比較，分析近代中國憲政思想發軔的歷史背景與價值訴求與「原生態」的憲政理念之間的差異以及造成這些差異的原因，從而管窺近代中國憲政實踐之路的艱難歷程，尋求新時期中國憲政建設的經驗和教訓。

四、研究重點與難點

本研究借助歷史研究法和文獻研究法，重點分析了以下幾個問題：一是分析了引發梁啓超憲政思想的歷史背景。任何思想和行爲的產生都有特定的歷史背景，而背景的時代性決定了某一思想和行爲的特殊性。梁啓超所在的那個時代正是中國傳統社會經歷轉型的陣痛期。但是，近代中國社會轉型的

動力主要來自於外部。具體地說，就是中國爲了擺脫西方資本主義侵略所帶來的壓力而進行的不自覺的和被動的社會轉型。在這種特定的背景下，梁啓超的憲政思想及其實踐模式就具有特定的內涵指向。二是分析了在特定的歷史背景之下，梁啓超的憲政思想及其實踐模式與近代中國社會轉型的相互作用。即要關注梁啓超憲政思想對引發傳統社會朝近代轉化過程中的歷史作用；三是分析了梁啓超憲政思想在多大程度上促進了中國政治近代化的進程，以及梁啓超憲政思想及其實踐路徑對我國社會主義憲政建設有哪些可以利用的思想資源。在解決以上三個主要問題的基礎上，論文的創新之處可能在於對梁啓超憲政思想做出比較系統的分析與解讀，進而對它的歷史價值給予客觀的評價。

　　本研究的寫作難點與不足之處主要來自於以下幾個方面。首先，研究者本身的理論修養和知識儲備尚有欠缺，還沒有足夠的信心來駕馭這一宏達的研究主題。因爲梁啓超作爲近代一位百科全書式的思想家，其思想博大精深，影響深遠。在其宏大絢麗的思想體系中，有著無數寶貴的思想資源等待著我們後輩學人去研究和挖掘。因而在有限的時間範圍內對其進行解讀和研究，難免有種高山仰止的感覺。而要對梁氏「多變」的憲政思想做出實事求是且符合作者原有之意的理解也是非常困難的一件事情，把握不好還有可能給人留下「吃力不討好」的把柄。鑒於這樣的原因，在本研究的寫作過程中，那種捉襟見肘和惶恐之感時刻纏繞在本人心頭。其次，與本研究主題相關的文獻資料和研究成果的收集整理與歸納分析仍有一定的難度。一方面，由於本研究要在中西文化比較視野下對梁氏憲政思想進行全面的解讀，所要論述的內容範圍較廣，所需的文獻資料較多。雖然現有的電子期刊和網路資料給本研究帶來了不少便利，但一些重要的原始文獻和經典成果的獲得依然有種種障礙，無法掌握更加全面的信息，這些困難不可避免地給本研究帶來了這樣或那樣的難度。另一方面，國內學界對梁啓超的相關研究成果可謂汗牛充棟，如大海之水取之不竭。這些現有的研究成果爲本研究提供方便的同時，也增加了資料篩選和辨識的難度。最後，要對梁啓超憲政思想做出客觀、公正的評價還尚有難度。在梁啓超生活的那個年代，憲政進入中國知識和思想體系的歷史還不長，那些站在時代前列、引領思想潮流的有識之士雖然對其進行了「創造性」的解讀和宣傳，但對大多數普通的中國人來說，憲政可以說還是一個新事物，絕大部分人可以說還沒有做好接納憲政的思想準備，更別說

實行憲政體制了。因而，在與憲政「原產地」不同的語境下對其進行闡釋或
實踐，難免會出現見仁見智的紛爭。也正是由於思想界對憲政還沒有形成一
個較爲統一的認識，所以在當時背景下對梁氏的憲政理念要做一個客觀、準
確的評價確實有一定的難度。再者，就梁啓超本人在不同時期對憲政的不同
理解路徑，也增加了我們對其分析和評價的困難。梁氏學術性格的多變性也
表現在他對憲政的理解和踐行路徑上。通過梁啓超在戊戌變法、甲午中日戰
爭、清末預備立憲以及初建民國等幾次比較重要的歷史事件期間對憲政的論
述來看，缺乏理論的系統性和連貫性是其憲政思想的一大特點和缺點。雖然
這種多變性與當時急遽變化的社會現實有著千絲萬縷的聯繫，但這些都不可
避免地增加了我們認識和評價梁氏憲政理念及其實踐路徑的難度。

第一章　晚清社會歷史環境與憲政理念的發軔

　　1840 年鴉片戰爭的一聲炮響，讓一個有著「普天之下，莫非王土；率土之濱，莫非王臣」記憶的中華帝國遭到了西方「蠻夷」前所未有的沉重打擊。在這次戰爭中，「蠻夷」的利炮不僅喚醒了清朝統治者「天朝上國」的美夢，而且也深深地刺激了以天下為己任的士大夫。這場戰爭是一個界碑，它標誌著古老的中國在西方資本主義武力的夾裹下開始了痛苦而漫長的近代化歷程。當「夷人中流鼓掌去，三月長江斷行旅」之後，資本主義侵略的常態化和不平等條約的制度化也逐漸形成，中國傳統的經濟結構、政治秩序以及文化形態等開始出現緩慢的變化已成為歷史發展的必然。

一、中西文化碰撞下的晚清社會

　　晚清是中華民族苦難與血淚交織的時代。19 世紀中葉以後，外敵的入侵、西方近代思潮的衝擊終於擊碎了中國傳統夜郎自大式的「自閉狀態」。隨著晚清中國與世界各國在各方面接觸的不斷頻繁和深化，外來因素與中國內部因素的碰撞與相互作用引發了中國傳統政治體制、經濟制度、社會結構及思想傾向等諸方面的重大變化。這些變化也最終演變成為一股強烈的民族危機意識，刺激著晚清社會各個階層的民眾掀起了一場又一場的救亡圖存的探索之路。

（一）工業文明的進入對中國傳統經濟的衝擊

　　中國傳統的封建社會在經過了漫長的發展歲月之後，到了明代中後期，它的內部逐漸孕育和迸發出了新的發展跡象：社會生產力逐漸提高，社會流動速度日益加快，正式化水準也在提高，商品經濟在絲織業、棉紡織業、鐵

器鑄造業、採煤業及金融信貸等領域獲得了較大的發展。最爲顯著的是，在經濟較爲發達的江南地區，資本主義生產關係在一切手工業部門有了較大的發展。文學家馮夢龍在其《醒世恒言》中記載了浙江某個小鎮上一家絲織業的經營盛況：「晝夜營運，不上十年，就長有數千金家事。又買了左近一所大房居住，開起三四十張機。」〔註1〕然而，正當剛剛萌芽起來的資本主義生產關係在中國傳統封建制度的束縛下得以自主和緩慢發展之際，歐洲的資本主義卻借著十五世紀新地理的發現（1492年）和歐亞航路的開闢（1498年）的東風，以勢不可擋之勢向前飛速地發展。正如馬克思在《共產黨宣言》中描述的那樣：「美洲的發現、繞過非洲的航行，給新興的資產階級開闢了新天地。東印度公司和中國的市場、美洲的殖民化、對殖民地的貿易、交換手段和一般的商品的增加，使商業、航海業和工業空前高漲，因而使正在崩潰的封建社會內部的革命因素迅速發展。」〔註2〕在歐洲資本主義發展的這股浪潮中，英國無疑是最大的贏家，它在經歷了資本的原始積累、資產階級革命的勝利以及完成工業革命之後，到了十九世紀已發展成爲殖民地最多、貿易區域最廣、國家實力最爲強大的「日不落帝國」。通過海外擴張來鞏固資產階級政權和進一步發展資本主義市場經濟，似乎成爲英國舉國上下達成的一個共識。

西方資本主義的發展歷史表明，當國內有限的市場容納不下資本主義巨大的發展能量時，資本的內在擴張性必然會導致資本家在維護國家利益的名義下謀求海外市場的擴張和進行殖民掠奪。在擴張海外市場的過程中，英國急切地將貿易的觸角伸向了當時人口最多、市場前景最爲廣闊的中國，以便獲得他們夢寐以求的利潤。然而，正如人們經常所說的那樣，願望是美好的，現實卻是殘酷的。在中國傳統自然經濟和清政府閉關鎖國政策的抵抗之下，在鴉片戰爭前的中英正常貿易中，中國一直處於有利的出超地位，英國資本家未能獲得他們想要獲得的利益。據統計，在1760年～1833年這70多年間，中英貿易額增長很快，其中進口貿易增加了15倍，出口貿易增加了9倍多。但是從絕對數字上看，在正當的貿易交往上中國始終是處於出超的地位。一直到19世紀20～30年代，中國每年仍然超出200萬兩～300萬兩。〔註3〕這種情況顯然是和英國資產階級的企圖相違背的。爲了扭轉中英貿易當中的不

〔註1〕 馮夢龍：《醒世恒言》，作家出版社，1956年版，第371頁。
〔註2〕 馬克思、恩格斯：《共產黨宣言》，人民出版社，1964年版，第24～25頁。
〔註3〕 孫健：《中國經濟通史》中卷，中國人大民學出版社，2000年版，第667頁。

利局面，外國侵略者一方面對中國進行外交恫嚇，企圖打破清政府的閉關鎖國政策；另一方面，他們竟然喪心病狂地用海盜掠奪手段向中國輸入大批的鴉片以攫取血腥的暴利，以扭轉中英貿易的不平衡。當時的一位鴉片販子和貨物經紀人胡夏米（Hugh Hamilton）在寫給外交大臣巴麥尊（Viscount Palmerston）的信就頗能代表英國朝野上下侵略中國意圖，他說：「經過深思熟慮，……我要建議採取的就是直接用武力來對過去的損害取得補償，對將來取得保障；……照我的意見，採取強硬的策略，配以有力的行動，只要一支小小的海軍艦隊，就萬事皆足了。」〔註4〕在鴉片戰爭爆發前的幾十年間，英國輸入到中國的鴉片在逐年成倍的增長。〔註5〕在這種情況下，中英貿易關係也在悄然地發生變化，對英國來說，由於鴉片大量地輸向中國，使其由原來的入超國變為出超國，大批的白銀也流向英國，為英國的資本主義發展積累了雄厚的資本；而對中國來說，由於鴉片的大量輸入，使其由原來的出超國變為入超國，鴉片的氾濫不僅造成了嚴重的社會災難，而且白銀的大批外流所造成的錢賤銀貴使整個國民經濟受到了很大的破壞，給清政府的統治帶來了嚴重的危機。更為糟糕的是，鴉片戰爭之後，以英國為代表的資本主義國家憑藉在不平等條約中所攫取的特權，通過傾銷商品、開辦工廠、創建金融機構、霸佔礦山、壟斷經營以及劃分勢力範圍等行為加大了對中國侵略的深度和廣度。中國傳統的自然經濟開始受到巨大的衝擊，幾千年形成的社會經濟結構逐漸被侵蝕而改組。總體來看，西方資本主義工業文明給中國傳統的自然經濟結構帶來的衝擊主要表現在以下幾個方面。

首先，在資本主義侵略的過程中，以棉紡織業為主的西方近代工業品的輸入加快了中國傳統自然經濟的瓦解，刺激了中國傳統社會的新陳代謝。一方面，西方商品特別是棉紡織品在鴉片戰爭後的大量輸入，加快了中國傳統手工業的衰落和破產，使生活本來就十分艱難的廣大農戶更加貧困。因為在中國傳統的經濟模式中，家庭手工業是農民除了農業之外的重要生活保障，而且也是維持傳統商品經濟發展的主要形式。但隨著西洋商品的大量輸入，傳統的手工業產品失去了先天優勢，在市場上無法與物美價廉的西洋貨物相

〔註4〕　《經濟研究》，第108頁，1955（2）。轉引自孫健：《中國經濟通史》中卷，中國人大民學出版社，第672頁。

〔註5〕　從1800年到1839年間，外國輸入中國的鴉片數量（其中絕大多數來自英國）可參見李伯祥：《關於19世紀30年代鴉片進口與白銀外流的數量》，載《歷史研究》，1980年第5期。

比，農民的額外收入隨之減少，有些家庭被迫放棄這些副業，造成了家庭手工業的逐漸萎縮。例如，在經濟比較發達的浙江嘉定地區，就出現了「往者匹夫匹婦，五口之家，日積一匹，贏錢百文；自洋布盛行，土布日賤，計其所贏，不得往日之半耳」。〔註6〕另一方面，西方國家商品的大量輸入還加快了中國傳統的以耕織結合爲特徵的棉紡織業的衰落。在第二次鴉片戰爭之後，西方資本主義國家憑藉在不平等條約中所攫取的特權，從19世紀60年代開始向中國大量地傾銷廉價的洋紗洋布，結果首先是洋紗代替土紗，使紡與織相分離，接著是洋布代替土布，使耕與織相互分離。比如在50年代初期的廈門，當地的經紀人雖然還不要進口的棉織品，但已傾向於要進口的粗纖維和棉紗。進入60年代，由於進口的棉紗要比農民紡的土紗價格低得多，從而造成洋紗的進口在1867年～1868年一年之間增加了一倍。〔註7〕中國傳統的土紗由於受物美價廉的洋紗的排擠，市場前景逐漸暗淡。土布的命運也差不多，同樣受到了洋布的排擠。馬克思在分析以耕織結合爲特徵的印度的自然經濟在遭英國棉紡織品入侵而解體時認爲，這一分解過程大體有兩個步驟，首先是進口棉紗，使農民用英國廉價的棉紗織布，破壞農民的手工紡紗，造成紡與織的分離。然後是物美價廉的進口棉布，進一步破壞農民的手工紡織，造成耕與織的分離。〔註8〕西方對中國棉紡織品的輸入，「雖然不能截然劃分爲兩個階段，但是紡、織分離和耕、織分離，在19世紀的50至60年代，在某些地區是實際存在的。」〔註9〕這樣一來，中國傳統的手工業日益萎縮，農業剩餘人口逐漸增多，城市規模日益擴大，社會流動速度加快，新型的產業工人日益增多，這些新變化爲中國傳統社會的新陳代謝與轉型奠定了階級基礎。

其次，西方資本主義的入侵，在加速分解中國傳統經濟發展模式的同時，還促進了東南沿海及周邊城鄉地區商品經濟的發展，使中國資本主義生產關係較之以前有了更大的發展。馬克思主義在分析商品和資本的本質時指出，資本主義生產關係是伴隨著農村自然經濟和城市行會組織的瓦解而逐漸發展

〔註6〕楊震福：《光緒嘉定縣志》卷8，上海書店，1991年版，第165頁。

〔註7〕鄭大華、彭平一：《社會結構變遷與近代文化轉型》，四川人民出版社，2008年版，第108頁。

〔註8〕《馬克思恩格斯全集》第9卷，人民出版社，1972年版，第146～147頁。

〔註9〕汪敬虞：《十九世紀西方資本主義對中國的經濟侵略》，人民出版社，1983年版，第96頁。

起來的，它的產生必須具備兩個條件：一是商品生產者握有大量的資本，即大量的貨幣財富集中在少數人手中，他們願意並有可能購買一定數量的生產資料和勞動力來經營資本主義企業；二是有大量的勞動者失去了生產資料和生活資料（他們除了身上的勞動力外，是名副其實的無產者），他們為了生存，不得不出賣自己的勞動力，成為被雇傭的工人。〔註10〕中國雖說在明代中葉就已經有了資本主義生產關係的萌芽，但是在強大的以自然經濟為主導的傳統經濟模式的束縛下，其發展速度非常緩慢。然而在鴉片戰爭後，當西方資本主義國家把中國強行地拖進世界資本主義發展體系時，中國市場也就逐漸變為世界市場的一個依附部分，自然經濟的衰落和資本主義生產關係的發展速度在西方資本主義國家的刺激下大大加快了。在中西經濟交往活動中，由於機器生產的外國商品具有物美價廉的優點，人們與市場發生關係的機會也越來越多，中國的市場化水準逐漸提高，自然經濟的萎縮也就越明顯。因為商品交換的頻繁「使產品的出售成為人們關心的主要事情，它起初並沒有顯著地侵襲到生產方式本身，例如，資本主義世界的貿易對中國、印度、阿拉伯等國人民最初發生的影響就是如此。但是，接著在它已經紮根的地方，它就會把一切以生產者本人勞動為基礎或者只把多餘產品當作商品出售的商品生產形式進行破壞。它首先使商品生產普遍化，然後使一切商品生產逐步轉化為資本主義的商品生產。」〔註11〕隨著西方資本主義國家侵略的深化和不平等條約普遍化與制度化的形成，日益增多的通商口岸、逐漸降低的關稅和不斷強化的領事裁判權成為西方商品大量湧入中國的重要保障，使最先開放的那些通商口岸及周邊地區成為資本主義生產關係快速發展的中心。此種情形，猶如美國學者羅茲曼所說的那樣：「1842 年～1895 年，中國 5 戰 5 敗，中國的各大口岸均向外國商人和留居者開放。由鴉片戰爭而形成的通商口岸有 5 個，其後，開放港口及貿易地點的數目，逐漸達到大約 100 個。……最惠國條款意味著中國只能同締約列強談判和解，因此，它成為擴大和強用優惠政策權的工具。關稅稅率由條約規定為按價計算的 5%。這種長期固定統一的稅率的稅制表明，中國無力控制其貿易或保護其幼小的工業。《馬關條約》又進而增加了外國人在通商口岸地區發展製造業的權力，這就使外國人有可能利用廉價的中國勞動力，而且能逃避對外來貨物徵收的不算多的關稅。」

〔註10〕 參見《馬克思恩格斯選集》第二卷，人民出版社，1973 年版，第 86～114 頁。
〔註11〕 《馬克思恩格斯全集》第 24 卷，人民出版社，1972 年版，第 43～44 頁。

〔註12〕在第二次鴉片戰爭後，僅以傳統的棉紗棉布爲例，1872 年的棉紗進口量爲 5 萬擔，到 1890 年增加到 108.2 萬擔，爲 1872 年的 21.64%；1872 年，棉布的進口量爲 1224.1 萬匹，到 1890 年增加到 1556.1 萬匹，爲 1872 年的 127.1%。〔註13〕西方以棉紡織品爲主的工業品的湧入，給中國自給自足的自然經濟造成巨大衝擊的同時，也加快了資本主義生產關係的成長。鄭觀應描述當時江南一帶的情形是「棉花一項，產值沿海各區，用以織布紡紗供本地服用外，運往西北各省者絡繹不絕。自洋布進口，華人貪其價廉質美，相率購用，而南省紗布之利，半爲所奪，迄今通商大埠及內地市鎮城鄉，衣大布者十之二三，衣洋布者十之八九。……洋貨銷流日廣，土產運售日艱。」〔註14〕與此同時，在中國傳統的自然經濟衰落和商品經濟發展的過程中，許多具有資本主義性質的企業和工廠在一些發達地區也日益增多，商人投資這些企業的情況也越來越頻繁。商人資本與產業資本的聯繫日益密切，推動了中國手工勞動向機器生產過渡和近代資本主義工業的發展。〔註15〕

最後，西方資本主義的入侵，具有資本主義性質的近代工業在通商口岸及沿海一些地區開始出現並發展起來，使中國傳統的社會結構開始發生變化。針對學界研究中國傳統社會變遷路徑的「傳統——現代」兩分法，金耀基先生的研究指出，中國社會結構變遷是一個連續性的動態的歷史過程，不是簡單地可以用「傳統——現代」二元對立的模式來解釋的。它是一個涉及經濟制度、社會結構、溝通網路、符號系統等方面的巨大的動態複雜過程。在社會結構上，傳統的以家庭制度爲核心的社會結構必然日趨變質，社會分化的不斷加深使得家庭制度不再是一個功能普化的團體，更不再是社會本身。職業分化越來越精細，士農工商的分類必將成爲歷史的陳跡。〔註16〕金先生所說的這個動態複雜的變遷過程，其根本動力來自於傳統社會內部的矛盾運動，但近代西方資本主義國家的侵略無疑大大地加速了中國傳統社會的

〔註12〕〔美〕吉伯特‧羅茲曼主編：《中國的現代化》，上海人民出版社，1989 年版，第 43 頁。

〔註13〕嚴中平：《中國棉紡織史稿》，科學出版社，1955 年版，第 9、38 頁。

〔註14〕鄭觀應：《盛世危言》，卷 3，第 5 頁。轉引自鄭大華、彭平一：《社會結構變遷與近代文化轉型》，四川人民出版社，2008 年版，第 110 頁。

〔註15〕有關近代中國資本主義工商業發展的具體情況可參閱嚴中平主編的《中國近代經濟史統計資料選輯》，北京科學出版社，1955 年版。

〔註16〕金耀基：《從傳統到現代》，中國人民大學出版社，1999 年版，第 59～70 頁。

變遷速度。在第一次鴉片戰爭後的每次侵略戰爭中，參與入侵中國的西方資本主義國家就會取得更多的利益，侵略的觸角也會伸得更長。其中，在通商口岸進行投資建廠則更加方便了資本主義的侵略向內地的延伸，在一定意義上影響和幫助了中國近代工業的發展。據汪敬虞先生的研究，19 世紀 40 至 60 年代，外國資本在各通商口岸共設各類近代工廠 75 家。〔註17〕比如，比較著名的有上海的造船廠和剿絲廠，漢口和福州開辦的磚茶廠和印刷廠等。這些與中國傳統手工作坊有著本質區別的近代企業在各個通商口岸及周邊地區的發展擴張，催生了中國第一代產業工人。這些工人雖然脫胎於貧困的農民、手工業者和一部分無業遊民，但他們又不同於傳統手工作坊勞動者，他們是「新時期」先進生產力的代表者，他們構成了早期技術工人的主體，成為近代工礦企業技術工人的最早來源。與此同時，這些在通商口岸日益發展壯大並向外不斷擴展的工商業的發展，不僅為新式商人的崛起提供了適宜的環境和土壤，而且還為遊走於中西商業之間的買辦階層及買辦制度的興起提供便利條件。基於近代工商業的發展趨勢及其影響，張玉法先生認為它是近代中國社會變遷的原動力，「工業化的社會需要新知識分子和科技人才，這兩類人躍升為工業社會精英分子的一部分，這是社會的第一種變遷。隨著工業化而來的是工商階層的興起，工商業者及銀行家成為工業社會的精英分子，這是社會的第二種變遷。當工商階層興起以後，人口集中城市是社會的第三種變遷。當工業化與城市化進行時，家庭制度也發生改變，由大家庭變成小家庭，且孝道也成式微之勢，這是社會的第四種變遷。」〔註18〕與此同時，受西方資本主義的影響，勃興於 19 世紀 60 年代的洋務主義和洋務運動在客觀上對中國資本主義的產生和發展，無疑起到了重要的刺激和促進作用，對破壞封建小生產方式和警醒整個社會氛圍起了巨大影響。總之，鴉片戰爭後出現的這些新變化、新發展影響著人們特別是通商口岸一帶城市居民的社會生活和思想觀念的轉變，為中國傳統社會結構的變遷打開了方便之門。

　　總而言之，在西方資本主義的侵略下，中國傳統的自然經濟在慢慢解體，從封建社會內部發展起來的商業、手工業、金融業等都在靜悄悄地發生著變化。

〔註17〕　汪敬虞：《十九世紀西方資本主義對中國的經濟侵略》，人民出版社，1983 年版，第 310～311 頁。

〔註18〕　張玉法：《20 世紀前半期的中國社會變遷（1900～1949）》，《史學月刊》，2006年第 3 期。

所有的這些變化都是中國傳統經濟模式發生新陳代謝的重要組成部分和主要表現。西方資本主義的侵略給中國傳統經濟生活所帶來的影響，正如美國學者王國斌所說：「19 世紀和 20 世紀中國的社會以及經濟變化，具有其西方的根源。這些變化明顯地有異於那些早先的歷史相似現象，西方的變化，既成爲中國的榜樣，又成爲中國的機會和障礙（特別是在 19 世紀後半葉以後）。儘管中國有長期的城市化歷史，但 19 世紀的通商口岸明顯地爲中國城市化增添了新的內容。城市中心成了最有可能出現『公共領域』和『市民社會』的地方。」〔註 19〕

（二）資本主義的侵略與晚清社會的政治危機

鴉片戰爭之前，封建專制政治體系雖然已經非常虛弱，但它依然能夠將社會矛盾控制在一定的範圍內，使滿清王朝的統治得以延續。然而鴉片戰爭及後來一系列侵略戰爭的發生使清政府面臨著國內外的雙重壓力：既要應付由西方資本主義的侵略帶來的種種危機，又要解決因國內不斷高漲的民族情緒而產生的各種矛盾和此起彼伏的下層民眾的反抗鬥爭。在封建專制政治體系統治資源有限的情況下，清政府不可能也沒有能力同時應付這麼多的危機。因此，當西方資本主義的侵略不斷加重和國內矛盾不斷加深時，晚清社會政治危機的加重以及清政府統治的不斷虛弱也就在所難免。這樣虛弱的狀態在以下兩個方面表現得尤爲突出：「第一，與西方列強相對抗的清朝的軍事力量和行政能力在內亂時期漸近崩潰，內亂的確引起了外患。第二，根本弱點是思想和體制方面的，也就是對外國的現實一貫無知，並且存心不去考慮這一現實。」〔註 20〕綜合來看，資本主義的侵略給晚清中國所帶來的政治危機主要表現在以下幾個方面。

首先，西方列強通過在不平等條約中所攫取的特權，給中國傳統的封建專制政治體系造成了亙古未有的壓力，迫使其不得不做出某些應對措施，實施政治上的某些變革。從宏觀層面看，西方資本主義國家從不平等條約所獲取的土地使用權、領事裁判權、駐軍權、人事權等，不僅嚴重地破壞了封建專制政治體系的完整性和統一性，而且給清政府統治的合法性帶來了極大的挑戰和危

〔註 19〕〔美〕王國斌：《轉變的中國——歷史變遷與歐洲經驗的局限》，李伯重、連玲玲譯，江蘇人民出版社，1998 年版，第 132 頁。

〔註 20〕〔美〕費正清等編：《劍橋中國晚清史》上卷，中國社會科學出版社，1985 年版，第 253 頁。

機。從獲取土地的使用權和佔有權上看,「割地賠款」已成為各資本主義國家侵略中國、破壞國家主權完整的「必備」內容,而且他們對土地要求的胃口也越來越大,並將其觸角伸向中國內地。例如,《南京條約》只是割讓香港島給英國,而《馬關條約》則讓中國面臨著「北無旅順,南無臺灣,中華海面,全為所扼,此後雖有水師,何從施展?梗遼、沈之路,扼津、登之喉,臥榻養寇,京師豈能安枕?北洋三省,沿海水陸,永遠不能撤防,國用如何能支。」〔註21〕的局面。在不平等條約「合法化」的幫助下,領土主權的喪失給中國傳統所奉行的「普天之下,莫非王土;率土之濱,莫非王臣。」的「國土觀念」以沉重的打擊。而《辛丑合約》的簽訂,則標誌著外國侵略者加強了對清政府軍事方面的干預和控制,從而使清政府的統治直接暴露在西方列強的監督之下,也讓中國軍隊失去了「保家衛國」的職能。從微觀方面看,各資本主義列強通過安插本國人到清政府某些部門任職、建立租界、設立專門機構、干涉清政府的人員任免、干預司法執行等行為干涉中國內政,攫取它們在中國的各種特權。這樣,在中國近代歷史上就出現了「在中國的地盤上中國人說了不算」的可悲局面。更為嚴重的是,西方資本主義的侵略還引起了中國固有的知識、思想與信仰體系不得不變的結果。而這些固有的知識、思想和信仰體系是架構封建專制統治合法性的重要資源。因為這些「遺傳下來的(歷來就存在的)制度和統治權力的神聖的基礎之上,並且也被相信是這樣的,那麼這種統治就是傳統型的。統治者(或者若干統治者)是依照傳統遺傳下來的規則確定的,對他們的服從是由於傳統賦予他們的固有尊嚴。」〔註22〕所以,當過去用來建構封建專制統治合法性的那些重要資源在西方異質文明的擠兌下出現逐漸流失之像時,清政府再也不能按照原來的步伐行走下去了。〔註23〕例如在《南京條約》中,英國明確申明:英國駐中國之總管大員,與大清大臣無論京內、京外者,有文書來往,用照會字樣;英國屬員,用申呈字樣,大臣批覆用箚行字樣,兩國屬員往來,必當平行照會。」〔註24〕而後來的中美《望廈條約》第32款又規定:「嗣後和

〔註21〕 《張文襄公全集》卷一百四十四,電牘二十三,20頁。轉引自虞和平、謝放:《中國近代通史》第三卷,江蘇人民出版社,2007年版,第409頁。

〔註22〕 〔德〕馬克斯·韋伯:《經濟與社會》上卷,商務印書館,1997年版,第251頁。

〔註23〕 在中國封建專制政治體制中,用以建構統治合法性基礎的資源主要有以血緣關係為中心的宗法制、傳統的「君權神授」理念以及由天(道)、地、人共同構成的宇宙觀及對這種宇宙觀進行解釋之後形成的一套知識、思想和信仰體系。

〔註24〕 王鐵崖:《中外舊約章彙編》第1冊,三聯出版社,1957年版,第32頁。

中國如有兵船巡查貿易至中國各港口者，其兵船之水師提督及水師大員與中國該港口之文武大憲均以平行之禮相待。」〔註 25〕在這裡，西方資本主義國家之所以如此注重所謂的「平行之禮」，其真正的目的並不是給大清帝國以平行或平等之禮，而是通過這種冠冕堂皇的外交言辭來敲開糾結他們多年的「中外之防，首重體制」的壁壘，進而能夠名正言順地獲取更多的在華利益。但他們要求的這種「平行之禮」給傳統中國帶來的傷害則是巨大的：「一方面，這種平等同天朝大國對待外夷歷來的不平等是直接對立的。它的實現會使王朝體制裂開一個大洞並促成夷夏之防的逐漸崩潰。另一方面，透過這種具體的平等權利又會洩露出一點資本主義的一般平等觀念。……這一層意思在一開始可能不如前一層意思那麼明晰。但它的沉重壓力是可以感受到的。」〔註 26〕到第二次鴉片戰爭後，當清政府默認並開始用這種平等觀念與西方國家在交往的過程中進行討價還價時，封建專制統治的合法性資源的流失也就成為事實，這一點就像費正清所說的那樣：「這時（指 1858 年）在北京爭論的主要癥結是國與國之間的平等關係的問題，在廣州爭了那麼久的也是這個問題。清廷雖然深感外國力量的強大，但它只能設想外國公使應按朝貢使節的舊規矩前來北京：即作為中國政府的客人三五年來一次，穿中國服裝，通過驛站，由中國官吏護送。稍稍超出這個規定，就會被認為有損於國家體制。由於帝國的統治如此依靠它的威信，而失掉這種威信就會嚴重地削弱它在中國政治和社會中的權力基礎。」〔註 27〕但是，更大的傷害和危機則是來自 1895 年甲午中日戰爭的發生及中國的戰敗。這一年，大清帝國被自己看作是「蝦夷島國」的日本所打敗，舉國上下的悲愴心情可想而知。倘若說以前中國敗給西方資本主義國家之後，人們還能以「阿 Q」的精神找一些原因進行自我安慰的話，那麼甲午戰敗之後，人們再也找不到那些聊以自慰的原因了，剩下的只有悲觀、沮喪、憤怒、糾結的複雜心情。就連當時的光緒皇帝也自感非常鬱悶，「近自和約定議以後，廷臣交章論奏，謂地不可棄，費不可償，仍應廢約決戰，以期維繫人心，支撐危局，其言固皆發於忠憤，而於朕辦理此事，

〔註 25〕 王鐵崖：《中外舊約章彙編》第 1 冊，三聯出版社，1957 年版，第 56 頁。
〔註 26〕 陳旭麓：《近代中國社會的新陳代謝》，上海社會科學出版社，2006 年版，第 64 頁。
〔註 27〕 費正清、劉廣京編：《劍橋中國晚清史》，中國社會科學出版社，1985 年版，第 247 頁。

兼權審處，萬不獲已之苦衷，有未能深悉者。」〔註28〕在這種上下一致的憤懣心情中，卻醞釀著晚清社會更大的政治危機，這也就是梁啓超在《戊戌政變記》中所說的「喚起吾國四千年之大夢，實則甲午一役始也」。

其次，在中外勢力的雙重剝削和壓迫下，國內的階級矛盾日益尖銳，人民的反抗鬥爭使晚清社會的政治危機更爲嚴重。鴉片戰爭後，腐朽的清政府爲了支付戰爭賠款加緊了對下層人民的盤剝，加之西方資本主義入侵而引起的大量失業者的出現，使得下層勞動人民生活日益惡化，人們的生存空間越來越狹窄，人民的反抗鬥爭此起彼伏。1843年兩江總督耆英呈給道光皇帝的奏摺中這樣描述道：「官與民，民與兵役，已同仇敵。……吏治日壞，民生日困，民皆疾視其長上。一朝有事，不獨官民不能相顧，且將相防。困苦無告者，因而思亂。」〔註29〕在這裡，耆英可以說是發覺了清政府統治危機的真正所在，那就是當封建專制政治體系爲了應付日益嚴重的民族矛盾而將下層民眾的正當訴求拒之門外，或者政府即使能夠獲取這些訴求但卻無法解決和滿足這些訴求時，下層民眾爲了生存往往只能暴力革命的方式來反抗專制統治，以獲得他們安身立命的空間。在一系列的反抗運動中，以洪秀全領導的太平天國農民起義影響最大，給封建專制政治體系所帶來的衝擊也最強。一方面，太平天國在革命過程中將反對傳統的儒家思想和宣傳經過洪秀全本人改造的基督教思想結合起來，使其成爲一種下層民眾容易接受的革命理念。〔註30〕這種經過加工處理後的革命理念，在一定程度上動搖了封建正統思想的正當性基礎，加強了人們對滿清政府統治的合法性的質疑。蕭公權在談到這一點時指出：「太平天國自洪秀全定都南京至城破自殺，雖僅有十餘年之存在，而其在政治思想史上之意義，及其對近代政治史之實際影響，均頗爲重大，蓋太平天國以基督教義相號召，爲中土第一次受外來文化激動而引起之思想革命。稽之往古，實無先例。無論其思想內容是否可觀，其歷史上之意義則未容忽視也。」〔註31〕另一方面，太平天國農民運動對清政府的

〔註28〕轉引自葛兆光：《中國思想史》第二卷，復旦大學出版社，2004年版，第535頁。

〔註29〕轉引自姜濤、卞修躍：《中國近代通史》第二卷，江蘇人民出版社，2007年版，第209頁。

〔註30〕關於洪秀全的政治思想可參見曹德本等編：《中國政治思想史》，高等教育出版社，1999年版。

〔註31〕蕭公權：《中國政治思想史》，新星出版社，2005年版，第436～437頁。

軍事打擊直接衝擊和削弱了封建統治，加快了專制政治體系的衰落速度。天
平天國運動在中國近代史上的影響，孫中山給予了很高的評價：「咸豐年間，
太平天國起義師自廣西，東南諸省指顧而定……及漢人曾國藩、胡林翼、左
宗棠、李鴻章等練湘軍、淮軍，以與太平天國相殺，前後十四年，漢人相屠
殆盡、滿人復安坐以有中國、凡此皆百年事。我父老子弟耳熟能詳者也。……
彼曾、胡、左、李諸人，是何心肝，必欲使其祖國既將存而覆亡，使其同胞
既將自由而復爲奴隸乎？」〔註32〕除此之外，以「扶清滅洋」爲旗號的義和
團運動給清政府的統治也帶來了更大的危機，激發了更爲廣泛的反抗和求變
運動，使封建專制政治體系遭受重創，從此一蹶不振。19 世紀末發展起來的
義和團運動，扛著「扶清滅洋」的旗幟，不僅打擊帝國主義的侵略氣焰，而
且進一步削弱了清政府的統治基礎。在這次運動之後，「儘管清廷爲了苟延
殘喘，企圖在實現立憲政治方面做一些三心二意的改革，但是，許多中國人
看到滿族力量在崩潰，便轉而嚮往革命。孫中山主張用暴力推翻清朝的活動
日益得到同情和支持。隨著革命脈搏的加速，他的形象也從一名大逆不道的
叛亂者一變而成爲一個愛國的革命家，從而在 1911 年最終促成滿洲王朝的
覆滅。」〔註33〕

　　最後，由統治階級內部的爭權奪利及其所引發的宮廷政變加速了封建專
制政治體系的自我衰落過程。歷史地看，在某一封建王朝衰落的過程中，往
往會伴隨著統治階級內部爭權奪利的加劇與宮廷政變的發生。因爲當某一封
建王朝處於衰落階段時，它往往會把大部分的統治資源用在處理社會（階級）
矛盾上，而沒有更多的精力去顧及統治階級內部的建設，這就爲體制內的那
些權力覬覦者的爭權奪利和圖謀政變行爲創造了可乘之機。晚清以來，隨著
民族矛盾和階級矛盾的日益加深，統治階級內部的矛盾和爭鬥也日益激烈。
1861 年 8 月，咸豐皇帝在熱河病死，遺詔以年僅 6 歲的兒子載淳繼位，同時
任命怡親王載垣、鄭親王端華等八人爲贊襄政務大臣，總攝朝政。載淳的生
母慈禧太后在得到恭親王奕訢和握有兵權的勝保等人的支持後，以「不能盡
心和議，徒以誘惑英國使臣以塞己責，以至失信於各國」的罪名剪除了八大
臣的勢力。載垣、端華、肅順三人被處死後，形成了兩宮太后垂簾聽政而實

〔註32〕 胡漢民編：《總理全集》第一集，上冊，民智書局 1930 年版，第 312～313 頁。
〔註33〕 費正清、劉廣京編：《劍橋中國晚清史》下卷，中國社會科學出版社，1985
　　　　 年版，第 129 頁。

質為慈禧太后專擅權勢的局面。〔註34〕此後，在慈禧太后的主導下，清政府加緊了和西方資本主義國家相互勾結的步伐，進一步便利了資本主義國家對中國的侵略。難怪在政變發生後，英國的駐華公使普魯斯欣喜若狂地向英國政府報告道：「激烈的垮臺和逮捕載垣等人諭旨的言辭等於是對條約的實際批准，雖然它形式上去年已執行了。這次危機之決定轉向有利於我們在華利益的方面，實受我們所執行的路線的極大影響。在過去的 12 個月中，已造就了一個傾心於並相信同外國友好交往可能性的派別。有效地幫助這一派人掌權，是一個非同小可的成就。我們在北京建立了令人滿意的關係，在某種程度上已成為這個政府的顧問。」〔註35〕此外，1898 年發生的戊戌政變從表面上看是統治階級內部為爭奪最高統治權而出現的政治鬥爭，實質上則反映了清政府治理能力虛弱不濟和統治危機進一步加深的現實。到了甲午中日戰爭結束後，清政府在「彼何以小而強，我何以大而弱」的追問下進行了變法圖強運動。從本質上看，維新變法與歷史上其他改革一樣，它是統治階級在社會重壓之下通過自上而下的政治改革來緩和專制體系面臨危機的一次嘗試。由於政治改革實際上是政治利益的大調整和政治權力的重新分配，所以它所面臨的阻力和困難是非常大的。在改革的過程中，一部分人會因為改革而獲利，而另一部分人則會因為改革而失去已有的利益。這樣，失去利益的個人或團體必然會奮起反擊，全力阻撓改革。就戊戌變法而言，因為以光緒皇帝為代表的改革派的改革行為最終觸動了以慈禧太后為代表的頑固派的利益，所以遭到他們的極力反對也是情理之中的事情。兩派爭鬥的最終結果是以光緒皇帝退居幕後，力主改革的官員及維新人士或被革職或被處死而告終。戊戌變法失敗後，慈禧太后從幕後走上前臺，再次訓政，大清王朝的政治走向從此開始了一個所謂「維新變法的反動時期」。〔註36〕這樣，封建專制政治體系也因此而錯過了一次自我更新的機會，使其在已經開始衰落的道路上繼續滑落下去。這也就是馬克思所說的：「社會的物質生產力發展到一定階段，便同它們一直在其中活動的現存生產關係或財產關係（這只是生產關係的法律用語）發生矛盾。於是這些關係便由生產力的發展形式變成生產力的桎梏。

〔註34〕 姜濤、卞修躍：《中國近代通史》第二卷，江蘇人民出版社，2007 年版，第600～601 頁。

〔註35〕 參見《普魯斯致羅素函》，1861 年 11 月 12 日，轉引自中國社會科學院近代史研究所編：《中國近代史稿》第一冊，人民出版社，1978 年版。

〔註36〕 李劍農：《中國近百年政治史》，復旦大學出版社，2002 年版，第 172 頁。

那時社會革命的時代就到來了。隨著經濟基礎的變更，全部龐大的上層建築也或慢或快地發生變革。」〔註37〕

（三）西學東漸的加深與中國傳統經世思想的轉變

在中外交往史上，中國與異域的往來有大量詳實的歷史記載。但是，在以往的相互交往中，中國文明能夠憑藉著它強大的包容性和影響力，基本上每次都能夠成功地化解異質文明給中華文明所帶來的衝擊。然而從 15 世紀開始的歐洲資本主義擴張以及隨之而來的工業文明，卻給中國傳統的知識、思想和信仰體系帶來了不小的震撼。也就是從這個時候開始，不管中國的知識界在多大程度上是否願意接受這些西洋知識，但有一點卻不可否認，那就是「這些西方學者帶來的知識，爲若干知識分子（例如徐光啓、方以智）開啓了中國知識系統之外的另一片天地」〔註38〕經過兩三個世紀的「試探性」的交往，到了 19 世紀中後期，以英國爲首的資本主義國家在資本的內在擴張性的驅使之下，憑藉著堅船利炮強行敲開了中國的大門。自此以後，「西學」便隨著資本主義的堅船利炮長驅直入地湧入國門，深刻地影響著中國的思想界。就晚清時期「西學東漸」的狀況，熊月之教授根據前人的研究成果將這一過程概括爲各具特點的四個階段。第一階段是從 1811 年到 1842 年。這一階段以傳教士馬禮遜奉命前來中國傳教爲起點，以鴉片戰爭的爆發爲終點。這一階段特點是由於傳教士的宣傳活動沒有不平等條約的保護，其活動通常也被視爲宣傳者的個人行爲，影響很難達到中國的內地。傳播者沒有盛氣凌人的氣勢，傳授對象也沒有受欺壓的心理，傳、受雙方處於相對平等的地位，文化交流在相對正常的狀態下進行；第二階段是從 1843 年到 1860 年。在這一階段，由於鴉片戰爭後不平等條約的簽訂，外國人在各通商口岸的活動得以合法化，傳教士的傳教活動也從南洋遷到中國的東南沿海一帶，開始了晚清西學傳播史上的新階段。這一階段西學傳播的主要特點是以通商口岸爲傳播基地，翻譯出版了數量可觀的科學性著作，最重要的是在中國知識分子中間出現了主動瞭解、吸收西學的動向。西學東漸的第三階段是 1860 年到 1900 年。在這一階段，各資本主義國家憑藉著從不平等條約中攫取的更多特權，能在更廣的範圍內進行西學的傳播，而中國則想更多地瞭解西學以便在學習

〔註37〕《馬克思恩格斯選集》第 2 卷，人民出版社，1972 年版，第 82～83 頁。

〔註38〕許倬雲：《我者與他者——中國歷史上的內外分際》，生活・讀書・新知三聯書店，2010 年版，第 105 頁。

西學中掌握富國強兵之道。因此，西學東漸在這一階段的特點主要是傳播機構多元化、傳播內容豐富化、政府傳播主動化以及傳播的影響基層化等。第四階段是 1900 年到 1911 年。在這一階段，由於發生了帝國主義侵略中國的狂潮以及日本對中國的影響增大，因此西學東漸出現了數量空前、影響深入、轉口輸入（從日本輸入）以及社會科學比重加大等特點。在熊教授看來，鴉片戰爭之後的西學東漸的內容主要是圍繞著認識世界、求富求強、救亡圖存、民主革命及科學啓蒙等幾大主題而展開的。〔註 39〕根據晚清中國社會的特點和熊月之對西學東漸的分析，我們可以看出，在鴉片戰爭後西方資本主義侵入不斷加重的情況下，「西學東漸」總體上出現了逐步深入的趨勢。因爲「在外國侵略和國內動亂等重大問題迫在眉睫時，士人感覺到道義上有義務對社會和政治的穩定貢獻一份力量。即使是專研漢學的學者也放棄了傳統的不問世事的態度，所有晚清人士都堅信，在公共事務上他們有著不可缺少的作用。」所以「晚清的學術界由一枝獨秀（漢學）轉向多派並存，由分裂而趨向整合。在這一轉變過程中，晚清士人的學術視野也較以前寬廣得多，打破了傳統界限而開始了對西學的研究。」〔註 40〕總之，這一趨勢的出現不僅影響了中國對西方和西學的認知水準，而且給中國傳統的經世思想注入了新的時代內容。

　　所謂經世思想，顧名思義就是經國濟世，或經世致用之意。就「經世致用」思想的內涵及其內在的發展理路來看，「它是倫理──政治型的中國文化的一種傳統精神。」〔註 41〕在中國傳統的思想體系當中，各家各派基本上都對經世思想有所論及，只是在不同的派別那裏，經世意識的強弱顯隱程度有所差異而已。這也就是黃宗羲所說的：「古者儒墨諸家，其所著書，大者以治天下，小者以爲名用，蓋未有空言無事實者」。〔註 42〕而經世理念對於處在主流意識形態的儒家思想來說，它的重要性不亞於修身的實踐。修身與經世也常常被人們比喻爲車之兩輪，鳥之兩翼，它們共同構築起儒家人文主義思想體系。隨著社會的發展變化，經世思想在不同的社會背景當中關注的重點也有所轉移。這一點在宋明時期的經世思想中表現得更爲明顯。學者張灝認爲，

〔註 39〕　關於「西學東漸四個階段」的具體內容可參見熊月之：《西學東漸與晚清社會》，上海人民出版社，1994 年版，第 11～15 頁。

〔註 40〕　徐中約：《中國近代史》，世界圖書出版公司，2008 年版，第 426～427 頁。

〔註 41〕　馮天瑜：《中國文化近代轉型管窺》，商務印書館，2010 年版，第 170 頁。

〔註 42〕　黃宗羲：《今水經·序》，《黃宗羲全集》第 2 冊，浙江古籍出版社，1986 年版，第 505 頁。

儒家思想體系中的經世理念歷經變化，到了宋明以後就表現出了三個較爲明顯的特徵。首先，由於「經世」思想它代表的是儒家所特有的一種「入世」的價值觀念，因此，宋明時期的思想家常常以「入世」與「出世」的對應來區別儒家與佛道在基本世界觀上的不同。其次，宋明儒學所使用的「外王」和「治平」兩個觀念與那種通過政治以求化人世爲一理想社會層面上的「經世」思想具有相同的含義，而「修身」和「內聖」含義則和這個層面上的「經世」常常是對舉的。最後，宋明儒家討論「經世」時不僅談「治道」（人世間的秩序），而且也談用以實現「治體」（政治的基本原則）的客觀規章制度。〔註43〕結合張灝的分析，我們可以看出宋明時期儒家經世思想的最大特點是在「入世」價值觀的指導下，將社會秩序、政治制度及政治的基本原則結合在一起進行論述。宋明理學家對經世思想的這種解釋邏輯，可以說奠定了後世思想家和政治家踐行「經世致用」的基本路徑。

清王朝建立以後，宋元以來一直作爲歷代封建王朝統治思想的程朱理學再一次成爲清政府獲取合法性資源的意識形態而得到大力提倡和支持。當時的最高統治者康熙本人就以「夙好程朱」而聞名，其後來的雍正和乾隆及手下的一些大臣如陸隴其、張履祥，朱用純、方苞等也是宣講程朱理學的好手。但是，隨著社會矛盾的日益加劇，以空談義理爲中心的程朱理學（宋學）逐漸失去了往日光彩時，〔註44〕那種崇漢儒樸實學風，治學以經學爲主，以漢儒爲宗，內容包括文字音韻、名物訓詁、標勘輯佚，從事經史古意考證的「漢學」逐漸興盛起來。到了清朝的道光和嘉慶時期，隨著「漢學」的臻於完善及其與宋學之間的調和匯通，在漢代盛極一時而於魏晉時期走向衰落的今文經學，在龔自珍與魏源等思想家的努力下逐漸出現了復興的跡象。這一時期的

〔註43〕 參見張灝：《宋明以來儒家經世思想試釋》，《近世中國經世思想研討會論文集》，臺北：中央研究院近代史研究所編，民國七十三年。對晚明到清初的經世思想的分析，可參閱 Thomas A·Metzger 撰寫的論文「Ching_shih Thought and the societal changes of the Late Ming and Early Ching periods: some preliminary considerations」同上書第 21 頁。

〔註44〕 張灝認爲，在太平盛世的 17 和 18 世紀，受經驗主義研究學派和宋學的共同影響，儒家思想的社會與政治含義方面出現了衰落跡象，但是到王朝統治危機四伏的 19 世紀初，以唐鑒爲代表的一些宋學家力圖改變這種偏差，重新將社會政治內容作爲儒家信仰的一個重要組成部分。因此，他們思想的一部分仍然以宋學獨特的修身問題爲中心，而另一部分則集中在「守道救世」的社會政治內容上。參見張灝：《梁啓超與中國思想的過渡 1890～1907》，江蘇人民出版社，1995 年版，第 5～10 頁。

今文經學以《公羊傳》爲研究經典，逐漸拋棄了漢學與宋學之間的門戶之見和爭奪思想陣地的鬥爭，而專門致力於經文的「微言大義」之研究，並取法公羊學中對「變」的解釋，提出了「天下無久而不敝之道，窮則必變」、「變功令」及「更法」等主張。〔註45〕而且，這種主張隨著社會矛盾的加劇與清政府統治合法性的削弱而被當時的知識界和思想界所追捧。因爲，當社會秩序穩定，文化專制強有力時，「經世觀念往往會作爲一種『潛質』埋藏在士人古色古香的學術外殼內，隱而不彰」，但是，當社會到了危機四伏的關口，國家民族面對紛至沓來的內部或外部的挑戰時，「文化專制就會有所鬆動，士人的憂患意識便會大覺醒，其學術也會在現實生活的衝撞、磨礪下，沿著近世方向發展。」〔註46〕嘉道時期經世思想最大的特點就是在批判社會現實與揭露專制統治的同時，還主動扛起了改革和變法的旗幟。〔註47〕其次，這一時期的經世思想還講究「如何通過制度的安排，政府多重政策的運用，以及法令規範的約束以求政治社會秩序的建立。……它是希望以外在的政治和文化力量以求達到儒家所謂的『治平』的理想。」〔註48〕對於引發晚清經世思想變化的原因，有的人主張那是中國固有思想發展的必然結果，如余英時就認爲「晚清經世思想的興起決不能解釋爲對西方的挑戰，而是中國思想史自身的一種新發展，其外在的刺激依然是來自中國的本土。」〔註49〕而另一些人則認爲，其變化的原因主要是西洋知識衝擊的結果。如吳雁南認爲嘉道時期的經世思想則是通往西學的橋樑。〔註50〕

　　鴉片戰爭後，西方資本主義國家在不平等條約的保護下，將侵略的觸角「合法」地伸向中國。面對西方異質文明咄咄逼人的氣勢和中國屢戰屢敗的危局，嘉道時期復蘇的經世思想和「東漸」而來的「西學」逐漸成爲人人談及的「顯學」。梁啓超在談及鴉片戰爭後經世思想和「西學」的發展狀況時說

〔註45〕鄭大華、彭平一：《社會結構變遷與近代文化轉型研究》，四川人民出版社，2008年版，第55～62頁。

〔註46〕馮天瑜：《中國近代文化轉型管窺》，商務印書館，2010年版，第170～171頁。

〔註47〕張灝：《宋明以來儒家經世思想試釋》，《近世中國經世思想研討會論文集》，臺北，中央研究院近代史研究所編，民國七十三年。

〔註48〕關於嘉道年間經世思潮的一些主要代表人物及其著述可參見吳雁南等主編的《中國近代社會思潮》第一卷，湖南教育出版社，1998年版，第70～72頁。

〔註49〕余英時：《中國思想傳統的現代詮釋》，江蘇人民出版社，1988年版，第259頁。

〔註50〕參見吳雁南等主編：《中國近代社會思潮》第一卷，湖南教育出版社，1998年版，第67頁。

道：「『鴉片戰役』以後，志士扼腕切齒，引爲大辱奇戚，思所以自澌拔，經世致用觀念之復活，炎炎不可抑。又海禁既開，所謂『西學』者逐漸輸入，始則工藝，次則政制。學者若生息於漆室之中，不知室外更何所有，忽穴一牖外窺，則粲然者皆昔所未睹也，環顧室中，則皆沉黑積穢。於是對外求索之欲日熾，對內厭棄之情日烈。欲破壁以自拔於此黑暗，不得不先對於舊政治而試奮鬥，於是以其極幼稚之『西學』知識，與清初啓蒙期所謂『經世之學』者相結合，別樹一派，相於正統派公然舉叛旗矣。」〔註51〕這一時期的經世思想雖然沿襲了鴉片戰爭前的批判社會現實與宣導更法變革的主張，但又增添了新的時代內容和特點。首先，西方的天文地理知識、物質文明、社會文化、政治制度等成爲經世思想的主要內容，而「師夷長技以制夷」成爲這一時期經世思想的主要學習目標。〔註52〕鴉片戰爭後，隨著西方資本主義侵略不斷加深加重，中國社會的危機感也越來越強烈。如何確保中華民族的生存遂成爲社會思考的主題。林則徐在與外國接觸的過程中，親身體會到了英國的「堅船利炮」威力，所以，他給最高統治者提出「師敵長技以制敵」的建議，希望清政府能夠採納。另一位經世思想家包世臣也有類似的體會，他認爲英國的「長技」一在船隻的堅固，二在武器的精巧，這兩者恰恰是中國不可企及的。因此，他主張招募那些在英國學習過槍炮製法的人士，在中國設廠製造，以提高禦敵的作戰能力。在前人的基礎上，魏源根據自己的體會和思考，不僅提出了「師夷長技以制夷」的抵抗主張，而且還將西方的政治制度也視爲西洋的「長技」，並大加讚賞。例如，他在《海國圖志》中就這樣介紹英國的議會：「工會所內分兩所，一曰爵房（上議院），一曰鄉紳房（下議院）。爵房者，有爵位貴人及耶穌教師處之；鄉紳房者，由庶民推擇有才識學術者處之。……其民間有利弊欲興除者，先陳說於鄉紳房，鄉紳酌核，上之爵房，爵房酌議可行，則上之相，以聞於王，否則報罷。」〔註53〕其次，鴉片戰爭後的經世思想強調學以致用，主張將西學納入經世之學，進行中西文化的融合是鴉片戰爭後經世思想的主要特徵。例如，十九世紀六十年代，

〔註51〕 梁啟超：《清代學術概論》，《梁啟超全集》第五冊，北京出版社，1999年版，第3094頁。

〔註52〕 經世思想的這種變化趨勢可以通過「西學東漸」在鴉片戰爭後的發展動向加以解釋，具體內容可參見熊月之：《西學東漸與晚清社會》，上海人民出版社，1994年版。

〔註53〕 魏源：《海國圖志》卷52，嶽麓書社，2011年版，第1446頁。

在曾國藩、左宗棠、李鴻章等人的努力下，清政府以「中體西用」爲宗旨而發動的洋務運動就是一次學習西方近代工業文明以達到富國強兵之目的的「經世致用」行爲。此外，還有一些具有西洋知識背景的知識分子，他們也極力主張通過融合中西文化的方式尋找解救國家於危難的途徑。其中，康有爲和梁啓超師徒二人在當時的影響是比較大的。例如，梁啓超在《湖南時務學堂學約》中這樣說道：「居今日而言經世，與唐宋以來之言經世者又稍異。必深通六經製作之精意，證以周秦諸子及西人公理公法之書以爲之經，以求治天下之理；必博觀歷朝掌故沿革得失，證以泰西、希臘、羅馬諸古史以爲之緯，以求古人治天下之法；必細察今日天下郡國利病，知其積弱之由，及其可以圖強之道，證以西國近史憲法章程之書，及各國報章以爲之用，以求治今日之天下所當有事，夫然後可以言經世」。〔註54〕

　　總而言之，在鴉片戰爭後，中國傳統的自然經濟開始瓦解，封建專制政治體系的完整性和統一性遭到了破壞，中國千百年來形成的思想、知識和信仰體系發生變化，傳統的經世思想也逐漸開始轉型，被賦予時代的新內容。也正是在這種「千年未有之大變局」的危機意識的刺激下，中國社會各階級積極主動地認識「他者」與「我者」之相互關係，努力地去追尋富國強兵之路徑。

二、危機中的變革：晚清社會各層對國家出路的探索

　　大約在四百年前，意大利天主教耶穌會傳教士利瑪竇（Mattew Ricci 1552～1610）在其《利瑪竇中國札記》中這樣寫到：「因爲不知道地球的大小而又夜郎自大，所以中國認爲所有各國中只有中國值得稱羨。就國家的偉大、政治制度和學術名氣而論，他們不僅把別的民族看成是野蠻人，而且看成是沒有理性的動物。在他們看來，世界上沒有其他地方的國王、朝代或者文明是值得誇耀的；這種無知使他們越驕傲，一旦真相大白，他們就越自卑」。〔註55〕歷史不幸地被利瑪竇所言中，僅僅過了二百多年，鴉片戰爭帶給中國的不僅僅是利瑪竇所說的自卑，更是中國傳統的世界觀和價值觀在西方近代文明的撞擊下不得不經歷痛苦轉變的過程，同時也是社會各界志士仁人探索國家出路，重塑民族自尊心和文化自信心的艱難歷程。

〔註54〕 梁啓超：《湖南事務學堂學約》，《梁啓超全集》第一冊，北京出版社，1999年版，第 109 頁。

〔註55〕 〔意〕利瑪竇：《利瑪竇中國札記》，中華書局，1983 年版，第 13 頁。

（一）西方的侵入與中國傳統世界觀的轉變

關於近代以來中國對世界的認知和學習，學界有著不同的看法。以費正清爲代表的「刺激——回應」觀認爲，由於中國封建專制政治體系具有很強的封閉性和穩定性，所以它對外部世界常常表現出了很強的惰性和排拒性，而近代西方的入侵對中國卻是一個很大的刺激，爲中國認識世界，推動中國與世界的交流提供了一個難得的機遇。例如，費先生在《中國：傳統與變革》中指出：「中國作爲古代東亞文明中心的漫長歷史使其人民對於所有外國人具有一種天生的優越感，傳統模式的惰性和固執以及物質和精神的自給自足，相對來說是中國對西方的挑戰產生了抵抗力，並使它無視這種挑戰。」〔註56〕而以柯文爲代表的「中國中心」觀認爲，近代中國對世界的認識及學習並不是來源於資本主義的侵略，而是中國社會內部的諸種元素在相互作用並發展到一定程度時的自然而然的表現；〔註57〕除此之外，還有一種流行的觀點認爲，近代中國認識世界、學習世界依託於中國外部和內部的多種因素的綜合作用，一部中國近代發展史，本質上是中國人自我發現、自我覺醒和自我選擇民族生存方式的認識史。〔註58〕不管怎麼說，在西方資本主義侵略的影響下，中國傳統的世界觀和價值觀都在悄悄地發生著變化，而這種變化又爲近代中國認識世界打開了方便之門，也在一定程度上加快了向西方國家學習的步伐。

在中國古代，由於受生產技術、地理環境、經濟模式、教育水準、生活經驗等因素的限制，人們自古以來就形成了一種比較直觀的「天圓地方，天地同心」的宇宙觀。在這種宇宙觀的邏輯架構中，「天」就像蒼穹一樣包裹著整個世界，而「地」則以一種「井」字形狀延伸到人們能夠想像得到的每一個角落。在這種「宇宙」秩序當中，集上帝、自然、道德、意志和物質於一體的「天」在宇宙中具有至高無上的權威，它是世界上一切事物合理性的

〔註56〕 費正清、賴肖爾：《中國：傳統與變革》，陳仲丹等譯，江蘇人民出版社，1995年版。費正清提出的「刺激——回應」分析模式曾一度得到學界的熱捧，但是隨著中外學術界對中國近代史研究的不斷深入，這一分析模式逐漸受到了研究者的質疑，費正清最後也修正了自己的觀點，並在《中國新史》和再版的《美國與中國》中承認近代中國的變化是基於中國自身內在的生命和動力，西方的影響是有限的。

〔註57〕 參見柯文：《在中國發現歷史——中國中心觀在美國的興起》，林同奇譯，中華書局，2002年版。

〔註58〕 參見彭明等主編：《近代中國的思想歷程》，中國人民大學出版社，1999年版，第6頁。

根源。這樣的「天」具有無所不包的內涵；它既是社會有序運轉和人際關係得以維繫的依據，而且也是政治統治合法性的根本基礎，同時還是一切知識的終極來源。正是在這個意義上，歷史學家湯因比在其《歷史研究》中認爲，在古代中國，「神的存在被一種秩序的觀念所侵凌，這種秩序在中國人的心目中表現爲人的行爲同其環境之間有一種不可思議的契合……其奇妙之處就在於一切都取法於天行或宇宙的結構，後者就成爲參照的對象，有時成爲改變的對象。」〔註59〕在這種獨特的宇宙觀的支配下，中國古代形成了一種經過歷史演繹而成的以中國爲中心的世界觀。這種世界觀是由一個龐大而文明的中央帝國和拱衛在周邊的蠻夷小國構成的空間：在這個空間裏，中國處於中心位置，而其他國家則被放置在這個中心的周邊；處於中心位置的國家被稱之爲「中國」、「中華」、「中州」，處於中心周邊的國家則被稱之爲「四方」、「方外」、「化外」；統治中心位置的最高統治者代表「上天」來統治地上的一切，他是天下的共主，在中心周圍的國家都被視爲臣服的附庸。這種集地理、文化及政治於一體的「中國中心」觀一經確立便成爲建構中華民族自尊心和文化自信心的基礎。對於中國自古以來形成的這種「中國中心」觀，宋代思想家石介有著深入的體會，他在《中國論》中這樣寫道：「夫天處乎上，地處乎下。居天地之中者曰中國，居天地之偏者曰四夷。四夷外也，中國內也。天地爲之平內外，所以限也。夫中國者，君臣所自立也，禮樂所自作也，衣冠所自出也，冠昏祭祀所自用也，縗麻喪泣所自製也，果瓜荼茹所自殖也，稻麻黍稷所自有也。……我貴也如此。故其人歡然而去之也，靡然而趨之也。今不離此而去彼，背中國而趨佛老者幾人。」然而，隨著中西交往的密切及近代科學知識尤其是天文地理知識的進入，這種建立在「自我想像」基礎上的世界觀及由此產生的民族自尊心和文化自信心逐漸開始動搖。〔註60〕到了晚清特別是鴉片戰爭後，帝國主義的洋槍大炮擊破了最高統治者

〔註59〕〔英〕阿羅德‧約瑟夫‧湯因比：《歷史研究》中冊，曹未風譯，上海人民出版社，1986年版，第324頁。

〔註60〕學者葛兆光以明代開始進入到中國的西方天文地理知識爲例，考察了西方新知對中國傳統的世界觀的影響。他認爲意大利傳教士利瑪竇在萬曆十二年（1584）所印製的《山海輿地全圖》開啓了改變中國傳統世界觀的大門，這幅地圖所傳播的知識與信息以及一部分人對這些知識與信息的接納表明，「世界萬國」的觀念正在悄悄地解構著中國人固有的「天下」、「中國」和「四夷」的觀念。參見葛兆光：《中國思想史》下卷，復旦大學出版社，2004年版，第361～364頁。

自我塑造的權威，迫使昔日的「天朝上國」放下過去的尊嚴而不得不與世界列國接觸。人們在痛苦難堪卻又無可奈何的接觸中，重新審視著那個自己過去瞧不起而如今卻打敗自己的「四夷」。審視的最終結果變成爲一種無可奈何的喟歎：「西洋諸國，越海無量由旬以與吾國交接，此亙古未有之奇局，中國士民或畏之如神明，或鄙之爲禽獸，皆菲也。以勢較之，如中國已能自強，則直如春秋戰國之晉、楚、齊、秦鼎峙而相角，度長而挈大耳」。〔註61〕這種喟歎便是對列文森所說的「中國近代思想史的大部分時期，是一個使『天下』成爲『國家』的過程」的最好注解。〔註62〕

（二）「救亡圖存」：晚清憲政思想的發軔

隨著西方近代工業文明的進入及中國傳統世界觀的瓦解，人們瞭解學習西洋知識的積極性和主動性也在逐漸地增加。歷史上，一個國家如何對待異質文明往往與這個國家的實力（包括硬實力和軟實力兩方面）和國家的對外政策緊密地聯繫在一起。當國家實力強盛且統治者實行比較開明的對外政策時，異質文明會比較容易地進入到這個國家的知識、思想和信仰體系內，相反，當國家處於虛弱衰落或統治者實行較爲封閉的對外政策時，異質文明的進入則有一定的困難。然而，像中國這樣一個有著悠久歷史、燦爛文化和主體性格的文明，在對待異質文明進入時的態度，要麼會以天下一家的心態將其納入到自己的知識、思想和信仰體系當中並將之慢慢「中國化」；要麼會以高高在上的姿態視其爲「蠻夷文化」並將其拒之門外。但是在鴉片戰爭後，當中國以一個失敗者的姿態出現在世界面前時，過去那種用以評判文明與野蠻，發達與落後的一系列標準，如倫理的合理性、道德的自覺性、國家政治與家族倫理的統一性以及社會秩序的有序性等，不得不向以國家實力爲基礎的「成王敗寇」標準轉換。〔註63〕這種轉換雖然是一個艱難而痛苦的經歷，但這也是一個不得不接受的事實。於是，在面對蜂擁而至的西方文明時，一部分人想盡辦法地將其和中國傳統資源中的某些東西聯繫起來，嘗試著對其進行轉化和創新以便更好地爲我所用；而另一部分人則將其視爲「奇技淫巧」，大加批駁，害怕這些異域文明會傷害中

〔註61〕 《曾紀澤遺集》，嶽麓書院，1983 年版，第 167 頁。

〔註62〕 〔美〕約瑟夫・列文森：《儒教中國及其現代命運》，鄭大華等譯，廣西師範大學出版社，2009 年版，第 84 頁。

〔註63〕 參見葛兆光：《中國思想史》下卷，復旦大學出版社，2004 年版，第 450～459 頁。

國博大精深的傳統文化和瓦解中國獨一無二的價值體系；還有一部分人將其視為「神靈」，堅決主張學習傚仿，用以實現救亡圖存之目的。此種景象，誠如著名的史學家王爾敏先生所說的那樣：「這幾乎是命中注定的自然趨勢，因著歷史的條件，因著當時的客觀環境，中國學者所能採取的道路，不可能有徹底的擺脫和飛躍的轉進。另一重大關鍵，是他們接受西方知識和認識西方思想制度，多半是由於間接的接觸，而不是直接的體驗，其領悟的過程，自然是不完全和不充分的，因此免不了一知半解，而以固有的觀念附會和彌補其不完備的假設理論」〔註64〕。這種將西方近代新知納入到中國傳統文化體系中加以融會貫通的歷程隨著西方侵入的加重而加快加深。

　　中國近代憲政的發軔和實踐就是在上述歷史背景下產生的。就晚清憲政理念的產生及其發展的具體過程來看，資本主義的侵略以及近代西方政治學說在國內的流行無疑起到了重要的作用。早在鴉片戰爭時期，林則徐、魏源和徐繼畬等人在他們編撰的有關介紹世界各國的書籍中，就已有了西方地方政制的內容，不過此時他們更加關注的是西方的堅船利炮。而在王韜、鄭觀應、馮桂芬等人為代表的早期維新人士那裏，他們卻以大量的筆墨對英國的君主立憲制進行了直觀比附式的描述和理解，並且主張清政府可以有選擇地進行制度方面的革新。這是因為「工商業者在『官吏之積威』的壓制、阻撓、管理、控制下，在一再請求政府保護而不得的情況下，便自然逐漸喪失了對封建統治者的信賴：『中國管理之薄待乎商，商之不信其上而疾苦終無由上訴也，亦已久矣』(《續富國策・創立商部說》)。『為牧民者自居於不信之地，而欲民之信我焉，不得也』(《庸書外篇・自立》)。因此也就自然逐漸產生如何設法使自己干預政治、爭取政治權力來『從上面』維護自己的經濟利益的想法。資本主義經濟的發展要求改革嚴重阻礙它的封建上層建築。這一歷史規律在十九世紀八十年代的中國開始顯露出來了。」〔註65〕例如，王韜是這樣描述西方的議院：「朝廷有兵刑禮樂賞罰諸大政，必集眾於上議院，君可而民否，不能行，民可而君否，亦不能行

〔註64〕　王爾敏：《晚清政治思想史論》，廣西師範大學出版社，2005年版，第2頁。王先生認為，晚清流行起來的「進化三段論」就是當時的一些思想家如梁啟超等人對西方的「天演論」和中國固有的「公羊三世說」進行結合創新的結果。而「民生主義」則是一些思想家將中國固有的「大同思想」和西方固有的「社會制度」結合創新的產物。

〔註65〕　李澤厚：《中國近代思想史論》，生活・讀書・新知三聯書店，2008年版，第52～53頁。

也，必君民意見相同，而後可頒之上下議院，此君民共主也。」〔註66〕鄭觀應在《盛世危言》中這樣記述：「遇有國事，先令下議院議定，達之上院，上院議定，奏聞國君，以決從速，如意見參差，則兩院重議，務臻妥協，而後從之。」〔註67〕雖然這樣的認識略顯片面膚淺，但它卻似一股清新的春風一樣吹拂著剛剛打開大門的中國，讓正在衰敗之中的清政府呼吸到一絲新鮮的空氣。然而，在經歷了甲午喪師的恥辱和日俄戰爭的震撼之後，朝野上下對西方立憲政治的認識已經上升到學習實踐的程度。尤其是日俄戰爭，它給中國帶來了這樣一種直接的感覺：日本對俄國的勝利那是立憲對專制的勝利，俄國失敗最大的根源在於其落後的沙皇專制制度。在這樣的認知狀態下，清政府朝野上下刮起了一股宣導政治改革，確立立憲政治的風潮。當時有媒體這樣記述道：「非有此戰，則俄國內容不顯，而專制、立憲問題不決。我國十餘年來，每言及專制、立憲之問題，輒曰：專制既不足以立國，何以俄人富強如此？自有此戰，而此疑釋矣。」〔註68〕在這種情勢下，以梁啓超為代表的知識分子則用西方近代政治學說為武器，利用他們所掌握的話語權對立憲政治進行宣傳，宣導變革。例如，梁啓超在其《立憲法議》一文中認為，世界上有君主專制、民主立憲和君主立憲三種政體，而君主立憲政體是最好的一種。立憲政體和專制政體的區別就在於是否有憲法限制權力。他說「立憲政治亦名為有限權之政體；專制政體亦名為無限權之政體，有限權云者，君有君之權，權有限，官有官之權，權有限；民有民之權，權有限。」〔註69〕而在《憲政淺說》中，梁啓超更加深入地對國家的意義、國家的目的、國家機關、國體、政體等問題進行了學理性的解釋，將他對西方的憲政思想的認知提高到另一個層次。〔註70〕除此之外，清朝統治者對西方立憲政治的認知也是隨著列強侵略的加重以及西學東漸趨勢的加強而逐漸地加深。例如，在 1901 年 1 月 29 日（光緒二六年十二月初十日）慈禧太

〔註66〕王韜：《弢園文錄外篇・重民下》。

〔註67〕鄭觀應：《盛世危言・議院篇上》。

〔註68〕《論日勝為憲政之兆》，見 1905 年 5 月 21 日《中外日報》，上海。轉引自張海鵬、李細珠：《中國近代通史》第五卷，江蘇人民出版社，2006 年版，第218 頁。

〔註69〕梁啓超：《立憲法議》，《梁啓超全集》第四冊，北京出版社，1999 年版，第405 頁。

〔註70〕梁啓超：《憲政淺說》，《梁啓超全集》第四冊，北京出版社，1999 年版，第2053 頁。

后發佈的一道新政改革的上諭中這樣寫道：「近之學西法者，語言文字，製造器械而已，此西藝之皮毛，而非西政之本源也……捨其本源而不學，學起皮毛而又不精，天下安得富強耶。……各就現在情形，參酌中西政要，舉凡朝章國故，吏治民生，學校科舉、軍政財政，當因當革，當省當並，或取諸人，或求諸己，如何而國勢始興，如何而人才始出，如何而度支始裕，如何而武備始修，各舉所知，各抒己見，通限兩個月，詳釋條議以聞，再由朕上稟慈謨，斟酌盡善，切實施行。」〔註71〕在這個變革綱領的指導下，張之洞、劉坤一等編訂了《江楚會奏變法三摺》並將清末新政措施進一步具體化。清政府對西方政治制度認知不斷深入的趨勢在日俄戰爭後達到了高潮。在強烈的危機感迫使下，清政府不僅派大臣出洋考察憲政，而且還通過改革的方式踐行立憲政治。〔註72〕清末憲政改革雖然以失敗告終，但其在中國近代史上的意義去不可小覷。與維新人士的憲政理念相比，孫中山對憲政的理解無疑更為深入和更為系統。他以美國等國家的立憲政治為參照，在反思中國傳統政治資源的基礎上，提出了以四大民權（選舉權、罷免權、創制權、復決權）、五權分立（立法權、司法權、行政權、考試權、監察權）和權能區分（政權與治權的區分）為重要內容的憲政理念，從而將近代中國發軔起來的憲政思想向前推進了一大步。

總之，在資本主義侵略不斷加重及晚清社會矛盾日益加深的背景下，為了回答「中國的出路在哪裏」這一問題，中國社會各層掀起了對國家出路探索的熱潮。在這些艱難曲折的探索嘗試中，既有農民階級發動的舊式武裝鬥爭，也有新興民族資產階級領導的戊戌變法運動和辛亥革命，同時還有統治階級主導的洋務運動和憲政改革運動。這些救亡圖存的探索努力，最終雖然以失敗而告終，但它卻展現了中國人民自強不息、虛心學習和不畏強敵的堅強性格，在國際形勢澎湃激蕩的背景下重新詮釋了中華民族的優秀品質。特別是晚清以來興起的「憲政救國」主張及其實踐無疑在近代中國政治史上留下了濃墨重彩的一頁。下圖是王爾敏先生對1840年～1911年間，晚清社會對西洋知識吸納和改造過程的概括。在這個概括中，我們大致也能夠看到西方資本主義國家對晚清中國憲政理念的產生及其

〔註71〕《光緒宣統兩朝上諭檔》，第26冊，第460～462頁。轉引自張海鵬、李細珠：《中國近代通史》第五卷，江蘇人民出版社，2006年版，第7頁。
〔註72〕關於日俄戰爭後，清政府對立憲政治的認知與憲政改革的相關內容，可參見韋慶遠：《清末憲政史》，中國人民大學出版社，1993年版；也可參閱《清末民初憲政史料輯刊》等文獻。

發展的影響。尤其王先生在圖示中特別標出來的這幾個時間點在中國近代史上更具有象徵意義，標明了在這幾個特殊的時間節點上，近代中國在社會、政治、經濟、文化等方面所發生的變化及主題，清晰地呈現了中國在學習西方的道路上延伸和探索國家出路的不斷加深的歷史發展軌跡。

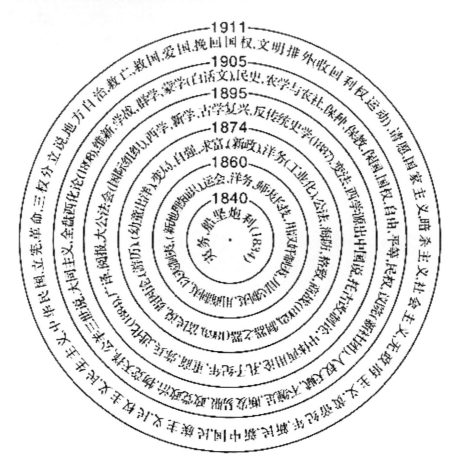

圖示説明：1、圖式設計的意旨，是簡單提示晚清觀念的大致狀貌。只代表時代思潮，不涉及個別的思想家；2、時代的起點，以中西接觸轉變頻繁作開始，即一八四零年；3、觀念的轉變，以中西原有思想爲基礎，以創新觀念的發生爲起點。也就是以「夷務」一項概念爲開始；4、採用圓狀圖式，一在表示時間的推展，一在表示新觀念隨時代的增加與增廣；5、圖式中某一概念所注出之年代，表示所見最早之理念，而其明顯可以得者則省錄。
　　〔註73〕

〔註73〕 王爾敏：《晚清政治思想史論》，廣西師範大學出版社，2005年版，第23頁。

第二章　梁啓超憲政思想淵源

　　作爲西方舶來品的憲政，晚清以來人們對它的理解路徑大體上經歷過一個由淺及深、由表及裏的曲折過程。在這個過程中，由於人們習慣於用中國傳統的語意去理解和接受西方的憲政文化，所以晚清流行起來的憲政思想既有「西學背景」又有「中學基因」，往往是中西文化相互結合的產物。而這一特點則在梁啓超的憲政思想體系中表現的尤爲明顯。仕《二十年自述》中，梁啓超對他早期所接受的教育及所受新思想的影響狀況做了總結。按照他自己的說法，大體上可以歸納爲下幾個階段：一是十八歲之前，爲了考取功名而接受傳統知識和教育；二是拜師康有爲之後，使其不僅有了「一生之學問，皆在次年」的深刻記憶，而且也學得了西學之「梗概」；三是在京師強學會時期，他抓住一切機會去瞭解西方新知識和新思想；最後是在戊戌變法失敗後逃亡日本這一段時間，則是梁啓超接受大量西洋新思想和形成其憲政思想的最重要時期。〔註1〕

一、梁啓超憲政思想的西學背景

　　19 世紀中期以後，隨著西方資本主義侵略的不斷加深及中西交往的不斷密切，近代西方資產階級政治思潮開始滲透到中國傳統的思想體系當中，並且成爲人們思考中國問題，解決中國實際問題的一個參照物。因爲從這一時期開始，「西學以極大的規模從《南京條約》規定的港口擴展並滲入到許多內

〔註 1〕 梁啓超：《三十年自述》，《梁啓超全集》第二冊，北京出版社，1999 年版，第957～958 頁。

陸城市……結果，轉變中的一代接受西方影響無論在廣度上還是在深度上都是史無前例的。」〔註2〕西學在當時的這種影響在梁啟超的憲政思想中表現的也比較明顯。

（一）近代西方憲政思想簡述

憲政理念在西方有著悠久的歷史，其淵源最早可以追溯到古希臘時期的「權力設防」思想，即關於為了防範城邦（國家）權力侵犯公民權利而在城邦（國家）權力和公民權利之間設置相互協調的機構（法律）並使兩者達到某種平衡的思想。這一思想在經歷了千年的滄桑演變後，西方資本主義的發展賦予其新的時代內容，不僅成為近代憲政思想家極為關注的一個問題，而且也成為西方資本主義國家孜孜以求的一個政治目標。概括地看，近代西方憲政思想所關注的問題主要體現在以下幾個方面。

首先，對人性的預判是近代西方憲政思想的邏輯起點。「認識你自己」，這句刻在古希臘德爾菲·阿波羅神廟牆上的銘文被認為是哲學史上關於人自我認識的一個最為古老和最為永恆的話題。所以在「各種不同哲學流派之間的一切爭論中，這個目標（對人的認識和探索——作者注）始終未被改變或動搖過，它已被證明是哲學上的阿基米德點，是一切思潮牢固而不可動搖的中心。」〔註3〕「認識你自己」之所以成為哲學所思考的永恆話題，那是因為「人」具有複雜而多變的內在屬性——人的本性。一方面，作為「天生的政治性動物」，人有一種追求生存、自由、平等以及安全的內在的「向善」的屬性，另一方面，作為社會產物的人，他的內心深處還存在著一種趨向於「惡」的衝動。如何規約人們內心深處的「向惡」的衝動，發揚他們「向善」的潛質，成為近代西方政治思想家非常關注的一個問題。資產階級民主思想家提出的社會契約論，使人們看到了解釋這個問題的曙光。這一理論認為，人們通過簽訂契約的方式，建立一種能夠制約政府權力、保障公民權利的政體——憲政體制，就可以利用這種政體的「剛性」制約力去規約和完善易變的人性，從而使人過上一種「善」的生活。關於人性的預設與憲政體制建構之間人的關係。英國哲學家大衛·休謨的「無賴原則」對其進行了很好的論述。他說：「政治家們已經確定了這樣一條準則，即在設計任何政府制度和確定幾

〔註2〕 張灝：《危機中的中國知識分子》，新星出版社，2006年版，第11頁。
〔註3〕 〔德〕凱西爾：《論人》，甘陽譯，上海譯文出版社，1985年版，第3頁。

種憲法的制約和控制時，應把每個人視爲無賴——在他的全部行動中，除了謀求一己的私利外，別無其他目的」。〔註4〕休謨的這種「無賴」假定，並不是追尋人性的真相，而是從規範的意義上解釋了憲政得以建立的邏輯起點，即先設定一種最壞的情形即每個人都是無賴，然後在這個前提下通過設置一定的制度來防堵和疏導人性中的「惡」，使人性中的「善」得以發揚光大。像這樣以人性預設作爲建構憲政理念邏輯起點的思想家還有很多，如近代西方政治學理論的開創者湯瑪斯‧霍布斯（Thomas Hobbes，1588～1679）就認爲：作爲自然的產物，人類的情感和欲望構成了人性；利益是欲望和情感的動因；人的一切行爲都是爲了個人利益，都是爲了滿足個人的欲望、情感，因此人天生是自私的和是惡的。因此，在沒有社會和國家之前，人們處在一種可怕而恐怖的「人與人相互爲戰」的自然狀態之中。〔註5〕然而在自然法（它是一種合乎理性的規律或法則，例如人人天生具有理性和大自然所賦予的自由、平等、安全等權利）的支配下和人理性的驅使下，人們要求擺脫自然狀態而尋求有組織的和平生活，於是在自願和平等的基礎上互相訂立了一種社會契約，甘願放棄原來所享有的自然權利，並把它交給一個統治者或主權者（一個人或一個集體），從此建立了國家。這樣的國家「就是一大群人相互訂立信約、每個人都對他的行爲授權，以便使它能按其認爲有利於大家的和平與共同防衛的方式運用全體的力量和手段的一個人格。」〔註6〕雖然我們在霍布斯對人性的假設與國家（利維坦）建立的論述中看不到那種建立在憲法和分權制衡基礎之上的憲政理念，但它還極大地影響了洛克等啓蒙時代的憲政思想家，因爲在「英國的憲政思想史中，『自由』概念本身從中世紀的歷史陳述到近代的理性論說之轉向，正是由霍氏開始的。」〔註7〕

在霍布斯之後，以孟德斯鳩（1689～1755）爲代表的一些歐美憲政思想家，不僅將人性爲惡的預設直接看作是確立憲政體制的邏輯起點。而且還將法律與建立在分權制衡基礎上的民主制度看成防止政府侵犯個人自由和確保人權的最有效武器。例如，18世紀美國憲政思想家漢密爾頓（1757～1804）認爲人性的

〔註4〕 〔英〕大衛‧休謨：《論人性》，《休謨政治論文選》，商務印書館，1993年版，第27～28頁。

〔註5〕 〔英〕霍布斯：《利維坦》，黎思復、黎廷弼譯，商務印書館，1985年版，第92～95頁。

〔註6〕 〔英〕霍布斯：《利維坦》，黎思復、黎廷弼譯，商務印書館，1985年版，第98頁。

〔註7〕 黃基泉：《西方憲政思想史略》，山東人民出版社，2004年版，第150頁。

不良乃是人類政府之所以存在並受到制約的根本緣由，而憲政體制的建立是在承認人性之「惡」的基礎上，通過政府機構合理的設置，將人性之「惡」限制到最小程度。用他（或麥迪森）的話說就是「如果人人都是天使，就不需要任何政府了；如果是天使統治人，就不需要對政府有任何外來的或內在的控制了。在組織一個人統治人的政府之最大的困難在於，必須首先使政府能管理被統治者，然後再使政府管理自身。毫無疑問，依靠人民是對政府的主要控制；但是經驗教導人們，必須有輔助性的預防措施。」〔註 8〕通過立法、行政、司法三權分立制衡建立起來的聯邦政府就是最好的「預防措施」，即「把權力均勻地分配到不同部門，採用立法上的平衡和約束；……。通過這些手段，共和政體的優點得以保留，缺點可以減少或避免。」〔註 9〕除了以上談到的幾位思想家外，還有其他一些憲政思想家如普芬道夫、斯賓諾莎、盧梭、康德、黑格爾等也將人性的預設作為建構其憲政思想的邏輯起點。從西方思想家的理論體系和一些國家的憲政建設歷史中我們也可以看到，將人性的預設作為憲政思想和憲政實踐的邏輯起點是近代憲政思想的一大特點。〔註 10〕

其次，保障天賦人權或人的自然權利是近代西方憲政思想的一個重要內容。歐洲中世紀晚期，隨著宗教改革深入與資本主義生產關係的不斷發展，從古希臘傳承下來的以理性主義為主要特徵的自然法學說發展到了一個新的階段——以自然權利為依據的「天賦人權說」階段。17 至 18 世紀，荷蘭政治思想家格勞秀斯和斯賓諾莎在自然權利說的基礎上創立了「天賦人權」學說，而英國思想家洛克和法國思想家盧梭則將這一學說進一步完善而形成了較為系統的人權學說，從而奠定了這一學說在西方近代憲政思想中的中心位置。為了說明自然權利的正當性和不可剝奪性，以格勞秀斯為代表的憲政思想家首先設定了一個「自然狀態」。他們認為，生活在這種「狀態」中的人在理性的支配下都享有自然權利，但是隨著這種自然狀態的被破壞，人們的自然權利也受到了威脅和侵犯。為了保護人們的自然權利，他們在理性的指導下通過訂立契約

〔註 8〕 〔美〕漢密爾頓、傑伊、麥迪森：《聯邦黨人文集》，程逢如等譯，商務印書館，1980 年版，第 264 頁。

〔註 9〕 〔美〕漢密爾頓、傑伊、麥迪森：《聯邦黨人文集》，程逢如等譯，商務印書館，1980 年版，第 41 頁。

〔註 10〕 相關內容可參閱殷嘯虎：《憲政中的人性預設與制度安排——「以德治國」的憲政分析》，載《上海行政學院學報》，2001 年第 3 期；楊明偉：《人性，憲政的基礎與終極關懷——西方國家憲政分析》，載《天府新論》，2004 年第 3 期；何士青：《憲政基礎研究》，華中科技大學出版社，2009 年版。

的方式組成了國家和政府。這個由「一群自由人爲著享受公共的權利和利益而結合起來的完善」團體（國家）的目的在於謀求公正，主要任務則是「爲了運用公眾的力量，並徵得公眾的同意，保證每個人使用自己的財產。」〔註11〕，除此之外，西方近代的憲政思想家把「自然權利」看作是只受理性命令的神聖不可剝奪的「天賦人權」，而保護「天賦人權」則是政府或國家存在的唯一理由。例如，在格勞秀斯看來，自然法規定了財產權是人的自然權利中最根本的且不能以任何理由剝奪的權利，他說：「這種自然權利不僅和離人類意志而獨立存在的事物有關，而且和自由人類意志的運用必然追隨而來的許多事情也有關。例如，現在使用的財產，最初也是人類意志中的一種創造品，但是當財產權成立之後，一人若違反另一人的意志而掠奪他的財產，即爲自然法所禁止。」〔註12〕在荷蘭憲政思想家斯賓諾莎（1632～1677 年）那裏，建立在契約基礎上的國家首先應該保證個人的政治和思想自由，政治的眞正目的是自由。他的《神學政治論》就是爲了證明在共和國政體下人的思想自由是能夠獲得制度保障而撰寫的。用他的話說就是「自由比任何事物都要珍貴。」〔註13〕英國近代憲政思想家洛克在前人的基礎上，將人的「天賦權利」概括爲平等權、自由權、生存權和財產權。在這幾種由自然法（理性）所賦予的權利中，洛克最看重的是由人的勞動給予而先於國家產生存在的財產權，保護人的不可轉讓的財產權成爲國家存在之價值基礎。他說：「人們聯合成爲國家和置身於之下的重大的和主要的目的，是保護他們的財產。」〔註14〕如果說格勞秀斯、洛克等人的天賦人權觀念及其相關憲政思想直接影響推動了荷蘭尼德蘭革命和英國革命的話，〔註15〕那麼盧梭等十八世紀的憲政思想家的天賦人權思想則影響和推動了

〔註11〕 參見莫基切夫主編：《政治學說史》，上冊，中國社會科學出版社，1979 年版，第 144 頁。

〔註12〕 〔荷〕格勞秀斯：《戰爭與和平法》，第 1 卷，第 1 章，第 4、5 節。

〔註13〕 〔荷〕斯賓諾莎：《神學政治論》，溫錫增譯，商務印書館，1982 年版，第 211 頁。

〔註14〕 〔英〕洛克：《政府論》下卷，葉啓芳、瞿菊農譯，商務印書館，1983 年版，第 77 頁。

〔註15〕 16 世紀中期，尼德蘭地區（今荷蘭、比利時、盧森堡一代）的資本主義有了很大發展，資產階級廣泛接受基督教新教和民主自由思想，反抗西班牙的專制統治，於 1566 年爆發了尼德蘭人民起義，經過幾十年的不懈努力，到 1609 年西班牙最終承認荷蘭的獨立。尼德蘭革命是歷史上第一次成功的資產階級革命，革命後建立的資產階級共和國，使人類歷史的前景出現了一抹燦爛的曙光。

美國的獨立戰爭及法國的資產階級大革命。〔註16〕與洛克不同的是，盧梭認爲自由、平等的權利既是人類首要的和不可轉讓的天賦權利，同時也是人們放棄了自然的自由和平等而獲得的社會的自由和政治的平等。他說道：「放棄自己的自由，就是放棄自己做人的資格，就是放棄人類的權利，甚至就是放棄自己的義務。對於一個放棄了一切的人，是無法加以任何補償的。這樣一種棄權是不合人性的；而且取消了自己意志的一切自由，也就取消了自己行爲的一切道德性。」〔註17〕除格勞秀斯、斯賓諾莎、盧梭等憲政思想家堅持「天賦人權」觀念外，還有一些憲政思想家如狄德羅、傑弗遜、潘恩等也將「天賦人權」不可侵犯性看作是國家和政府存在的價值之一。同時，「天賦人權」理念也成爲後來《獨立宣言》和《人權宣言》等具有憲法性文獻所宣揚的首要價值，可見它在近代西方憲政史上的重要地位。

最後，分權制衡觀念是西方近代憲政思想的一個重要特徵。在近代西方憲政思想家那裏，人性的預設成爲他們建構憲政理念的邏輯起點，「天賦人權」觀念成爲他們論證國家或政府存在價值的基礎，而「分權制衡」思想則成爲他們設計立憲政治的基本模式。雖然「權力分立」的思想和實踐在雅典民主制和羅馬共和國時期已經出現端倪，但那只是一種建立在奴隸制基礎之上的比較原始和短暫的「權力分立」實踐。〔註18〕西方眞正的權力分立制衡理念及其實踐，產生於資本主義發展過程中不同的階級對權力進行分享的願望與事實。這也就是馬克思所說的「在某一個國家裏，某個時期王權、貴族和資產階級爭奪統治，因而在那裏統治是分享的，在那裏占統治地位的思想會是分權學說。」〔註19〕作爲近代分權理論創始人的洛克，他在批判麥菲爾君權神授學說的同時，根據英國資產階級革命中的權力制約思想和實踐，將國家的權力劃分爲三種，即立法權、執行權和對外權。作爲國家最高權力的立法權，它是「享有權利來指導如何運用國家的力量以保障這個社會及其成員的權力。」〔註20〕它的目的和存在價值就是爲了保障人民的自由、平等和生命

〔註16〕參見馬嘯原：《西方政治思想史綱》，高等教育出版社，2001年版，第272頁。

〔註17〕〔法〕盧梭：《社會契約論》，何兆武譯，商務印書館，19800年版，第18頁。

〔註18〕可參見斯塔夫里阿諾斯：《全球通史》上卷，董書慧等譯，北京大學出版社，2005年版，第101～138頁。

〔註19〕馬克思、恩格斯：《馬克思恩格斯全集》第三卷，人民出版社，1972年版，第52～53頁。

〔註20〕〔英〕洛克：《政府論》下卷，葉啓芳、瞿菊農譯，商務印書館，1983年版，第89頁。

財產的安全，因此，立法權對於人民和人民的生命財產不是也絕不能是專橫獨斷的權力。他說：「如果不是為了保護他們的生命、權利和財產起見，如果沒有關於權利和財產的經常有效的規定來保障他們的和平與安寧，人們就不會捨棄自然狀態的自由而加入社會和甘願受它的約束。」〔註 21〕關於立法權的歸屬，洛克認為立法者雖然握有最高的權力，但是在實踐中應該由議會來掌握以便更好地行使。如果當人民發現立法者的行為與他們的委託相牴觸的話，人民享有至高的權力來罷免或更換立法機關，並重新授予他們認為最有利於他們安全和保障的人們以權力。在洛克看來，執行權是負責執行已經被立法機關制定的繼續生效的那些法律的權力，它從屬於立法權。同時，為了體現政府存在的價值，制定法律的人不能同時擁有執行法律的權力，執行權應該由「受立法機關統屬並且對立法機關負責，而且立法機關可以隨意加以調動和更換」〔註 22〕的專門的機關掌握和行使（洛克主張在英國由國王掌管）。但是，如果當執行機構利用執行權來阻礙立法機關正常行使職權，立法機關就可以發動人民，用強力推翻它。而洛克所指的對外權「包括戰爭與和平、聯合與聯盟以及同國外的一切人和社會的各種事務的權力。」〔註 23〕對外權也應該由國王掌管，這是因為「如果執行權和對外權掌握在可以各自行動的人手裏，這就會使公共的力量處在不同的支配之下，遲早會導致紛亂和災禍。」〔註 24〕總之，洛克對立法權、執行權和對外權的闡釋雖然不太完備，但其在西方憲政思想史上的革命性和巨大影響卻不可小覷。在洛克的影響下，孟德斯鳩進一步完善了三權分立學說，並使其成為近代資本主義國家設置政權機構的理論依據。法國憲政思想家孟德斯鳩（1689～1755 年）認為，為了保證國家和公民的政治自由，每個國家的權力都應該劃分為三種歸屬不同且相互制約行使的權力：一是由人民選舉的代表所行使的立法權，二是由國王掌管的有關國際法事項的行政權力（行政權）；三是由來自人民階層的法官行使的有關民政法事項的行政權力（司法權）。這三種權力應該都有不同的

〔註21〕　〔英〕洛克：《政府論》下卷，葉啓芳、瞿菊農譯，商務印書館，1983 年版，
　　　　　第 85 頁。
〔註22〕　〔英〕洛克：《政府論》下卷，葉啓芳、瞿菊農譯，商務印書館，1983 年版，
　　　　　第 93 頁。
〔註23〕　〔英〕洛克：《政府論》下卷，葉啓芳、瞿菊農譯，商務印書館，1983 年版，
　　　　　第 90 頁。
〔註24〕　〔英〕洛克：《政府論》下卷，葉啓芳、瞿菊農譯，商務印書館，1983 年版，
　　　　　第 91 頁。

功能和作用。與洛克相比，孟德斯鳩更加關注這三種權力的相互制約和平衡行使。他首先指出，這三種權力不能被一個人或一個機關所掌握，否則國家和政府所要保障的自由和安全也將不復存在。就立法權力對行政權的約束而言，一是立法機關應該約束行政機關，不能讓行政機關胡作非爲，二是立法機關可以通過授權行政機關處理緊急事務。三是立法機關有權隨時向行政機關檢查自己所指定的法律的實施情況；四是由於軍隊的指揮權是交給立法機關的，爲了防止行政機關的壓迫行爲，不僅軍隊應由老百姓所組成，立法機關還有權隨時解散軍隊。但是，在孟德斯鳩看來，如果只有立法權對行政權的限制的話，那麼行政權將淪爲立法權的奴僕，就會出現立法權的濫用。所以，立法權也應該受到行政權的制約。一是行政機關有權制止立法機關的越權行爲。二是行政機關通過「反對權」的行使來參與立法，來制約立法權；三是立法機關不能審訊行政者本人並因而審訊他的行爲。關於司法權的問題，孟德斯鳩也主張司法權應該和立法權、行政權相互分立，他說：「如果司法權不同立法權和行政權分立，自由也就不存在了。如果司法權同立法權合而爲一，將對公民的生命和自由施行專斷的權力，因爲法官就是立法者」，同樣，司法權還應該與行政權分立，因爲「如果司法權與行政權合而爲一，法官便將握有壓迫者的力量。」〔註25〕

（二）近代西方憲政思想對梁啟超的影響

晚清以來，隨著中西交往的日益頻繁及中國社會各層學習西方積極性的不斷提高，「西學東漸」的趨勢也是越來越明顯，對晚清社會的影響是愈來愈廣泛和深入。熊月之教授在《西學東漸與晚清社會》一書中指出，晚清以來西學在東漸的過程中大致經歷了四個階段，並形成了五大主題。尤其是在第四階段（1900～1911 年）之後，隨著西方社會科學書籍的翻譯和出版大量的增加（在 1902 到 1904 年三年間，翻譯出版的文學、歷史、哲學、經濟、法學等社會科學書籍達 327 種，占總數的 61%）和相關機構與人員（以傳教士爲主）的深入宣講，西學的影響逐漸從知識分子和社會精英階層擴大到社會基層與普通民眾中間。〔註26〕通過對梁啓超相關論著的研讀和梳理，我們發

〔註25〕 〔法〕孟德斯鳩：《論法的精神》上冊，張雁深譯，商務印書館，1982 年版，第 153 頁。

〔註26〕 參見熊月之：《西學東漸與晚清社會》，上海人民出版社，1994 年版，第 7～11 頁。

現西方憲政思想對梁啓超的影響也大致符合熊先生的這個論斷。〔註 27〕梁氏在《三十年自述》中將他所接受的教育及所受新思想的影響狀況分爲幾個不同的時間段，從中我們也可以管窺到近代西方憲政思想對任公影響的基本脈絡。這裡我們僅以梁啓超對盧梭憲政思想的解讀爲例，大致分析一下西方近代憲政思想對他的影響。首先，戊戌變法失敗後，梁啓超在友人的幫助下逃亡日本，在日期間他接觸了大量的西學知識。據梁本人的記述，他在日本期間的狀態是「肆日本之文，讀日本之書，疇昔所未見之籍，紛觸於目，疇昔所未窮之理，騰躍於腦。如幽室見日，枯腹得酒，沾沾自喜，而不敢自私。乃大聲疾呼，以告同志曰：我國人之有志新學者，盍亦學日本文哉。」〔註 28〕與此同時，梁啓超在大量的閱讀中發現，西方國家之所以富強，是因爲這些國家能夠把孟德斯鳩、盧梭和達爾文等思想家的民權、自由和進化等思想運用到了國家富強的實踐當中。所以他也希望能在這些思想家的思想當中能夠尋得解救中國於危難的良策。1903 年之前，梁啓超是非常推崇盧梭的，並希望從盧梭哪裏得到某種啓示。如在 1901 年寫的《盧梭學案》一文中，梁啓超這樣贊賞盧梭：「嗚呼，自古達識先覺，出其萬斛血淚，爲世界眾生開無前之利益。千百年後讀其書，想其風采，一世之人爲膜拜贊歡，香花祝而神明視。……其所著《民約論》（SOCLAL CONTRACT）迄於十九世紀之上半，重印殆數十次，他國之翻譯印行者，亦二十餘種。噫嘻盛哉！以雙手爲政治學界開一新天地，何其偉也。」〔註 29〕到了 1902 年，梁啓超對盧梭思想學說的敬仰推崇之情依然不減。在《論學術勢力左右世界》中說道：「盧梭（Rousseau，法國人，生於一七一二年，卒於一七七八年。）之倡天賦人權。歐洲古來，有階級制度之習，一切政權教權，皆爲貴族所握，平民則視若奴隸焉。及盧

〔註 27〕 張朋園先生指出，梁啓超在三十歲左右的思想最爲豐富，影響力也最爲深遠。而他的影響力也全靠兩個不同文化思想背景的支持，一爲中國傳統文化中的三世之義，二爲西學東漸過程中傳入的西洋進化論、自由主義及民權思想。作爲中國國民，梁啓超接受這兩種不同的思想有先有後。當他接受中國文化的影響時，他只想在固有的思想中求變；及至接受了西洋思想，且有感於固有者不足以佐己說，便漸漸地轉趨求助於外來者。參見張朋園：《梁啓超與清季革命》，吉林出版集團有限責任公司，2007 年版，第 19 頁。

〔註 28〕 丁文江、趙豐田：《梁啓超年譜長編》，上海人民出版社，2009 年版，第 115～116 頁。

〔註 29〕 梁啓超：《盧梭學案》，《梁啓超全集》第一冊，北京出版社，1999 年版，第 503 頁。

梭出，以爲人也者生而有平等之權，即生而當享自由之福，此天之所以與我，無貴賤一也，於是著《民約論》（Social Contract）大倡此義。謂國家之所以成立，乃由人民合群結約，以眾力而自保其生命財產者也，各從其意之自由，自定約而自守之，自立法而自遵之，故一切平等。若政府之首領及各種官吏，不過眾人之奴僕，而受託以治事者耳。自此說一行，歐洲學界，如旱地起一霹靂，如暗界放一光明，風馳雲卷，僅十餘年，遂有法國大革命之事。自茲以往，歐洲列國之革命，紛紛繼起，卒成今日之民權世界。《民約論》者，法國大革命之原動力也；法國大革命，十九世紀全世界之原動力也。盧梭之關繫於世界何如也！」也正是基於這樣的熱情，梁啓超對盧梭的社會契約、人民主權、自由、平等及法律等思想展開了深入全面的研究。〔註 30〕然而，到了 1903 年之後，梁啓超對盧梭的態度發生了很大變化，不像過去那樣推崇盧梭的政治思想，甚至還表現出了委婉的反對和批評。及其原因，這一轉變無不與他在旅美期間的所見所聞有關，即是「先生考察日多，見聞益廣，歷練愈深」〔註 31〕的結果。這時的梁啓超認爲，美、法等國家的共和制度及其產生的社會歷史條件和中國的國情民情之間存在著巨大的差異，西方的民主憲政同中國的政治現實之間也有很大的距離，因此對中國能否實現共和民主憲政表示了懷疑。梁啓超的這種變化，時人黃遵憲似乎是最爲理解的。在他寫給梁啓超的一封信中這樣說道：「公之歸自美利堅而作俄羅斯之夢也，何其與僕相似也。當明治十三四年初見盧梭、孟德斯鳩之書，輒心醉其說，謂太平世必在民主國無疑。輒留美三載乃知共和政體萬不可施於今日之吾國。自是以往，守漸進主義，以立憲爲歸宿。至於今未改。僕自愧無公之才之識之文筆耳，如有之，以當時政見宣佈於人間，亦必如公今日之悔矣。」〔註 32〕鑒於在美國的見聞以及對中國當時的政治現實的認知，梁啓超專門寫了《政

〔註 30〕實成關先生認爲，通過對盧梭憲政思想的研究，梁啓超給他的政治思想尤其是民權思想注入了新的內容，從而產生了一系列重大乃至質的變化，使其政治思想充滿了理論色彩而達到了一個新的高度。其中，變化之一是梁啓超對中國封建專制主義的批判更加深入和徹底；二是進一步牢固了梁啓超的國民是國家主體的觀念；其三是對民主和法治的認識大大前進了一步。參見實成關：《梁啓超的民權觀與盧梭主權在民說》，《歷史研究》，1994 年第 3 期。

〔註 31〕丁文江、趙豐田：《梁啓超年譜長編》，上海人民出版社，2009 年版，第 218頁。

〔註 32〕丁文江、趙豐田：《梁啓超年譜長編》，上海人民出版社，2009 年版，第 222頁。

治大家伯倫知理之學說》來表明他的立場：與自由平等相比，中國更需要國家的統一和社會秩序的穩定。在這篇文章中，他用「藥」與「栗」來比喻盧梭與伯倫知理的政治學說，並在隨後的比較研究中，梁啓超表現了他對伯倫知理政治理論的支持和對盧梭的社會契約、平等自由思想的批判。〔註33〕可以看出，梁啓超對盧梭憲政思想認識態度的前後變化，不僅反映了西方近代憲政思想對梁啓超憲政思想的影響狀況，同時也體現了梁啓超憲政思想對國家富強和建構社會秩序的重視。

　　除此之外，西方其他一些政治思想家如培根、笛卡爾、康德、邊沁、斯賓塞等不僅是梁啓超筆下的「常客」，而且他還撰寫了一系列文章予以專門研究，其中包括《斯賓諾莎學案》、《近世文明初祖二大家（培根、笛卡爾）之學說》、《近世第一大哲學康德之學說》等 20 餘篇論述。董方奎先生在談到梁啓超接受西學以及西學對梁的影響時說道：「他熱情迎進一切西方學說，相信中西文化的結合必能在我國產生資產階級自由、平等、民主的良好結果。他在介紹西學之中，夾雜了自己的贊美，崇敬或抨擊，收到了不同學派的影響。隨著時間的推移、政治氣候的變化，他的認識也在不斷發展變化。」〔註34〕

二、梁啓超憲政思想的中學根基

　　臺灣學者張翰書先生在《比較中西政治思想》一書中，對中西傳統文化中的政體分類思想、法治思想、民主思想、理想國家狀態思想、人性思想、國家政府產生思想等進行了比較研究。張先生認為，上述一系列思想在中西傳統文化中所表現出來的差異性雖說是顯而易見的，但如果經過仔細的比較研究，人們還是從中能夠發現它們之間的某些相似甚至相同的地方。〔註35〕

〔註33〕學者王人博認為，梁啓超對盧梭的批判是圍繞盧梭的思想是否適合中國的獨立富強這一中心論點展開的。這樣的批判表明梁啓超對自由、平等的信念從理論上發生了動搖，對國家的看法越是現實，其理論的國家主義色彩就越是濃厚。參見王人博：《憲政文化與近代中國》，法律出版社，1997 年版，第 160 頁。

〔註34〕董方奎：《梁啓超與立憲政治》，華中師範大學出版社，2011 年版，第 125～126 頁。

〔註35〕張先生認為，在中西傳統文化中的法治思想、人性思想、功利思想等都有一定的相似和相通的地方。參見張翰書：《比較中西政治思想》，張玉生、張近中校訂，吉林出版集團有限責任公司，2009 年版。

另外，學者王爾敏先生在《晚清政治思想史論》中的研究也表明，晚清七十年間政治思想中的中西成分，如果逐一地對每個孤立的概念加以考察，大致可以發現一個共通的現象，那就是除了晚清政治思想家獨立創新的一些觀念外，每當他們介紹和提倡西方新思想時，往往會有中國傳統的固有思想觀念混入其中，兩者滲合，十分自然，終至融會而不著痕跡，全然不是「西學中源」或「中體西用」的意味。如當西方的進化論進入到中國思想領域後，引起了廣泛的興趣，而儒學中的公羊說也在對進化論的討論中復活，並根據「據亂世」、「昇平世」和「太平世」三世說，形成了解釋政治、社會、知識的進化三段論。〔註 36〕而最近幾年以來，學術界對中國傳統思想尤其是儒家思想體系中是否有「憲政主義」的因素這一問題展開了討論，加深了人們對傳統思想資源與近代憲政文化之關係的考察研究。例如，姚中秋（秋風）在一篇名爲《儒家一直都想限制絕對權力——敬答袁偉時老師》的文章中指出，孔子以來，具有道德理想主義精神的儒家士大夫群體是抗衡專制的憲政主義力量。透過董仲舒的天道憲政主義規劃，儒家構築了士大夫與皇權共治的體制，它在一定程度上帶有憲政主義性質，並一直持續到了清末。〔註 37〕而袁偉時則在《儒家是憲政主義嗎——簡評秋風的孔子》一文中認爲，憲政的核心是通過份權制衡、堅持民主與實現法治的方式來保護人的自由。中國自古至 19 世紀，行政權和司法權都是統一的。這種政治傳統，路人皆知，所以根本找不到秋風先生所稱的憲政主義的影子。〔註 38〕學者高全喜在接受媒體記者採訪時也談到這個問題。高先生認爲，從中國歷史的發展歷程來看，雖然有周秦之變，秦漢唐宋賡續，但直到晚清才開始經歷眞正的古今之變。古典中國，尤其是三代之治有憲政資源，但這僅僅只是一種資源而已，它並未成長爲憲政制度。相反，高度集權的皇權專制則一直是中國的主體制度。所以，我們

〔註36〕 參見王爾敏：《晚清政治思想史論》，廣西師範大學出版社，2005 年版，第 16～19 頁。

〔註37〕 秋風：《儒家一直都想限制絕對權力——敬答袁偉時老師》，載《南方周末》，2011 年 6 月 30 日。像這樣認爲中國傳統文化中已經孕育著一些近代政治因素的觀點還有很多，如在夏勇的《中國的民權哲學》，三聯出版社 2004 年版；林毓生的《中國傳統的創造性轉化》，三聯書店 1988 年版；林安梧的《儒學與中國傳統社會之哲學省察——以「血緣性縱貫軸」爲核心的理解與詮釋》，學林出版社，1988 年版等論著中都有論述。

〔註38〕 袁偉時：《儒家是憲政主義嗎——簡評秋風的孔子觀》，載《南方周末》，2011 年 6 月 23 日。

只能把儒家看成是一種資源，而現代憲政還有其他的資源，儒家不能包辦。〔註39〕所以，探究傳統文化與梁氏憲政思想之間的關係，是一個非常重要的問題。

　　就梁啓超憲政思想的淵源來說，他自幼積攢起來的中學根基爲其在中西文化碰撞的大環境下整合他的憲政思想奠定了堅實的基礎。首先，幼年時期的家庭文化教育對梁啓超的性格培養及其日後的成長有著至關重要的影響作用。丁文江先生在談到梁氏的家庭教育背景時說道：「一個人的性格，是左右他事業的主因，而一個人的善惡優劣……的稟賦，多半是因襲他的先人和幼年的家庭環境所造成。」〔註40〕家庭教育及父輩對自己的影響，梁啓超曾在《三十年自述》中有較爲詳細的描述：「我爲童子時，未有學校也。我初識字，則我母教我。……祖父及我父母皆鍾愛我，並責罵且甚少，何論鞭撻。……我家之教，凡百罪皆可饒恕，斯斷不饒恕。我六歲時，不記因何事，忽說謊一句。……晚飯後，我母傳我至臥房，嚴加盤詰。……我母旋又教我曰：『凡人何故說謊？或者有不應爲之事，而我爲之，畏人之責其不應爲而爲也，則謊言吾未嘗爲。……人若明知罪過而故犯，且欺人而以爲得計，則與竊盜之性質何異？天下萬惡，皆起於是矣。然欺人終必爲人所知。將來人人皆指而目之曰，此好說謊之人，則無人信，則不至成爲乞丐焉而不止也。』我母此段教訓，我至今常記在心，謂爲千古名言。」〔註41〕從這些飽含感情的記憶中，我們可以看出，父輩們對梁啓超的教育及潛移默化的影響是何其深遠。〔註42〕除父輩們這以身作則的影響外，兒時的梁啓超還在父母和老師的指導下開始閱讀《史記》、《綱鑑易知錄》、《漢書》、《四子書》、《詩經》、《五經》等書

〔註39〕　石勇：《當下儒家：古董、教義、治國之道？》，載《南風窗》，2012 年第 19
　　　　　期。武漢大學張星久教授認爲，中國近代思想的變革既有對西方衝擊的反應，
　　　　　也有其內在的發展動力，尤其儒家思想體系中所具有的否定專制、強調民本
　　　　　與個人獨立以及經世致用的知識論等都對中國近代思想的變革有著重要的影
　　　　　響。參見張星久：《中國政治思想史》，武漢大學出版社，2011 年版，第 9～
　　　　　10 頁。
〔註40〕　丁文江、趙豐田：《梁啓超年譜長編》，上海人民出版社，2009 年版，第 4 頁。
〔註41〕　梁啓超：《三十年自述》，《梁啓超全集》第二冊，北京出版社 1999 年版，第
　　　　　959～960 頁。
〔註42〕　美國政治學家阿爾蒙德認爲，在家庭中，父母對兒童政治心理的影響是多方
　　　　　面的。父母的政治態度、政治傾向、政治意識、政治價值觀以及他們的政治
　　　　　地位，使用的政治詞彙等都是影響兒童政治心理的因素。參見阿爾蒙德等：《比
　　　　　較政治學：體系、過程和政策》，曹沛霖等譯，東方出版社，2007 年版，第
　　　　　92～96 頁。

籍。例如，十一歲的梁啓超在讀到張之洞的《輶軒語》和《書目問答》時感慨道：「始知天地間有所謂學問者」。十五歲師從石星巢先生並購得《黃清經解》、《四庫提要》、《四史》、《二十二子》、《百子全書》、《粵雅堂叢書》、《知不足齋叢書》；十六歲入學海堂爲正班生；十七歲參見廣東鄉試，中舉人第八名；十八歲春天入京會試，始見《瀛環志略》和上海製造局譯出各書，始知有五大洲各國。八月初識康有爲，並記述了當時的情景「時余以少年科第，且於時流所推重之訓詁詞章學，頗有所學，輒沾沾自喜。先生乃以大海潮音，作獅子吼，取其所挾持之數百年無用舊學，悉舉而摧陷廓清之，……明日再謁，請爲學方針。先生乃教以陸王心學，而並以史學、西學之梗概。自是決然捨去，自退出學海堂，而間日請業南海之門，生平知有學自茲始。」〔註43〕十九歲入萬木草堂，於課堂內外和同學討論學習《宋元明儒學案》、《二十四史》、《文獻通考》、《公羊傳》、《資治通鑑》、《宋元學案》、《諸子語類》、《公理通》、《大同學》以及秦諸子及佛典，清儒經注及譯本西書等。幫助康有爲校勘和編纂《孔子改制考》與《新學僞經考》也使梁啓超受益匪淺，「先生爲講中國數千年來學術源流，歷史政治沿革得失，取萬國以比例推斷之，余與諸同學日札記其講義，一生學問之得力，皆在此年。」〔註44〕在此期間，給梁啓超啓發最大、影響最深的則是讓其「俛焉孜孜從事焉」的《長興學記》。〔註45〕從以上梁啓超自己的這些記述中我們可以看出，他早期所接受的教育在內容上依然以中國傳統的知識爲主，這一點也可以在梁啓超於1892年所作的《讀書分月課程》當中得到進一步的印證。〔註46〕總之，梁啓超早年尤其在上學期間所接受的教育，爲其日後接受西洋知識，打通中西文化隔閡，建構自己的憲政理念打下了堅實的基礎。因爲，作爲政治社會化最有效途徑的學校（私塾或學堂），它可以通過有形的（政治要求、課程滲透、管理措施等）

〔註43〕 梁啓超：《三十年自述》，《梁啓超全集》第二冊，北京出版社，1999年版，第957～958頁。

〔註44〕 梁啓超：《三十年自述》，《梁啓超全集》第二冊，北京出版社，1999年版，第957～958頁。

〔註45〕 參見丁文江、趙豐田：《梁啓超年譜長編》，上海人民出版社，2009年版，第10～18頁。

〔註46〕 在《讀書分月課程》中，梁啓超將最初應讀之書分爲經學書、史學書、子學書、理學書、西學書（7種），而在《讀書次第表中》梁啓超以精讀和涉獵爲標準，詳細列舉了六個月之內依次所讀書目詳表。參見梁啓超：《讀書分月課程》，《梁啓超全集》第一冊，北京出版社，1999年版，第3～9頁。

和無形的（教師、學校結構、同學交往、校園文化）方式，有意識、有目的、有計劃地對學生施加政治文化的教育，使其形成某種政治心理，掌握某種政治常識。關於家庭的政治社會化功能，在中國古代就有很好的認識，如《學記》中這樣說：「君子如欲化民成俗，其必由學乎！……玉不琢，不成器；人不學，不知道。是故古之王者，建國君民。」即在中國古代人民那裏已經明確地將教育活動與傳授政治、倫常道理、建立國家、統治人民等政治目的聯繫了起來。〔註47〕

　　然而，梁啓超所掌握的中學基礎，特別是從康有爲那裏繼承下來的三世大同思想，使他能夠將王韜、鄭觀應等早期憲政思想家的憲政理念加以拓展並形成自己的憲政主張。所謂三世之義，即「據亂世」、「昇平世」和「太平世」，它本來是經文學家這一派別從中國典籍中發掘出來的經世救世的主張。康有爲將其加以改造並用作論述社會發展趨勢的理論依據。蕭公權先生在《中國政治思想史》中這樣描述康有爲的三世大同思想及其對梁啓超的影響：「蓋康氏自幼深受孔學薰陶，先入爲主。朱九江漢宋兼融之家法，遂成爲其全部思想之主幹。其後旁覽西書，雖多掇探，不過資以補充印證其所建造之孔學系統。」等其師傅朱次琦去世後，康有爲「演《禮運》大同之旨，合《春秋》三世之義，兼採西洋學說，著《大同書》。」〔註48〕「康長素立大同、小康之義，以泯種界爲最後理想，而以保國魂爲當前要圖。梁氏深受其影響，故在辛亥以前，徘徊於大同主義、民族思想二者之間。……戊戌以前，梁氏殆仍守公羊師法……及戊戌亡命，久居日本。梁氏於歐洲之歷史政治認識較深，其言論側重於民族思想，而終至放棄《公羊》三世。」〔註49〕而梁啓超本人不僅對康有爲的三世大同思想贊賞有加，而且還認爲這一思想爲中國指明了一條憲政改制之路。他說：「中國數千年學術之大體，大抵皆取保守主義，以

〔註47〕　參見朱永新、袁振國：《政治心理學》，知識出版社，1990 年版，第 84～86頁。作者還認爲，古今中外，儘管學校在教育學生的內容及方式方面差異很大，但在保證學校服從政治利益這一點上基本是相同的。而美國政治學家阿爾蒙德通過實證研究認爲，學校還在形成政治文化圖式的其他部分中起重要作用。例如，學校可以增強人們對政治體系的好感，它們也能提供共同的信條，用以使人們對共同體和政權做出富有感情的回應，並影響人們的行爲和對合法性的看法。參見阿爾蒙德等：《比較政治學：體系、過程和政策》，曹沛霖等譯，東方出版社，2007 年版，第 98 頁。
〔註48〕　蕭公權：《中國政治思想史》，新星出版社，2005 年版，第 453～454 頁。
〔註49〕　蕭公權：《中國政治思想史》，新星出版社，2005 年版，第 487 頁。

爲文明世界，在古時，日趨而日下。先生獨發明《春秋》三世之義，以爲文明世界，在於他日，日進而日盛，蓋中國自創意言進化學者，以此爲嚆矢。……又言中國數千年政治雖不進化，而社會甚進化，政治不進化者，專制政體爲之梗也；社會進化者，政府之干涉少，而人民自由發達也。先生於是推進化之運，以爲必有極樂世界在於他日。而思想所及，遂衍爲大同說。」〔註50〕梁啓超在贊賞之餘，將康有爲的三世之義進行推演並以此爲據來解釋政治變化的趨勢、民智的開啓、法律的制定、西方文明的演進及民權和君權相嬗的原理等。關於政治發展趨勢，梁啓超說道：「治天下者有三世：一曰多君爲政之世，二曰一君爲政之世，三曰民爲政之世。多君世之別又有二：一曰酋長之世。二曰封建及世卿之世。一君世之別又有二：一曰君主之世，二曰君民共主之世。民政世之別亦有二：一曰有總統之世，二曰無總統之世。多君者據亂世之政也，一君者昇平世之政也。此三世六別者，與地球有人類以來之年限有關之理，未及其世，不能躐進既及其世，不能關之。〔註51〕除此之外，梁啓超還用「三世大同」思想來解釋和提倡議院，並把議院看成是人類由野蠻走向文明的主要標誌之一，是據亂世到昇平世進而達到太平世的重要條件之一。開設議院是世界的潮流，任何一個國家、一個民族只能順應，不能抗拒。有無議院也成爲判定一個國家是否富強的標準：「問泰西各國何以強？曰：議院哉！議院哉！」而中國之所以被西方國家侵略欺壓，正是因爲中國沒有議院而導致的一個結果。他說：「西人之侮我甚矣，西人之將滅人國也，則必上之於議院，下之於報章。」〔註52〕由此，梁啓超認爲，中國想要擺脫西方的侵凌，必須實行議院政治以帶動民權政治的發展和人民建設國家的熱情。在他看來，中國歷史上雖然沒有形成像西方國家那樣完備的議院制度，但是在歷史的深處中依然能夠找到「議院」的影子。在《古議院考》一文中，

〔註50〕 梁啓超：《南海康先生傳》，《梁啓超全集》第一冊，北京人民出版社，1999年版，第489頁。

〔註51〕 梁啓超：《論君政民政相嬗之理》，《梁啓超全集》第一冊，北京出版社，1999年版，第96頁。康有爲在《孔子改制考》中，依據他的「三世」理論設計出了三種不同的社會政制：「或民主，或君主，皆因民情所推戴，而爲天命所依歸，不能強也。亂世、昇平世、太平世皆有財命運遇，不能強致。……即如今天地中三法並存，大約掘亂世尚君主，昇平世尚君民共主，太平世尚民主矣。」

〔註52〕 梁啓超：《論中國之將強》，《梁啓超全集》第一冊，北京出版社，1999年版，第99頁。

梁啓超這樣說道：「問子言西政，必推本於古，以求其從同之跡，敢問議院，於古有徵乎？曰：法先王者法其意，議院之名，古雖無之，若其意則在昔哲王所恃以均天下也。其在《易》曰：『上下交泰，上下不交否。』……《洪範》之卿士，《孟子》之諸大夫，上議院也。《洪範》之庶人，《孟子》之國人，下議院也。苟不由此，何以能詢？苟不由此，何以能交？苟不由此，何以能見民之所好惡？故雖無議院之名而有其實也。……今日而開議院，取亂之道也，故強國以議院爲本，議院以學校爲本。」〔註 53〕除此之外，梁啓超認爲孟子獲得了孔子的眞傳，孟子的思想當中又暗含著西方近代憲政思想家所宣導的民治和民權思想，所以尊奉孟子的思想學說，便可以實行孔子大同之治的理想，進而能夠實現西方憲政國家那樣的民權政治。在《新民說》一文中，梁啓超大量地引用孟子的言說來論述西方天賦人權觀念和自由思想。梁啓超之所以「挖空心思」地解釋這個問題，其根本目的是他想在中國傳統政治思想中尋求與西方近代憲政思想相互化約的資源，以便爲近代中國實現立憲政治提供學理上的支撐。〔註 54〕

三、梁啓超憲政思想的「東學背景」

　　關於日本思想界對梁啓超的影響，日本學者狹間直樹在《梁啓超‧明治日本‧西方》一書的序言中指出：「在此，我想提及的是，與其說是梁啓超以自己的方式主動攝取明治時期形成的日本文化，倒不如說是明治時代的日本『培養』了梁啓超。」〔註 55〕狹間直樹所說的「培養」雖然有點誇張，但梁啓超深受近代日本思想界的影響卻是事實。特別是在甲午中日戰爭後，在「喚起吾國四千年之大夢，實則甲午一役」的感歎中，梁啓超義無反顧地將學習的目光投向了日本，並希望通過取道日本的途徑來師法西方，進而找到一條適合能使中國走向富邦強民的道路。〔註 56〕例如在《讀〈日本書目志〉書後》

〔註 53〕 梁啓超：《古議院考》，《梁啓超全集》第一冊，北京出版社，1999 年版，第61～62 頁。
〔註 54〕 參見張朋園：《梁啓超與清季革命》，吉林出版集團有限責任公司，2007 年版，第 18 頁。
〔註 55〕 〔日〕狹間直樹編：《梁啓超‧民治日本‧西方》，社會科學文獻出版社，2001年版。
〔註 56〕 學者鄭匡民認爲，在戊戌政變前，梁啓超獲取日本方面知識的主要管道一是其師康有爲，二是通過甲午前後翻譯出版的書籍，三是通過黃遵憲及在《時務報》工作過的日本朋友。見鄭匡民：《梁啓超啓蒙思想的東學背景》，上海書店出版社，2009 年版，第 5～10 頁。

一文中，梁啓超毫不掩飾地表達了他的這種想法：「今日中國欲為自強第一策，當以譯書為第一義矣。……起超願我農夫，考其農學書，精擇試用，而肥我樹藝；願我工人，讀製造美術書，而精其器用；……願我公卿，讀政治、憲法、行政學之書，習三條氏之政議。擇究其以返觀，發奮以改政，以保我四萬萬神明之冑；願我君後，讀民治之維新書，借觀於寇讎，而悚勵其新政，以保我二萬萬里疆域，納任昧於太廟。以廣魯於天下，庶幾南海先生之志，則起超願鼓歌而道之。跪坐而進之，馨香而祝之。」〔註 57〕及至戊戌變法失敗逃亡日本之後，梁啓超積極活動，深交日本知名人士，廣讀日本書籍，使其能夠身臨其境地觀察日本和思考中國問題。有關梁啓超初到日本，學習日文、研讀日本思想的情況，羅孝高在《任公軼事》這樣寫道：「時任公欲讀日本書，而患不諳假名，以孝高本深通中國文法者，而今又能日文，當可融會兩者求得捷徑，因相研索，訂有若干通例，使初習日文徑以中國文法顛倒讀之，十可通其八九，因著有《和文漢讀法》行世。雖未美備，然學者得此，亦可粗讀日本書，其收效頗大。」〔註 58〕而對於學習和研讀日本之目的，梁啓超在《日本橫濱中國大同學校緣起》一文中則講的非常清楚，那就是在學習日本的過程中尋找出一條解救中國於水深火熱之中的道路。他說：「夫日本三島之地，千里之國耳，近以步武泰西，維新政治，國勢之強，與西歐等，推原其由，皆在遍譯西書，廣屬學官之故。……夫日本維新之治，賴伊藤數人之西遊，則中土撥亂之才，安知不出於東土之學校，以保我種族，保我國家，其關係豈小補哉？所望遠識之士，同志之人，各竭其才，共宏斯義。」〔註 59〕至於自己學習日文，研讀日本書的收穫，梁啓超在寫給家人的信中也提到過：「我等讀日本書所得之益極多。他日中國萬不能變法，今日正當多讀些書，以待用也。望即以此意告之。」〔註 60〕除此之外，梁啓超在日本期間廣結日本有識之士，深受他們的幫助和影響。丁文江對當時的情景描述道：「初到東京時，……當時大隈左右如犬養毅、高田早苗、柏原文太郎（原注此君於任

〔註 57〕 梁啓超：《〈讀日本書目志〉》，《梁啓超全集》第一冊，北京出版社，1999 年版，第 128～129 頁。

〔註 58〕 丁文江、趙豐田：《梁啓超年譜長編》，上海人民出版社，2009 年版，第 115 頁。

〔註 59〕 梁啓超：《日本橫濱中國大同學校緣起》，《梁啓超全集》第一冊，北京出版社，1999 年版，第 323 頁。

〔註 60〕 丁文江、趙豐田：《梁啓超年譜長編》上海人民出版社，2009 年版，第 116 頁。

公先生交厚，當時約爲兄弟）是有來往，並力爲講解日本文法（原注和文漢讀法爲任公先生著）彼是時，弟非目見不能詳言。」〔註61〕與此同時，梁啓超還提到當時的日本社會風尚對他施加的影響，以致在後來的回憶中這樣說道：「戊戌亡命日本時，親見一新邦之興起，如呼吸凌晨之曉風，腦清身爽。親見彼邦朝野卿士大夫以至百工，人人樂觀活躍，勤奮勵進之朝氣，居然使千古無聞之小國，獻身於新世紀文明之舞臺。回視祖國滿清政府之老大腐朽，疲癃殘疾，骯髒蹣跚，相形之下，愈覺日人之可愛、可敬。」〔註62〕總而言之，在日本期間，梁啓超通過研讀日本書籍、結交日本有識之士以及觀察日本社會等途徑加深了對日本的認識，其思想也受到日本很大的影響。正如其在《三十年自述》中所說的那樣：「自此居日本東京者一年，稍能讀懂東文，思想爲之一變。」

　　就日本對梁啓超憲政思想的具體影響，學者鄭匡明在《梁啓超啓蒙思想的東學背景》一書中，具體說明了梁啓超在哪些方面受了日本本土思想或日譯西方著作的影響。作者經過認眞的對勘和全面的比較之後指出，梁啓超當年以西方文明爲終極目標的一元化近代化理論、攝取西洋文明方式上的精神文明優先論以及「新民」立國主張，都深受有「東方伏爾泰」之稱的福澤諭吉思想的影響。梁氏《文明三界之別》實際上只是祖述福澤諭吉的觀點，同時又將福澤諭吉的文明、半開化、野蠻三階段論納入其「三世說」的理論框架之中。反映梁啓超新民思想的《新民說》和《自由書》一方面攝取了明治時期另一位著名思想家中村正直的思想和他所譯《西國立志篇》與《自由之理》等著作中的內容。梁啓超在宣傳自由主義思想過程中，又將穆勒《自由論》中一再討論的「社會」與「個人」對立的問題轉變成「政府」與「人民」的對立問題，從而抽去穆勒《自由論》中限制社會暴虐、確保個人自由的主題，使得梁啓超無緣領會近代自由主義的主流思想。梁在《清議報》和《新民叢報》上發表的《霍布士（Hobbes）學案》、《斯賓諾莎學案》、《盧梭學案》、《近世文明初祖二大家之學說》、《法理學大家孟德斯鳩之學說》、《民約論鉅子盧梭之學說》、《樂利主義泰斗邊沁之學說》、《近世第一大哲康德之學說》

〔註61〕　丁文江、趙豐田：《梁啓超年譜長編》上海人民出版社，2009 年版，第 109
　　　　　頁。

〔註62〕　吳其昌：《先師梁任公別錄拾遺》，中國人民政治協商會議北京市委員會文史
　　　　　資料研究委員會編：《文史資料選編》第 36 輯，北京出版社 1989 年版，第 76
　　　　　頁。

等一系列介紹近代西方思想和學說的文章，大部分是以中江兆民的《理學沿革史》爲藍本。梁氏有關「文明之自由」、「野蠻之自由」、「思想之自由」、「民權思想」的論述，很大程度也爲中江兆民自由觀的翻版。梁啓超和他們一樣，都將自由的最終目標放在「向上以求憲法」、「排外以伸國權」上，其中隱含著只重視政權、集體權利和「積極的自由」，而忽視個人「私權」和「消極自由」的巨大危險。梁啓超放棄其早年欣賞的天賦人權說，宣傳強權論和伯倫知理的國家學說，基本上也只是祖述日本德意志國家主義學派代表人物加藤弘之的觀點。〔註63〕學者韓大元則從憲法學的角度分析了近代日本憲政經驗對中國早期憲法及憲政思想的影響。他指出，從 1901 年到 1911 年十年間，翻譯日本政法書籍多達 39 部。而作爲維新派文化出版事業機構之一的廣智書局就翻譯出版了一批日本的政法書籍，如市島謙潔的《政治原理》、小野梓的《國憲泛論》、松平康的《英國憲法史》、賀長雄的《社會進化論》、伊藤博文的《日本國憲法義解》、岩崎昌、中村孝的《國法學》、高田早苗的《國家學原理》等。韓先生特別指出，根據文獻記載，康有爲、梁啓超的一些論述中就引用小野梓的《國憲泛論》的觀點。梁啓超在《樂利主義泰斗邊沁之學說》寫作中除參考中江兆民的《理學沿革史》外，還參考了綱島榮一郎的《西洋倫理學史》、《主樂派之倫理說》、山邊知春譯《倫理學說批判》、竹內楠三的《倫理學》、杉山藤次郎的《泰西政治學者列傳》、小野梓著《國憲泛論》、崗村司的《法學通論》和賀長雄的《政體論》。從這些情況判斷，梁啓超確實受到日本思想家或日文著作的影響比較大。〔註64〕

　　隨著梁啓超對日本社會觀察和思考的不斷深入，他對日本立憲政治的認識也在不斷的深化。例如，在《立憲法議》一文中，他把日本的憲政之路作爲參照物之一，呼籲中國應該像日本那樣確立君主立憲政體。他說：「立憲政體者，必民智稍開而後能行之。日本維新在明治初元，而憲法實施在二十年後，此其證也，中國最速亦須十年或十五年，始可以語於此。……故採定政體，決行立憲，實維新開宗明義第一事，而不容稍緩者也。」確立了立憲政

〔註63〕 崔志海：《梁啓超與日本——評鄭匡民的〈梁啓超啓蒙思想的東學背景〉》，《近代史研究》，2004 年第 4 期。

〔註64〕 參見《國憲泛論》序言三，小野梓著，陳鵬譯，中國政法大學出版社，2009 年版。關於小野梓的《國憲泛論》對梁啓超憲政思想的影響，中外學者在「近代法學翻譯與外國憲政思想傳播學術研討會」上也有過討論。http://live.jcrb.com/html/2009/332.htm。

體之後，便要參照立憲各國的憲法，草創一部中國的憲法，即「既定立憲矣，則其立之之次第如何？曰：憲法者萬事不易者也，一切法度之根源也。……日本之實行憲法也，在明治二十三年，其頒佈憲法也，在明治十三年，而其草創憲法者也，在明治五年，當其草創之始，特派大臣五人，遊歷歐洲，考察各國憲法之同異，斟酌其得失，既歸而後開局以製作之。蓋其慎之又慎豫之又豫也如此，今中國而與行之，則吾以爲其當辦次第當如下。」〔註65〕而在清政府宣佈預備立憲之前後，梁啓超對日本的君主立憲制則有了不同的看法。例如在《中國國會制度私議》中，他在認眞比較日本、德意志、法國、英國、普魯士及意大利等國的國會組織（人員、選舉資格、選舉方法）與國會之權（參與改正憲法之權、參與普通立法之權）的基礎之上，提出了中國應該確立的國會制度。他指出，作爲區分專制政體與立憲政體唯一之標誌的國會，由於各國歷史狀況的差異性導致了世界上立憲之國的國會制度在具體的表現形式上各不相同，而中國要想建立國會制度確立立憲政治，則要從中國的實際情況出發，參考其他國家的國會制度，做到揚長避短，爲我所用。即用他的話說就是：「此蓋各國各異其歷史，故由歷史國情所演之制度，自不得不異，此事勢之當然，無足怪也。雖然，於樊然淆亂之中，折衷之一求其共同之原理。」〔註66〕就國會參與改正憲法之權而言，與其他各立憲國家相比，日本的國會處於被動地位，而天皇則處於主動的地位。他說：「日本憲法，硬性憲法也。其改正之方法，有與他國大異者，曰：國會無提出修正案之權，而惟天皇獨有之，是也。天皇以敕令提出議案，兩院各有總議員三分之二以上列席，得乃開議。……此日本之制也。故國會參與改正憲法之權，僅能爲受動者，而不能爲主動者。」由於日本的國會不掌握修正憲法的主動權，所以它的立憲政體在運行效果上大打折扣，從這個角度看，日本的君主立憲政體甚至和專制政體相差不多：「立憲與專制之分，不過以其機關之性質許可權爲界限。僅有一機關以獨裁者謂之專制。有兩機關以上互相制限者，謂之立憲。今以變更國家基礎法之一最重要職權，而惟一機關得爲主動，是非專制而何？然則日本此條法文，無論如何強辯，而必不能使之衷於法理明矣。」

〔註65〕 梁啓超：《立憲法議》，《梁啓超全集》第一冊，北京出版社，1999 年版，第 407 頁。

〔註66〕 梁啓超：《中國國會制度私議》，《梁啓超全集》第四冊，北京出版社，1999 年版，第 2108 頁。

鑒於此種原因，我國將來制定的憲法，「必當採萬國通例，予國會以此權，毫無可疑者。」〔註67〕然而，當清政府以日本明治憲法爲參照物擬定《欽定憲法大綱》之後，梁啓超將矛頭指向了其中的「君上大權」等14條內容。他痛斥日本憲法中的「大臣對天皇負責」等有關規定只不過是「日本陋儒之誓言耳，歐美無有也，日本陋儒認國家爲一物，而不認之爲一人，質而言之，則彼蓋視國家如一什器然，而謂此器屬於君主之私產也」。而對於「日本國體，爲世界所無……在吾日本，則應以君主爲人格，而以國家爲君主所統治之物也」此類的辯解，梁啓超更是嗤之以鼻，毫不留情地進行了批駁：「既命曰國家，則必凡國家共通之現象悉已具備，……謂日本國家而與他國家異其性質，則必日本國非國家焉然後可耳」。〔註68〕也正是基於這樣的認識，梁啓超認爲，日本的立憲政治不管在憲政精神方面，還是在憲政實施的程度高低方面都比不上英美等國的憲政體制，因此，中國沒必要學習日本的憲政體制。他說：「今世立憲君主國亦多矣，其憲政精神之完缺，憲政程度之高下，等差至多。其上焉者且勿具舉，若日本者，歐美人所指爲半專制的立憲國也。憲政精神之不完，憲政程度之劣下，至日本而極矣，苟更下於此，則殊不能復謂之憲政。今我政府乃至曲學阿世之新進，動輒以傚法日本憲政爲詞，此其適應於我國國情與否且勿論，然既曰效日本矣，則亦當知日本之制度，固自有其相維於不敝者，若徒取其便於己者而傚之，其不便者則隱而不言，是又得爲效日本矣乎？」〔註69〕及至梁啓超意識到清政府的預備立憲只是「假立憲之名而行專制之實」後，他便義無反顧地偏向了英國式的立憲政體：「天若相中國，使得舉立憲之實者，則將來政權所趨，其必成爲英國式政黨政治，而非復德國、日本式官僚政治焉矣。」〔註70〕

〔註67〕梁啓超：《中國國會制度私議》，《梁啓超全集》第四冊，北京出版社，1999年版，第2165～2167頁。

〔註68〕梁啓超：《責任內閣釋義》，《梁啓超全集》第四冊，北京出版社，1999年版，第2424頁。

〔註69〕梁啓超：《立憲國召旨種類及其在國法上之地位》，《梁啓超全集》第四冊，北京出版社，1999年版，第2409頁。

〔註70〕梁啓超：《讀十月初三上諭感言》，《梁啓超全集》第四冊，北京出版社，1999年版，第2290頁。

第三章　政體優劣之辯：梁啓超的
　　　　　君主立憲思想

　　近代中國的遭遇和苦難，激起了無數「先天下之憂而憂，後天下之樂而樂」的志士仁人對國家出路的思考和探索。走在時代前列的梁啓超則發出了「獻身甘做萬矢的，著論爲求百世師；誓起民權移舊俗，更研哲理牖新知」的吶喊。甲午戰敗更是刺痛了梁氏的敏感神經，他在痛批清政府腐敗無能和麻木不仁的同時，提出了興民權和開議院等變法維新主張，初步構築起了自己的君主立憲思想。戊戌變法失敗所帶來的悲痛之情又激發了梁啓超排滿革命主張，且在其逃亡日本的前幾年表現的更加激烈。但是，隨著西學知識的不斷豐富和對美日等國家立憲政體反思的不斷加深，梁啓超逐漸放棄了其早期激烈的革命主張，進而暢言和推崇比較保守的君主立憲政治。在清政府宣佈預備立憲之後，梁啓超大舉伯倫知理的國家學說與革命派展開了聲勢浩大的辯論，期間提出的「開明專制」思想也成爲人們詬病的一個把柄。在清末憲政改革期間，梁啓超通過著書立說與組織社團的方式參與到具體的憲政運動當中，不僅宣傳了他的君憲思想，而且在一定程度上通過政治實踐活動檢驗了他的君主立憲主張。

一、戊戌維新前梁啓超的民權和議院思想

　　甲午中日戰爭的失敗，不僅宣告了清政府苦心經營了三十多年的洋務運動的破產，而且激起了社會各層對國家出路更爲激烈和深入的探索。以梁啓超爲代表的愛國知識分子，在亡國滅種的憂患意識中，他們一反千百年來「天不變

道亦不變」的固有信念，希望通過變法維新的途徑實現專制政治體制的變革和迅速發展資本主義，以求得民富國強。爲了說明變革的正當性、合理性和重要性，梁啟超在《變法通議》中指出，世界上的萬事萬物都處在變化之中，事物的變化是絕對的，靜止則是相對的，變動乃是事物生生不息的原動力，靜止則預示著事物的滅亡。他說：「法何以必變？凡在天地之間，莫不變。晝夜變而成日，寒暑變而成歲；……故夫變者，古今之公理也。貢助之法變爲租庸調，租庸調變爲兩稅，兩稅變爲一條鞭。井乘之法變爲府兵，府兵變爲用騎，騎變爲禁軍。學校升造之法變爲薦辟，薦辟變爲九品中正，九品變爲科目。上下千歲，無時不變，無事不變，公理有固然，非夫人之爲也。」〔註 1〕不僅如此，人們還應該知道變法的關鍵所在，如若不然，小則會貽誤時機，大則就會誤國誤民。他說：中國之法，非不變也，中興以後，講求洋務，三十餘年，創行新政，不一而足。……吾僅爲一言以蔽之曰：變法之本，在育人才；人才之興，在開學校；學校之立在變科舉，而一切要其大成，在變官制。」〔註 2〕在他主張的各項變法措施當中，梁啟超最爲看重的是興民權和開議院。作爲西方舶來品的議院和民權思想，它是在晚晴有識之士向國外學習的積極性和主動性不斷提高的前提下，逐漸得到了人們的瞭解和認同。鴉片戰爭後，林則徐、魏源等人在與西方接觸中注意到了西方的政治現實和政治學說，但他們多從「民主」引申出來，還沒有專門使用民權一詞。及至洋務運動時期，隨著中國同西方國家接觸的增多以及西學的大量傳入，鄭觀應、馬建忠、王韜等這些早期的改良思想家在介紹西方的民主理論和民主政治時，往往將「民主」和「民權」混在一起使用，很少專門使用「民權」去闡述相關問題。而在梁啟超那裏，他把康有爲的「公羊三世說」演變爲「三世六別說」，認爲「開議院」和「興民權」是能夠解決當時中國面臨的困境並使國家走上富強的最有效的東西之一。〔註3〕

〔註 1〕 梁啟超：《變法通議》，《梁啟超全集》第一冊，北京出版社，1999 年版，第 10 頁。

〔註 2〕 梁啟超：《論變法不知本源之害》，《梁啟超全集》第一冊，北京出版社，1999 年版，第 14～15 頁。

〔註 3〕 參見王人博：《憲政文化與近代中國》，法律出版社，1997 年版，第 130 頁。董方奎先生也認爲，梁啟超在西方民主、議院思想和嚴復的影響下，對康有爲的「公羊三世說」進行了揚棄和發展形成了「三世六別說」。梁啟超對「三世六別」的論述表明了他的君主立憲理論的初步確立。參見董方奎：《清末政體變革與國情之爭論──梁啟超與立憲政治》，華中師範大學出版社，1991 年版，第 38 頁。

（一）民權思想

在梁啓超看來，民權不僅是實施變法革新的根本，而且也是國家走向富強的保證。因此，興民權成爲梁啓超早期憲政思想的主要內容。這一點梁啓超在《清代學術概論》中有著清晰的表述：「其後啓超等之運動，益帶政治的色彩。啓超創一旬刊雜誌於上海曰《時務報》，自著《變法通議》，批評秕政，而就弊之法，歸於廢科舉興學校，亦時時發『民權論』，但微引其緒未敢昌言。」〔註4〕概括地看，在戊戌變法之前梁啓超的民權思想比較朦朧和簡單，主要包括以下幾個方面。

首先，梁啓超延續了中國傳統政治文化中的相關論述邏輯，希望通過調整君和民在政治體系中的相互關係來發展「民權」，他指出，在封建專制政治體系中，君權的不斷加強和「民權」的不斷削弱已成爲中國積貧積弱的原因之一，因而必須進行變法。他說：「自秦迄明，垂兩千年，法禁則日密，政教則日夷，君權則日尊，國威則日損，上自庶官，下自億姓，游於文網之中，習焉安焉，馴焉擾焉，靜而不能動，愚而不能智，歷代民賊，自謂得計，變本而加厲之。」〔註5〕而在「三代之後，君權日益尊，民權日益損，爲中國致弱之根源。」〔註6〕

其次，梁啓超主張人們應該在「中西兼學」的過程中，通過興民權的辦法讓中國走上富強的道路：「要之捨西學而言中學者，其中學必爲無用。捨中學而言西學者，其西學必爲無本。無用無本，皆不足以知天下」。〔註7〕對於什麼是民權，梁啓超在當時的認識還是比較朦朧和粗淺的，還沒有將它與政治權利完全對等起來。他說：「西方之言曰：人人有自主之權。何爲自主之權？各盡其所當爲之事，各得其所應有之利，公莫大焉，如此則天下平矣。……地者積人而成，國者積權而立，故全權之國強，缺權之國殃，無權之國亡。何謂全權？國人各行其固有之權；何謂缺權？國人有有權者，有不能自有其

〔註4〕　丁文江、趙豐田：《梁啓超年譜長編》，上海人民出版社，2009 年版，第 36 頁。

〔註5〕　梁啓超：《論中國積弱由於防弊》，《梁啓超全集》第一冊，北京出版社，1999 年版，第 63 頁。

〔註6〕　梁啓超：《〈西學書目表〉後序》，《梁啓超全集》第一冊，北京出版社，1999 年版，第 86 頁。

〔註7〕　梁啓超：《〈西學書目表〉後序》，《梁啓超全集》第一冊，北京出版社，1999 年版，第 86 頁。

權者；何謂無權？不知權之所在也。〔註8〕在這裡，梁啓超所指的民權有以下幾層意思：一是權利是公有的，人人可以享用；二是權利就是辦事的機遇和應得的報酬；三是一國之強盛，國人有應享之權利，一個人專掌全國之權是行不通的也是不現實的。〔註9〕

最後，梁啓超早期的民權觀是與社會發展緊密相關的民權觀。梁啓超將西方資產階級進化論和康有爲的「公羊三世說」進行創造性地整合之後提出了「三世相演」說，認爲人類社會政治制度的演變發展經歷了三個階段，而且這三個階段依次相演、循序漸進，不以人的意志爲轉移。他說：「治天下者有三世，一曰多君爲政之世，二曰一君爲政之世，三曰民爲政之世。……此三世六別者，與地球始有人類以來之年限，有相關之理。未及其世，不能躐之」。〔註10〕梁啓超認爲，如果按照這條歷史發展規律，當今世界歷史必將進入到人民爲政之世，但是，對於當時的中國來說，因爲它還不具備進入到「民爲政之世」的條件，所以，他在與嚴復交流的時候提出了一條實現民權的迂迴路線，那就是「今之論且無遽及此，但中國今日民智極塞，民情極渙，……民權固救時之善圖也，然就今日之民義未講，則無寧先借君權以轉移之。」〔註11〕具體來看，梁啓超認爲民權可以通過開民智的方法獲得勃興。開民智作爲梁啓超一生最爲關注的事業它不僅關係到民權的興衰，而且還關涉到國家和民族的競爭、人與人之間的地位差異等。用梁啓超的話說就是：「今之策中國者，必曰興民權，興民權斯固然矣。然民權非可以旦夕而成也。權者生於智者也。有一分之智，即有一分之權。有六七分之智，即有六七分之權，有十分之智，就有十分之權。」〔註12〕爲了達到興民權的目的，梁啓超的邏輯是「開官智→開紳智→開民智→興民權」，即在他看來開官智是興民權的基礎，開紳智和開民智則是興民權的中間環節。之所以通過這種途徑興民權，那是因爲「開紳智者何？民間素不知地方公事爲何物，一切條理，皆未明悉，而

〔註8〕 梁啓超：《論中國積弱由於防弊》，《梁啓超全集》第一冊，北京出版社，1999年版，第64頁。

〔註9〕 參見李喜所、元青：《梁啓超傳》，人民出版社，2010年版，第73頁。

〔註10〕 梁啓超：《論君政民政相嬗之理》，《梁啓超全集》第一冊，北京出版社，1999年版，第96頁。

〔註11〕 梁啓超：《與嚴幼陵先生書》，《梁啓超全集》第一冊，北京出版社，1999年版，第72頁。

〔註12〕 梁啓超：《論湖南應辦之事》，《梁啓超全集》第一冊，北京出版社，1999年版，第177頁。

驟然授之，使其自辦，是猶乳哺之兒，而授之以杯筋，使自飲食，其殆必矣。故必先使其民之秀者，日習於公事，然後舉而措之裕如也。……故欲用紳士，必先教紳士。」〔註13〕開官智之所以是興民權的起點，那是因為「紳權固當務之急矣，然他日辦一切事，捨官莫屬也。即今日欲開民智，開紳智，而假手於官力者，尚不知凡幾也，故開官智，又為萬事之起點」。〔註14〕總之，梁啓超認為通過君民的協調和共同努力，中國的民權就會走向勃興之路，進而能夠實現救國救民的目的。

（二）議院思想

與興民權一樣，開議會也被梁啓超看作是振興國家，救國家於水火之中的一道良藥。在看到和瞭解了西方國家的強勢發達之後，梁啓超發出了這樣的感慨：「問泰西各國何以強？曰：議院哉！議院哉！」〔註15〕而中國之所以落後，在於不知民權為何物，不設議院而行專制。梁啓超指出，就整個人類的歷史發展來看，設立議院乃是世界政治發展的必然趨勢，如果適應這個趨勢就會獲得發展機遇，反之則要落在別人的後面。所以，清政府要想取得生存和發展，必須像西方那樣確立起議會政治。「西人百年以來，民氣大伸，遂爾浡興。中國苟自今日昌明斯義，則數十年其強亦與西國同，在此百年內進於文明耳。故就今日視之，則泰西與支那誠有天淵之異，其實只有先後、並無低昂，而此先後之差，自地球視之，猶旦暮也。」〔註16〕如果說梁啓超認為民權的「實用功能」是為了反對過於專制的君權，那麼在他看來議院設立的首要功能不是為了徹底否定君主專制，也不是實現資產階級共和國的政體，而是為了實現上下溝通以便更好地振興國家。他說：「問議院之立，其意何在？曰：君權與民權合，則情易通。議法與行法分，則事易就。」〔註17〕也就是說，在梁啓超看來，議院一旦建立，社會各層都可以通過不同的方式

〔註13〕梁啓超：《論湖南應辦之事》，《梁啓超全集》第一冊，北京出版社，1999年版，第179頁。

〔註14〕梁啓超：《論湖南應辦之事》，《梁啓超全集》第一冊，北京出版社，1999年版，第179頁。

〔註15〕梁啓超：《古議院考》，《梁啓超全集》第一冊，北京出版社，1999年版，第61頁。

〔註16〕梁啓超：《與嚴又陵先生書》，《梁啓超全集》第一冊，北京出版社，1999年版，第72頁。

〔註17〕梁啓超：《古議院考》，《梁啓超全集》第一冊，北京出版社，1999年版，第61頁。

來暢言治國之道，君臣上下群策群力的努力必然會給國家的振興帶來一片生機。議院的第二大功能是能夠將當時中國盛行的「獨術」轉化爲「群術」，用以凝聚中國人的力量。在梁啓超看來，當時中國最大的問題首先是國民不知道國家爲何物而不能合群，其次是清政府沒有能力而不能把全國民眾團結起來形成合群之勢。在這種情況下，出現「民智極塞，民情極渙」的局面也就在所難免。爲此，梁啓超寫了《說群》一文，專門討論了如何將「獨術」轉化爲「群術」的問題。〔註 18〕梁啓超對「獨術」和「群術」做了概念上的界定。所謂「獨術」就是「人人皆知有己，不知有天下。君私其府，官私其爵，……以故爲民四萬萬，則爲國亦四萬萬。夫是之謂無國。」而「群術」則是指「善治國者，知君之與民，同爲一群之中這一人，因以知夫一群之中所以然之理，所常行之事，使其群合而不離，萃而不渙」。與中國盛行的「獨術」相比，西方國家由於「群術」的發達才使得這些國家立於不敗之地。他說：「彼泰西群術之善，直百年以來焉耳，而其浡興也若此。……泰西之治，其以施之國群則至矣，其以施之天下群則猶未也。」〔註 19〕而議院一經設立，就可以限制君權，廣開民智，上下溝通，同心協力治理國家，就會達到「則人易信而事就」的效果。在梁任公看來，議院雖然有如此之功能，中國也需要議院，但當時還不能急於設立，而是在辦學校和創學會的基礎上使「民智」大開之後才能設議院。除此之外，爲了實現治理和振興國家之目的，梁啓超還提出了「中國宜講求法律之學」用以配合他的「開議院」和「興民權」的主張。在《論中國宜講求法律之學》一文中，梁啓超指出，只有依法辦事，許可權劃然，才能求得國家的安定與發展，也只有依法辦事，才能發展文明和彰顯高

〔註 18〕 張灝先生認爲，對於梁啓超而言，「群」的概念不能理解爲來自儒家傳統的有機和諧和道德一致理想的一個概念，而是一個主要受西方社會團體組織和政治結合能力所激發的新概念。其意義主要表現在三個方面，一是「群」它帶有整合的意思，即如何將中國人整合爲一個有凝聚力的組織和良好的政治實體；二是「群」具有政治參與的內涵，即一種合理的政治實體能夠容納什麼樣的社會分子參與的問題；三是指政治共同體的範圍以及中國是否組織爲一個民族國家的問題。除此之外，還有非常重要的一點就是梁啓超對「群」的理解還意味著政治權威合法化標準的一個重要轉變：從天意是政治合法化的最高依據轉化爲「民」成爲政治合法化的最高標準。這一轉變也爲建立在一個不同於普遍王權基礎上的中國政治提供了可能。參見張灝著，葛夫平譯：《梁啓超與中國思想的過渡（1890～1907）》，江蘇人民出版社，1995 年版，第 53～58 頁。

〔註 19〕 梁啓超：《〈說群〉序》，《梁啓超全集》第一冊，北京出版社，1999 年版，第 93 頁。

尚。他說：「法者何所？以治其群也。大地之中，凡有血氣者，莫不有群。即莫不有群之條教部勒，大抵其群之智愈開力愈大者，則其條教部勒愈繁。……今吾中國聚四萬萬不明公理不講許可權之人，與西國相處，即使高城深池，堅革多粟，亦不過如猛虎之遇獵人，猶無幸焉。……故今日非發明法律之學，不足以自存矣。」〔註20〕

以上是梁啓超在戊戌前後闡發的「民權」和「議院」思想，這些思想主張是建構梁氏早期「君主立憲」思想的主要材料。總體上看，梁啓超這一時期對「君主立憲」思想的認知是比較感性和模糊的。一是他對專制政體的批判雖然已經上升到了對整個封建專制政治體系批判的程度，但這卻並不表示梁啓超就贊成在中國馬上實行民主政治。二是他的「民權和議院思想並不具有獨立性，它們只是作為在政治上『求通』、『合群』的工具時才有價值。換言之，政治上的通達和君民的團結才是他所認同的政治合法化的標準，而不是民主制度本身，這兩者之間是有區別的。」〔註21〕然而，在戊戌失敗逃亡日本之後，隨著梁啓超對憲政理念認知的不斷加深，他的君主立憲思想也日趨完整和系統。

二、維新變法失敗後梁啓超君主立憲思想的發展

戊戌變法失敗，六君子喋血菜市口。逃亡到日本的梁啓超在悲痛失望之餘，對清政府展開了猛烈的攻擊。他以尖銳的語言指出，以慈禧太后為代表的滿洲統治階級是「胺我脂，削我膏，剝我膚，吸我血，以供滿洲逆黨之驕奢淫佚。」〔註22〕而滿洲貴族建立的政府則是一個完全沒有希望的政府，它就像枯木之不能生華，蒸沙不能成飯一樣腐敗。如果不做任何變化，必然將是死路一條；而封建專制政體是造成中國數千年膿血之歷史和破家亡國的總根源，所以只有推翻滿洲統治階級建立的專制政府，國家才能轉弱為強，民族也才能夠轉危為安。那麼，在專制政體被推翻之後，中國應該選擇哪種政體呢？對於這個問題，梁啓超並沒有直接給出答案，而是在比較研究了各國政體演變的基礎上認為君主立憲制是最適合中國國情的一種政體，為此他還專門撰寫了一系列文章如《論中國與歐洲國體異同》、《各國憲政異同論》、《自

〔註20〕 梁啓超：《論中國宜當講求法律之學》，《梁啓超全集》第一冊，北京出版社，1999年版，第60頁。
〔註21〕 王人博：《憲政文化與近代中國》，法律出版社，1997年版，第136頁。
〔註22〕 梁啓超：《論剛毅等籌款事》，《清議報》，第32冊，頁3a。

由書》、《立憲法議》、《十種德性相反相成議》、《國家思想變遷異國論》、《堯舜爲中國中央君權濫觴考》、《新民說》、《中國專制政治進化史論》、《釋革》等從政治學的角度予以論證。〔註23〕這一時期，梁啓超的君主立憲思想主要包括國家觀、憲法思想與法治思想等。

（一）「理解憲政之前提」：梁啟超的國家觀

西方資本主義的侵略和清政府的腐朽統治，使晚清中國的民族矛盾和階級矛盾日益尖銳。如何獲得民族的獨立與國家的富強成爲眾多有識之士最爲關心的一個問題。在梁啓超看來，中國自古以來只有朝廷的觀念，而無國家的意識，國民國家觀念的缺失與建設國家積極性的不足是導致近代中國落後挨打的一個重要原因。爲此，梁氏認爲要想理解憲政，必先理解國家。「立憲政體者，政治之一種也。而國家者，政治之所自出也，故欲知憲政之爲何物，必當先知國家之爲何物。」〔註24〕在此基礎上，梁啓超還花了很多的筆墨來論述他的國家觀。

概括地看，梁啓超國家觀的形成也經歷了一個「由淺入深」和「由表及裏」的漸進認知過程。首先，在戊戌前後，梁啓超的國家思想是比較朦朧的，他主要是通過對「群」的解釋來表達他對「國家」的理解。梁啓超對康有爲「三世大同」思想和嚴復的進化思想進行了整合，認爲「合群」不僅是宇宙進化的本質特性，而且也是開啓民智、實現國家自強的立國之道。西方國家之所以強大，其主要原因在於它們有「國群」、「商群」和「士群」（這三群分別對應議院、公司和學會）。所以，當時中國也應該培養這幾種「合群」的素質。在《南學會敘》一文中，梁啓超說道：「人心之無熱力，雖智其民，而國不能國其國也，敢問過，曰有君焉，有官焉，有士焉，……萬而其知此事也一，而其志此事也一，而其治此事也一，心相構，力相摩，點相切，線相交，

〔註23〕董方奎先生認爲，梁啓超的君主立憲思想是一個逐漸豐富和不斷完善的過程。在戊戌變法以前，梁啓超主要以康有爲的三世說爲依據來宣傳君主立憲制，他對君主立憲制理論的認識尚處於初期階段；戊戌變法後，梁啓超雖然一度傾向革命與共和，但在實地考察了美國共和政治之後，還是認爲君主立憲制才是符合中國國情的政體，這時，他對君主立憲理論的認知也進入了一個更深層次的階段。董先生最後指出，梁啓超由於隨著認識和理解的深化而改變自己的意見，這是符合由淺入深、由表及裏的認識規律的。參見董方奎：《梁啓超與立憲政治》，華中師範大學出版社，2011年版，第138頁。

〔註24〕梁啓超：《憲政淺說》，《梁啓超全集》第四冊，北京出版社，1999年版，第2054頁。

是之謂萬其途，一其歸，是之謂國。」〔註25〕由於國家是由千百萬人「合群」
而成，所以，善治國者常常「以群術治群」，使其「群合而不離，萃而不渙。
〔註26〕總體而言，梁啟超對「群」的論說構成了他早期的國家思想，其目的
在於通過「合群」來整合全社會的力量以抵禦外辱和振興國家。其次，在戊
戌變法失敗，逃亡到日本之後，梁啟超在接觸了大量西方近代政治學說之後，
他不僅利用盧梭和孟德斯鳩學說將自己早期的「合群」思想發展成為國民國
家思想，而且還將民權思想運用到他的國民國家思想當中，認為國民素質的
高低決定著國家競爭力的強弱。所以，在這一時期，梁啟超極力主張通過興
民權的途徑達到興國權的目的，進而實現國家的獨立與富強。在《愛國論》
中，他這對國家這樣定義：「國者何？積民而成也。國政者何？民自治其事也。
愛國者何？民自愛其身也。故民權興則國權立，民權亡則國權亡。為君相者
而務壓民之權，是之謂自棄其國，為民者而不務各伸其權，是之謂自棄其身。
故言愛國必自興民權始。」〔註27〕在《論近世國民競爭之大勢及中國前途》
一文中，梁啟超對國家的認識似乎又前進了一步，不僅把國民看成是構成國
家的基本元素，而且還將國民視為維繫國家運行的主體。他說：「國者積民而
成，捨民之外，則無有國。以一國之民，治一國之事，定一國之法，謀一國
之利，捍一國之患，其民不可得而侮，其國不可得而亡，是之為國民。」〔註
28〕在後來的《新民說》一文中，梁啟超則將「新民」與「新國」聯繫在一起
來論述：「國之有民，猶身之有四肢、五臟、筋脈、血輪也。……則亦未有其
民愚陋、怯弱、渙散、混濁，而國猶能立者，故欲其身之長生久視，則攝生
之術不可不明。欲其國之安福尊榮，則新民之道不可不講。」〔註29〕最後，
梁啟超得出了當今的世界競爭乃是國民之間的競爭這樣一個結論，所以，培
養合格的「新民」才能使中國立真正立於不敗之地。

〔註25〕梁啟超：《南學會序》，《梁啟超全集》第一冊，北京出版社，1999 年版，第
138 頁。

〔註26〕梁啟超：《〈說群〉序》，《梁啟超全集》第一冊，北京出版社，1999 年版，第
93 頁。

〔註27〕梁啟超：《愛國論》，《梁啟超全集》第一冊，北京出版社，1999 年版，第 273
頁。

〔註28〕梁啟超：《論近世國民競爭之大勢及中國前途》，《梁啟超全集》第一冊，北京
出版社，1999 年版，第 309 頁。

〔註29〕梁啟超：《新民說》，《梁啟超全集》第二冊，北京出版社，1999 年版，第 655
頁。

　　然而，自光緒二十九年（1903 年）後，由於種種原因，梁啓超逐漸放棄了自己在此之前昌言的革命排滿與建立民主共和政體的主張，進而提出要在中國建立一個合各民族爲一體的「民族國家」的觀點。爲了論證他的這個主張，他首先運用伯倫知理的國家思想對盧梭等人的「社會契約國家觀」進行了批判，認爲單個的人不可能像盧梭在《社會契約論》中所說的那樣可以自由地加入或離開他的國家，一個人即便可以自由地組成一個公司，但絕不能成立一個國家。他還指出，因爲任何法律都不可能征得每一個人的讚同，所以盧梭提出的國家是每個平等的成員通過簽訂契約的方式形成的結論也是站不住腳的。根據世界上各個國家的建國經驗來看，國家的建立更多地依賴於領導集團及其所擁有的權威。其次，梁啓超認爲，不管人們認爲盧梭的自由主義對建立一個統一的歐洲國家有什麼樣的價值，中國當時最需要的不是什麼自由和平等，而是完整的統一和有機的秩序。他說：「故我中國今日所最缺而最急需者，在有機之統一與有力之秩序，而自由平等置其次耳。何也？必先鑄部民使成國民，然後國民之幸福乃可得言也。……今新思想方始萌芽耳，顧已往往濫用『自由、平等』之語。思想過度，而能力不足以副之。芸芸志士，曾不能組織一鞏固之團體。或偶成矣，而旋集旋散。」〔註 30〕再次，梁啓超在解釋「國家有機體說」和論述國民與民族之間的差別及其關係的基礎上，認爲民族主義不僅不利於國家的建立，相反還會妨礙國家的建立，與一部分人宣導的民族主義相比，國民資格建構才是建立國家的關鍵。基於這種原因，梁啓超反對把排滿反滿看作是建立國家的唯一出路，而是主張通過反對獨裁政府以建立一個包括所有民族在內的民族國家。他說：「伯氏固極崇拜民族主義之人也。而其立論根於歷史，案於實際，不以民族主義爲見過獨一無二之法門。誠以國家所最渴需者，爲國民資格。……故今日當以集全國之鋒刃向於惡政府爲第一義，而排滿不過其戰術之一枝線。認偏師爲正文，大不可也。……由此言之，則吾中國言民族者，當與小民族之外，更提倡大民族主義。小民族主義者何也？漢族對國內他民族是也。大民族主義者何也？合國內本部屬部之諸族以對國外之諸族是也。」〔註 31〕在政體與國家的相互

〔註30〕　梁啓超：《政治學大家伯倫知理之學說》，《梁啓超全集》二冊，北京出版社，
　　　　　1999 年版，第 1066 頁。
〔註31〕　梁啓超：《政治學大家伯倫知理之學說》，《梁啓超全集》二冊，北京出版社，
　　　　　1999 年版，第 1068～1069 頁。

關係上，梁啓超通過對波倫哈克國家理論的分析，認為共和政體有太多的缺陷，而君主立憲制則是中國應該選擇的最為合適的一種政體。他在援引波倫哈克的國家思想時指出，由於國家是協調各種社會衝突並超然於任何團體之上的一個團體，在實行君主政體的國家裏，由於君主是站在社會各團體之上的，所以他更容易發揮協調衝突的功能。相反，在實行共和政體的國家中，由於「其統治之主體（國家）與統治之客體（國民）同為一物」，所以「凡共和之國家，大率革命相尋，使法制失其永續之興，而幾於不國，殆非無故。」〔註32〕由於擔心革命會引起的社會混亂更加不利於國家建設，梁啓超甚至還提出了「開明專制」論，主張為了國家真正的富強，暫時是可以實行「開明專制」的。梁啓超在與革命派展開的激烈辯論的同時，又在區分「政治革命」與「種族革命」的基礎上，全面闡述了「他的開明專制論」，認為當時的中國還不具備實行民主共和與君主立憲的條件，革命不但不能使中國走向富強反而會帶來混亂。因此，近代中國民族國家的建立應採取和平過渡的漸進方式，通過現政權強有力的人物，運用專制手段，逐漸把國家引向憲政的軌道。即在梁啓超看來，為了實現立憲政治，中國實行暫時的「開明專制」不僅是必要的，而且是必須的。他借用日本學者筧克彥的話為「開明專制」正名：開明專制，以發達人民為目的，它與「立憲同一狀況，而為立憲所由之階級也。它雖然未公佈憲法，但「一立憲制度皆已實行」。〔註33〕所以，當時的中國「與其共和，不如君主立憲，與其君主立憲，又不如開明專制。」〔註34〕最後，梁啓超在論述他的憲政思想時，又提出了「國家三要素說」。認為國家是由土地、人民和權力三種要素組成的且在法律上具有人格特質的一個團體。在《憲政淺說》一文中他說：「國家者，在一定土地之上，以權力組織而成之人民團體也。……以上三端，學者稱之曰國家成立三要素。領土國民，要素之有形者也。統治權，要素之無形者也。三者結合為一，字曰國家。……而國家者，則最高最大之團體，而具有人格者也。明乎此義，則知指土地為國家固不可，即指人民指君主為國家亦皆不可矣。國家實超然立於君主與人民之上而自為

〔註32〕梁啓超：《政治學大家伯倫知理之學說》，《梁啓超全集》第二冊，北京出版社，1999年版，第1072頁。

〔註33〕梁啓超：《答某報第四號對於〈新民叢報〉之駁論》，《梁啓超全集》第三冊，北京出版社，1999年版，第1622頁。

〔註34〕梁啓超：《開明專制論》，《梁啓超全集》第三冊，北京出版社，1999年版，第1471頁。

一體者也。」〔註 35〕概括起來，梁啓超在不同時期對國家觀念的不同理解，其內容主要涉及以下幾個方面。

關於國家的起源問題，梁啓超有以下幾種解釋：一是戊戌期間的「合群」說，認為國家起源於人們的「合群」性，即「千萬人群而成國，億兆京垓人群而成天下。」〔註 36〕二是在流亡日本初期的「家族國家起源」說和「種族國家起源」說，他說：「古者國之起源，必自家族。一族之長者，若其勇者，統率其族以與他族相角，久之而化家為國。」〔註37〕三是在接觸了盧梭的《民約論》之後，梁啓超有認為國家起源於人民的合群結約。即他所說的「國家之所以成立，乃由人民合群結約，以眾力而自保其生命財產者也。各從其意之自由，自定約而自守之，自立法而自遵之，故一切平等。若政府之首領及各種官吏，不過眾人之奴僕，而受託以治事耳。」〔註 38〕梁啓超對國家起源的不同解釋，在一定程度上否定了傳統的「君權神授」觀，代之以近代西方的自由、平等觀念作為國家起源的思想基礎。

關於國家與朝廷的區別，梁啓超認為由於過去人們常常忽視了國家、朝廷與國民這三者之間的區別與聯繫，所以中國歷來以朝號來取代國名，國家觀念也就很難形成。在《論支那人國家思想之弱點》一文中，梁啓超指出：「天下有國，則莫不有號，故地球上莫不有一定之名號，而於我支那則獨缺如。其所為唐、夏、商、周、漢等，不過二十四朝號，並非國名也。歷來與外國交涉，專以朝名為國名之代表，此可見支那人之視朝廷與國家者非有二焉。」〔註 39〕在他看來，對國家和朝廷不加區別而造成的直接結果就是「中國數千年來，不聞有國家，但聞有朝廷」。梁氏以為，國家與朝廷既有區別又有聯繫，其區別是「國家者，全國人之公產也，朝廷者一姓之私業也，國家之運祚甚長，而一姓之興替甚短，國家之面積甚大，而一姓之位置甚微。」而兩者的

〔註 35〕梁啓超：《憲政淺說》，《梁啓超全集》第四冊，北京出版社，1999 年版，第 2055 頁。

〔註 36〕梁啓超：《〈說群〉序》，《梁啓超全集》第一冊，北京出版社，1999 年版，第 93 頁。

〔註 37〕梁啓超：《論近世國民競爭之大勢及中國前途》《梁啓超全集》第一冊，北京出版社，1999 年版，第 309 頁。

〔註 38〕梁啓超：《論學術之勢力左右世界》，《梁啓超全集》第二冊，北京出版社，1999 年版，第 558 頁。

〔註 39〕梁啓超：《論支那人國家思想之弱點》，《清議報》第 74 冊，1901 年 3 月 30 日。

聯繫是「有國家而後有朝廷，國家能變置朝廷，朝廷不能納吐國家。」〔註40〕
梁啓超對國家與朝廷相互關係的這種解釋，破除了中國傳統的「天下國家」
觀，極大地削弱了君主一統天下的陳腐觀念，加速了近代國家思想形成的歷
史進程。而在國家與國民的關係上，梁啓超認爲中國千百年來形成的是「普
天之下莫非王土，率土之濱莫非王臣」及「君叫臣死，臣不得不死」的「家
天下」的觀念。由於這種將國家與國民嚴重對立起來的觀念嚴重影響了人們
對國家命運的關心，因而普通百姓對近代中國的遭遇所表現出來的冷漠也就
不足爲貴了。他說：「彼東西之國，何以勃然日興，我支那何以薾然日危。彼
其國民，以國爲己之國，以國事爲己事，以國權爲己權，以國恥爲己恥，以
國榮爲己榮。我之國民，以國爲君相之國，其事其權，其榮其恥，皆視爲度
外之事。」〔註41〕梁啓超以西方近代國家學說爲依據，把「國家」與「國民」
兩者結合起來糾正了中國傳統的國家觀念，認爲國民的強弱與國家的強弱有
著直接的關係，民弱者則國弱，民強者則國強，兩者如影相隨，彼此不能分
開，也不容絲毫假借者。〔註42〕梁啓超對國家、國民及朝廷相關內容論述的
意義，就在於它喚起了國民意識的覺醒，促進了傳統家國觀念的更新和近代
民族國家觀念的成長，爲人們反抗封建專制政治體系提供了一定的思想基礎。

關於國家主權與國家目的，這是梁啓超國家思想中最爲核心的內容。國
家主權觀和目的論不僅是近代政治學說的重要內容，而且是衡量一個政治思
想家政治態度的重要依據。梁啓超對國家主權和國家目的的論述經歷了一個
前後變化的過程。在 1903 年之前，由於信奉盧梭等思想家的學說，梁啓超也
就主張主權在民說，認爲國家主權就是全體人民「公意」的體現，國家的主
權只能由人民來掌管；主權有一種至高無上性，它既不可以分割，也不可以
轉讓，即梁啓超所說的：「然則立法、行政、司法三權，所以分別部屬不許雜
廁者，正所以保護三權所從出之主權，使常在全國人之掌握也，是故主權之
用可分，而主權之體不可分」。〔註43〕從主權在民說出發，梁啓超得出了國家

〔註40〕 梁啓超：《中國積弱溯源論》，《梁啓超全集》第一冊，北京出版社，1999 年版，
　　　　第 413 頁。
〔註41〕 梁啓超：《愛國論》，《梁啓超全集》第一冊，北京出版社，1999 年版，第 272
　　　　頁。
〔註42〕 梁啓超：《新民說》，《梁啓超全集》第二冊，北京出版社，1999 年版，第 658
　　　　頁。
〔註43〕 梁啓超：《盧梭學案》，《梁啓超全集》第一冊，北京出版社，1999 年版，第
　　　　507 頁。

的目的是保護國民權利：「夫推原國家之所以立，亦不外人民保安全謀安全耳。其意蓋謂一人之力不能自保者，則國家爲保之，一人之智不能自謀者，則國家爲謀之，此國家之義務也。國家不爲民保，不爲民謀，是之謂失國家之義務」〔註44〕。1903 年之後，由於梁啓超轉而信奉伯倫知理的國家學說，所以對盧梭的「主權在民說」提出了批評和進行了修正。在他看來，盧梭「公意主權觀」的主要缺陷主要有以下幾點：一是「公意主權觀」很有可能導致多數人的暴政，使少數人缺乏安全感；二是「公意主權觀」可能會造成社會的混亂，使國家處於一種危險的無序狀態；三是「公意主權觀」會造成一部分人假借「公意」的名號，幹一些違法犯罪的勾當。他說：「伯氏以爲盧梭之說，欲以專制的君主主權，而代以專制的國民主權也。……主權無著，而公民中之一部分，妄曰：『吾之意即全體之意也。』而因以盜竊主權，此大革命之禍所由起也。」〔註45〕其實，梁啓超不僅是以伯倫知理的國家思想來反對盧梭的「自由主義思想」，同時也是以伯氏的國家思想來支持他的國家主權和國家目的論。他認爲，國家之目的在通常情況下是保障私人之幸福與國家自身之幸福，但是在某些特殊情況下，由於這兩者不可兼得，所以只能以犧牲私人之幸福來保全國家之幸福。他說：「以常理言，則各私人之幸福與國家之幸福，常相離而無須臾離。故民富則國富，民智則國文，民勇則國強。……故伯氏謂以國家自身爲目的者，實國家目的之第一位，而各私人實爲達此目的之器具也。」〔註46〕由此可見，梁啓超這一時期的國家思想中，他對國家的關注始終優先於對國民個體的關注。到了1906 年前後，由於梁啓超在政治上又主張開明專制，所以他的國家主權觀又被有限的君主主權觀所取代也就不足爲怪了。〔註47〕這是因爲在梁啓超看來，由於中國正處在一個帝國主義

〔註44〕 梁啓超：《商會議》，《梁啓超全集》第一冊，北京出版社，1999 年版，第 279
～280 頁。
〔註45〕 梁啓超：《政治學大家伯倫知理之學說》，《梁啓超全集》第二冊，北京出版社，
1999 年版，第 1075 頁。
〔註46〕 梁啓超：《政治學大家薄倫知理之學說》，《梁啓超全集》第二冊，北京出版社，
1999 年版，第 1076 頁。
〔註47〕 張灝認爲，梁啓超對馬基雅維利、博丹、霍布斯等思想家政治思想的分析表
明，他最關心的不是「開明專制」而是「國家理性」，即最關心的是有關政府
確保國家生存和安全的理性行爲，而不考慮它在道德和意識形態方面的後
果。梁啓超對「開明專制」的看重是因爲他首先把它看成是在帝國主義時代
解決中國國家安全和生存問題的一個理想而有效的方法，其次是梁啓超的「開
明專制」和伯倫知理的有限君主立憲制一樣，將國家奉爲最高的政治價值，

猖獗、列強爭霸的時代，國家的生存和安全才是人們關注的首要問題，所以在一定程度上承認一個相對或有限獨裁主義的國家是必要的。〔註48〕然而，隨著梁啓超對清末立憲運動認識的不斷深入，他又將有限的君主主權論回轉到之前的國家主權說的立場上，並借助立憲理論對清政府實行的「假立憲之名以行專制之實」的立憲運動進行了批評：「國家則有人格也，爲權利之主體者也。夫惟有人格者，未能自有其目的，若夫物則只以供人之目的而已。……然則國家之目的果安在？曰：其第一目的，則其本身（即國家全體）之利益是也。其第二目的，則其構成分子（即國民個人）之利益是也。」〔註49〕而構成國家的其他機關（直接機關與間接機關）在原則上則是供人格國家使用的機器，其存在的價值也是爲了實現國家之目的，即就是「凡國家機關無論爲直接者爲間接者，其法律上皆無人格而不得爲權利義務之主體，蓋機關不過供國家使用之一器具，以國家之目的爲目的。」〔註50〕針對清末憲政改革時期的各種亂象，梁啓超認爲正是人們對國家相關常識的忽視與不瞭解，才使得清政府主導的立憲改革充滿了各種矛盾與困難。

（二）「立憲國家之元氣」：梁啟超的憲法思想

憲法與憲政的相互關係，一直以來是西方憲政思想和憲政實踐中非常重要的一個問題。中西憲政思想家普遍認爲，憲法與憲政之間有著密不可分的關係，憲法是憲政的價值基礎，憲政則是憲法理念的制度性表現形式。「憲法制定

以防止君主的意志趨於專制，從而保證君主忠於國家和對國家做出最大的貢獻。也許正是因爲這樣的原因，梁啓超對開明專制的讚同不可能是眞誠的，雖然他有時公開表示信仰政治專制主義，但他多少帶有某種立憲君主制的形式。參見張灝著：《梁啓超與中國思想的過渡》，崔志海等譯，江蘇人民出版社，1995年版，第150～152頁。

〔註48〕列文森認爲，由於中國的國家主義是一種形成於中國歷史的思想方式，是一種根據中國實際的需要而用「進口貨」來壓制外國的思想方式，所以，梁啓超的國家主義是以中國的文化，而不是以歐洲的封建主義爲背景，爲了維持這種國家主義，梁啓超將屬於歐洲不同年代、具有不同見解的斯密、斯賓塞及盧梭等思想家編排在一條線上，這也是他對西方文化進行中國化時所做的嘗試和努力。參見約瑟夫‧阿‧列文森：《梁啓超與中國近代思想》，劉偉等譯，四川人民出版社，1986年版，第201～202頁。

〔註49〕梁啓超：《憲政淺說》，《梁啓超全集》第四冊，北京出版社，1999年版，第2061頁。

〔註50〕梁啓超：《憲政淺說》，《梁啓超全集》第四冊，北京出版社，1999年版，第2056頁。

者將憲法確定爲治理人類政治組織群體的一種根本大法。憲法文獻提出並闡明一國政體所賴以建立的原則。憲法調整有關如何在各種行使國家主權的機構中進行國家權力的分派與分配的問題；它規定行使上述權力的方式；它常還包括有賦予社會成員以基本權利的權利憲章（也可能有基本義務的規定），也正因爲如此，憲法成了最高的法律。」〔註51〕在近代中國憲政實踐的道路上，人們對憲法及其相關問題給予了極大的重視。我國憲法學家王世杰和錢瑞升兩位先生以憲法所囊括的內涵爲基礎，對我國的憲法史進行了概括性的梳理，認爲憲法的特性含有形式與實質兩種意義，從形式而言，近代的一般憲法大致含有下述一種或兩種特性：其一就是憲法的效力高於普通法律；其二就是憲法的變更不同於普通法律。如果以這兩個條件爲憲法的定義，中國則在日俄戰爭以前，尙無眞正的立憲運動可言。但從憲法的實質即從憲法是規定國家根本組織的法律而言，它是一切國家都有的，中國歷來也有此類法律，並且已具成文法典的形式。除此之外，兩位先生還認爲，近代的憲法在規定國家根本組織時，還授予人民以直接或間接參政之權，因此，元首的權力必須受人民或代議機關的限制。如果以這個特點爲根據，中國的立憲運動，嚴格地講，也開始於日俄戰爭之後。〔註52〕錢、王兩位先生對近代以來中國憲法發展史所做的這種判斷結論在梁啓超憲政思想體系發展脈絡中也體現的較爲清晰。在戊戌維新之前，梁氏在他的一些論述中雖然對憲法有所提及，但那時所描述的「憲法」依然是中國傳統語境中的含義，還不是眞正意義上的憲法，主要的內容指涉還是廢時文、立學校、改官制及變律例等。例如在《戊戌政變記》中，梁啓超這樣說道：「自茲國事付國會議行，紆尊降貴，廷見臣庶，盡革舊俗，一意維新，大召天下才俊，議籌款變法之方，才擇萬國律例，定憲法公私之分。」〔註53〕然而，到了戊戌變法失敗之後，隨著西學知識的不斷增長和視野的不斷開闊，梁啓超對憲法的理解與論述也日漸完善和成熟。

首先，關於憲法的含義，梁啓超雖然在不同場合有著不同的論述，但他基本上認同憲法乃是一個國家的根本大法、其他一切法律的制定與變更都得

〔註51〕〔美〕E・博登海默：《法理學：法哲學與法律方法》，鄧正來譯，中國政法大學出版社，1999 年版，第 516 頁。

〔註52〕參見王世杰、錢瑞升：《比較憲法》，中國政法大學出版社，2004 年版，第 358 頁。

〔註53〕梁啓超：《戊戌政變記》，《梁啓超全集》第一冊，北京出版社，1999 年版，第 184 頁。

以憲法爲依據這一觀點。在《各國憲法異同論》一文的開篇，他說道：「憲法者英語稱爲 Constitution，其意蓋謂可爲國家一切法律根本之大典也。故苟凡屬國家之大典，無論其爲專制政體（舊譯爲君主之國）、爲立憲政體（舊譯爲君民共主之國）、爲共和政體（舊譯爲民主之國），似皆可稱爲憲法。雖然，今日政治家之統稱，惟有議院之國所定之國典乃稱爲憲法。」〔註 54〕而在《立憲法議》一文中，梁啓超對憲法的論述更爲明確、更爲深刻。他說：「憲法者爲何物，立萬世不易之憲典。而一國之人，無論爲君主爲官吏爲人民皆共守之者也。爲國家一切法度之根源，此後無論出何令，更何法，百變而不許離其宗者也。〔註 55〕在梁啓超概括的這個概念中，憲法大體包含了這樣的內容：一是憲法的類型及內容問題。梁啓超認爲憲法應該包括政體的類型、行政立法司法三權的劃分、國會的權力及選舉議員權利、君主暨大統領之制與其權力、法律命令集預算、臣民的權利與義務及政府大臣的責任等內容。〔註 56〕至於憲法的類型，梁啓超在後來的一系列論著中進行了更爲具體的劃分，例如在《中國國會制度私議》這篇長文中，梁氏認爲如果按照各國憲法性質的差異來分類的話，憲法可分爲成典憲法和不典憲法，這兩種憲法之間存在著一定的區別：」成典憲法者，特製訂之，而編爲一有秩序有組織之法典也。不典憲法者，隨時發達，或以誥敕，或以批准之文書，或以尋常之法律，集合而成，未嘗編爲一法典者也。……成典憲法之中，有硬性憲法，有軟性憲法，硬性憲法者，改正之手續，極爲繁重，與尋常法律不同者也。軟性憲法者，改正之手續，較爲簡易，與尋常法律無甚差別者也。」〔註 57〕二是關於

〔註 54〕　梁啓超：《各國憲法異同論》，《梁啓超全集》第一冊，北京出版社，1999 年版，第 318 頁。

〔註 55〕　梁啓超：《立憲法議》，《梁啓超全集》第一冊，北京出版社，1999 年版，第 405 頁。

〔註 56〕　梁啓超：《各國憲法異同論》，《梁啓超全集》第一冊，北京出版社，1999 年版，第 318～322 頁。

〔註 57〕　梁啓超：《中國國會制度私議》，《梁啓超全集》第四冊，北京出版社，1999 年版，第 2164 頁。這篇長文被研究者看作是梁啓超憲政思想的結晶，其中涉及的內容有國會的性質（法律上之性質、政治上之性質）、國會的組織（左院之組織、右院之組織）、國會的職權（參與立法之權、參與普通立法之權）。同時，梁啓超在對英國、法國、日本等國的立憲政治進行詳細比較的基礎上提出了中國應當採取的立憲形式，可以說爲中國的憲政建設提供了一定的理論依據和實踐啓示。

憲法的地位以及它與其他法律之間的關係問題。梁啓超認爲，作爲國家根本大法的憲法不僅是制定和變更其他法律的基礎，而且也是奠基國人立憲信條（所謂信條是指國人對政治上所公共信仰之條件也）的條件之一：「立憲政治之信條，何自生乎？其一由於憲法；其二由於政治上之習慣而生。憲法則有形之信條也。政治上習慣，則無形之信條也。是故凡立憲國民之活動於政界也，其第一義，須確認憲法，共信憲法爲神聖不可侵犯。雖君主猶不敢爲違憲之舉動。國中無論何人，其有違憲者，盡人得而誅之也。」〔註58〕在這裡，梁啓超雖然沒有明確說明憲法的至上性，但在思想的深處他已經把樹立憲法至上的信仰與培養立憲精神看作是中國實現立憲政治，擺脫列強侵略和實現國家獨立富強的文化基礎，這樣的論述是十分精闢而富有遠見的。

其次，關於立憲政治中的權力限制和權力分立問題。梁啓超認爲立憲政體與專制政體最本質的區別就是前者能夠做到以權限權和以法限權，而後者則不能。他說：「立憲政體，亦名爲有限權之政體，專制政體，亦名爲無限權之政體。」那麼，怎樣才能做到以以權限權呢？他的答案就是首先要明確君權、官權、民權的區別和界限。這是因爲：「各國憲法，皆首言君主統治之大權及皇位繼襲之典例，明君之權限也。次言政府及地方政治之職分，明官之權限也。次言議會職分及人民自由之事件，明民之權限也。」〔註59〕在梁啓超看來，中國歷代君主的權力從表面上看雖然號稱接受天意和祖宗之法的限制，但是天意的不眞實性和祖宗之法的不確定性最終會導致君主權力的無限性。所以每當中國的知識人士在談到君權的有限性時，往往會顯得誠惶誠恐，不知所措，究其原因就是因爲中國沒有像西方國家那樣通過憲法對君主權力進行限制的傳統。「我中國學者，驟聞君權有限之意，多有色然而驚者，……則以無憲法故也，以天爲限，而天不言，以祖宗爲限，不過因襲前代舊規，……是故中國之君權，非無限也，欲有限而不知所以爲限之道也。」〔註60〕但是，要想成功地限制君權，光靠憲法還是不夠的，必要的時候還得依賴民權。因爲「民權者，所以擁護憲法而不使敗壞者也。……苟無民權，則雖有至良極美

〔註58〕 梁啓超：《政黨與政治上之信條》，《梁啓超全集》第四冊，北京出版社，1999年版，第 2406～2407 頁。

〔註59〕 梁啓超：《立憲法議》，《梁啓超全集》第一冊，北京出版社，1999 年版，第 405 頁。

〔註60〕 梁啓超：《立憲法議》，《梁啓超全集》第一冊，北京出版社，1999 年版，第 405 頁。

之憲法，亦不過一紙空文，毫無補濟」。〔註 61〕立憲政治的實現，除了要限制君權之外，對官權也要進行監督。因爲過去的那種層層設置、自上而下的官員監督體系既不得監督要領，也沒有監督的效果。對官員最好的監督就是來自於人民的監督，因爲對於人民來說，官吏的所作所爲直接關係到他們的切身利益，如果制度容許他們監督官員的話，那麼官員就不會爲非作歹、欺壓百姓。這也是各立憲國的一個共通經驗。「監督官吏之事，其勢不得不責成於人民，……是故欲君權之有限也，不可不用民權，欲官權之有限也，更不可不用民權。憲法與民權，二者不可相離，此實不易之理，而萬國所經驗而得之也。」〔註62〕除此之外，梁啓超在接觸了盧梭、孟德斯鳩等思想家的分權思想之後，還將他們的分權制衡思想引入到自己的立憲思想當中，形成了自己的「三權分立體用論」。首先，在《各國憲法異同論》一文中，梁啓超認爲孟德斯鳩根據英國的政治經驗而提出的「行政、立法、司法三權鼎力，不相侵軼，以防政府之專恣，以保人民之自由」的分權制衡觀點不僅得到了時人的認同，而且也成爲各立憲國治理國家的一個信條。即「今日凡立憲之國，必分立三大權」。〔註63〕其次，在《憲政淺學》一文中，梁啓超依據有無直接機關對國權的行使進行限制的情況對政體的類型進行了劃分，認爲如果僅有一個機關且不能對國權的行使進行限制者爲專制政體；如果有兩個（或兩個以上）的直接機關對國權的行使進行限制者爲立憲政體（立憲政體又分爲君主立憲政體和民主立憲政體）。最後，在劃分政體不同類型的基礎上，根據行政權與司法權在立憲政體中的設置情形，梁氏建構了他的「三權分立體用論」。他說：「三權分立者，謂立法權，由國會行之；行政權由國務大臣行之；司法權由獨立審判庭行之也。雖然，分立云者，非鼎峙而無所統一也。立法、行政、司法，總名曰統治權。統治權之體不可分，可分者乃其用耳。」〔註64〕在君主立憲國，由於「君主立乎國會、國務大臣、審判庭之上總攬統治權」，所以君主在行使立法、行政及

〔註61〕 梁啓超：《立憲法議》，《梁啓超全集》第一冊，北京出版社，1999 年版，第405～406 頁。
〔註62〕 梁啓超：《立憲法議》，《梁啓超全集》第一冊，北京出版社，1999 年版，第406 頁。
〔註63〕 梁啓超：《各國憲法異同論》，《梁啓超全集》第一冊，北京出版社，1999 年版，第 319 頁。
〔註64〕 梁啓超：《憲政淺說》，《梁啓超全集》第四冊，北京出版社，1999 年版，第2058 頁。

司法權（即統治權之「用」）時，只能是「國會協贊」、「大臣副署」、審判庭獨立的形式進行（即這三者執行的只是統治權的「用」）；在民主立憲國，「則此三權之體，管於國民」，而其用則「分寄於立法、行政、司法三機關」。〔註65〕梁啓超最後就三種政體（君主專制政體、君主立憲政體、民主立憲政體）統治權的「體用」異同作了總結，認為君主立憲與君主專制兩種君主國的統治權是「體」同而「用」相異：「三權之體皆管於君主，此專制國與立憲國之所同也。三權之用，其在專制國之君主，則率其所欲，徑遂而直行之。其在立憲國之君主，則分寄之於此三機關者，以一定節制而行之。」然而，在君主與民主兩種立憲國則相反，其「體」異而「用」同。「三權之體」在君主立憲國是「管於君主」，在民主立憲國則是「管於國民」，這是兩者的不同所在。而「三權之用，皆分寄於三機關」，並且「以一定之節制而行之」則是它們的相同之處。以現在的政治常識觀之，梁氏關於三權分立的「體用之論」雖有牽強附會之嫌，但在當時特殊的歷史環境下，他能在不斷的思考中逐漸修正和完善自己的思想觀點，已實屬不易。例如在《新中國建設問題》等文中，他就承認君主立憲國「政無大小，皆出自內閣」，而內閣也必須得到多數閣員的信任方能成立，「國會則由人民公舉」，代表國民之總意，其實際與美法等國的主權在民相差無幾，而世襲的君主也只不過是一個點綴物而已。〔註66〕

　　最後，梁啓超對憲法的精神進行了闡述，認為國權與民權的調和、立法權與行政權的調和、中央權與地方權的調和是憲法的三大精神。辛亥革命勝利後，梁啓超一改過去對共和制的批判，進而對剛剛建立的民國表現出了極大的熱情。在《憲法之三大精神》一文中，他以自問自答的形式說明了如何能夠使新生的共和國得以健康成長，在他看來制定一部符合國情的憲法才是關鍵。他說：「善謀國者，外揆時勢，內審國情，而求建設一與己國現時最適之政體，所謂不朽之盛業，於是乎在亦。若此者，管其樞，植其基，其惟憲法乎，……故我國此次新政體之建設，若克底於成，則豈惟一新國命而已。且將永為世界模範。何也？大共和國大立憲國實驗成功與否，實將於我國焉絕之也。夫為政在人，而法非人莫麗，但謂得一完善之憲法，而國本遂可植

〔註65〕梁啓超：《憲政淺說》，《梁啓超全集》第四冊，北京出版社，1999 年版，第2058 頁。

〔註66〕梁啓超：《新中國建設問題》，《梁啓超全集》第四冊，北京出版社，1999 年版，第 2433～2443 頁。

於不敝，誠不免太早計。……故憲法條文與政治習慣，定相引而相成。……今世之言政者，有三事焉，當衝突而苦於調和，各國皆然，我國爲甚。他日制憲者能擇善而用中，則新憲法其可以有譽於天下矣。」〔註67〕梁啓超認爲，歐洲國家從十五六世紀開始就陷入了國權與民權的爭辯當中，其在政治上表現爲干涉政策與放任政策的爭論。憲法雖然不能左右這種爭論，但是憲法所堅持的精神則會直接影響到國權與民權兩者此消彼長的結果，即梁啓超所說的「此（干涉與放任之爭──作者注）雖非盡由憲法所能左右也，然緣憲法所採原則如何，而其演生之結果實至巨。」〔註68〕爲此，他以英國、美國、瑞士等國的普通立法權之廣狹、公民投票之制有無及其適用之多寡、官吏用民選主義與否爲例，得出了國權與民權的調和就是「憲法精神所特重而不能無偏畸，……國權與民權之不可有所偏畸。」各國在制定憲法時也自當審視其國情，「或因本能之所長而發揮之，或因積習之所倚而矯正之，要不外以損益之宜，寓調和之意。」〔註69〕那麼，中國應如何才能做到損益調和呢？在梁啓超看來，那些特重民權主義者認爲，我國數千年困於專制，「非採廣漠之民權主義，無以新天下之氣」；而特重國權主義者認爲，我國雖號稱專制，但實際上以放任爲政，現今應將廣漠的許可權委諸國家機關，整齊嚴肅國務，鍛鍊國民，以求競勝於外。針對這兩種觀點，梁啓超則認爲極端的民權說和極端的國權說皆不可取，而應該採取調和主義，使兩派的政治主張在立憲政體中都有所體現。即當日中國「民權之論，洋洋盈耳，誠不憂其夭閼，所患者，甚囂塵上，鈍國權之作用，不獲整齊於內競勝於外耳。故在今日，稍畸重國權主義以濟民權主義之窮，此憲法所宜採之精神一也。」〔註70〕

　　關於立法權與行政權的調和，梁啓超認爲孟德斯鳩所宣導的三權分立制衡的觀點無論在理論上還是在實踐上都沒有實現的可能。從理論上看，如果「國會之立法權與政府之行政權劃鴻溝而不相越」，要麼會導致兩者相互傾

〔註67〕梁啓超：《憲法之三大精神》，《梁啓超全集》第五冊，北京出版社，1999年版，第2560～2561頁。

〔註68〕梁啓超：《憲法之三大精神》，《梁啓超全集》第五冊，北京出版社，1999年版，第2561頁。

〔註69〕梁啓超：《憲法之三大精神》，《梁啓超全集》第五冊，北京出版社，1999年版，第2562頁。

〔註70〕梁啓超：《憲法之三大精神》，《梁啓超全集》第五冊，北京出版社，1999年版，第2564頁。

軋、相互猜忌而不能相倚相輔；要麼使雙方巍然對峙而不能損益調和，其結果必然是「挾敵意以相見，遇事各圖牽制，則國家大計，將全隳於意氣，復何國利民富之能政者。」而在實踐上，「日本憲法，行政部之權過重，致使立憲經二十年，而健全之政黨，卒不可得見。……法國憲法，立法部之權過重，致使政府交迭頻數，政治家動懷偷安容悅之思。」〔註71〕那麼，中國在立憲的過程中如何才能做到行政權和立法權的調和呢？在梁啓超看來，有兩個途徑可以解決這個問題：一是要養成善良之政治習慣，也就是他所說的「大抵欲舉兩機關調和之實，其根本在養成善良之政治習慣，僅恃紙上法理無當也。」而各立憲國家之所以調和此兩權者，也是因爲「國情積經驗以成良習，在不成文憲法之國固勿論，即在成文憲法之國，亦往往神其用於法之外。」〔註72〕二是確立英國式的閣會合一的政黨內閣制。英國的政黨內閣制使得國會與內閣相互結合，打成一片，組織內閣的人常是議會議員，所以內閣事實上成爲議會的行政委員會，內閣與議會能夠和諧，內閣提出的法案也容易通過於議會，行政也就得以順利的進行。內閣與議會不能和諧，也有解決的辦法，不是內閣自己辭職就是內閣解散，所以行政機關與立法機關不會因爲衝突而陷於僵局。而確立政黨內閣也應遵守這樣三個原則：「夫完全之政黨內閣，全世界爲惟一英國而已，其政治習慣上確守之原則有三焉：（一）非國會議員，不能爲內閣員；（二）內閣必由國會下議院多數黨之領袖組織；（三）內閣失多數於下院，得解散下院，但再選舉若仍失多數，則立即辭職。」〔註73〕不僅

〔註71〕 梁啓超：《憲法之三大精神》，《梁啓超全集》第五冊，北京出版社，1999年版，第2564頁。

〔註72〕 梁啓超：《憲法之三大精神》，《梁啓超全集》第五冊，北京出版社，1999年版，第2564頁。

〔註73〕 梁啓超：《中國立國大方針》，《梁啓超全集》第四冊，北京出版社，1999年版，第2501頁。除此之外，由於受伯倫知理國家主義的影響以及出於梁氏對國家秩序的渴望，「強有力的政府」也被他看成是調和立法權和行政權的有效途徑。他說：「所謂強有力之政府者有二義……二則對於立法府而言行政府，行政府人員，自立法府出，而與立法府融爲一體者，其最強有力者也，雖非立法府出，而能得立法府多數後援者，其次強有力者也，與立法府劃然對峙，而於立法事業，絲毫不能參與者，其非強有力者也；並行政事業，猶須仰立法府之鼻息者，其最非強有力者也。政府之能否強有力，視乎人物之運用者十之三，繫乎憲典所規定者十之七，人物運用當如何，則政治論之問題也，次節更揚權之，憲典規定當如何，則立法論之問題也。」參見梁啓超：《中國立國大方針》，《梁啓超全集》第四冊，北京出版社，1999年版，第2494頁。

如此，政黨內閣可以憑藉其富有彈性的制度裝置，靈活地解決立法權和行政權所帶來的矛盾和衝突。即梁啓超所說的「政黨內閣制妙用，其全在富於彈力性，故任其自然進行，自能發出一種功用以彌其缺點。」〔註74〕

中央權力和地方權力的調和問題，被梁啓超看作是憲法的第三大精神。一般認爲，主張極端民權政治的人，常常贊成把權力分散於地方，而主張集權的人，則贊成把權力集中於中央。權力分散，會使行政成本高昂且效率緩慢，而且往往不能應付時事變化的要求；權力集中，可以降低行政成本和提高行政效率且能在關鍵時刻應對突發事件，但是集權到了極致，則會變成獨裁專制從而嚴重影響人民的權利。集權與分權（中央權與地方權）的相互關係一直是梁啓超憲法思想所重視的一個問題。他將地方自治與民權的維護聯繫在一起對中央權力與地方權力的調和進行了論述，認爲中國憲政建設的最大問題，就是如何處理好中央集權與地方分權的程度問題。在《答某君問德國日本裁抑民權事》一文中，梁啓超說道：「民權之有無，不徒在議院參政也，而猶在地方自治。地方自治力強者，則其民權必盛，否則必衰。法國號稱民主，而其民權又遠遜於英國者，以其地方自治之力微也。至於德國，則今日世界上號稱地方制度最完備之國也。」所以說：「夫地方自治者，民權之第一基礎也。」〔註75〕既然地方自治是民權的基礎，所以它也就成爲立憲的基礎，即「世界諸立憲國，恒以地方自治爲基礎。」〔註76〕爲何立憲國要以地方自治爲基礎？這是因爲，作爲國家一種政治機關的地方團體者，「就一方面觀之，省中央政府之干涉及其負擔，使就近而爲謀，其謀也必視中央代謀者爲易周，此其利益之及於地方團體自身者也。就他方面觀之，使人民在小團體中，爲政治之練習，能喚起其對政治之興味，而養成其行於政治上之良習慣，此其利益之及於國家者。蓋益深且大。」地方自治的好處雖多，但其權力應當限，否則必犯行政效率減退的毛病。因此，梁啓超一面主張確立地方自治，一面主張「正中央與地方之許可權」，使中央權力與地方權力充分的調和。這一點顯然和他所主張的民權與國權的調和完全一致。至於中央與地方許可權

〔註74〕 梁啓超：《中國立國大方針》，《梁啓超全集》第四冊，北京出版社，1999年版，第2502頁。

〔註75〕 梁啓超：《答某君問德國日本裁抑民權事》，《梁啓超全集》第二冊，北京出版社，1999年版，第979頁。

〔註76〕 梁啓超：《政聞社宣言書》，《梁啓超全集》第三冊，北京出版社，1999年版，第1714頁。

如何調和，在梁氏看來沒有一個固定的標準：「集權與分權實相屬的名辭，非相對的名辭也。……以言夫集，則集之於惟一之中央政府，以言夫分，則分之於無量數之城、鎮、鄉，兩極端同時並行，不相妨也，適相濟也。」所以「吾黨極端主張惟一最高政府之集權，同時又極端主張下級自治團體之分權」。〔註77〕但一個國家是採取集權還是採取分權的形式進行統治，還得看這個國家的具體情況。因為在歷史上，無論哪一個國家的政治統治，既沒有絕對的集權，也沒有絕對的分權，所以，集權與分權的程度是取決於各國不同的國情。他說：「畸於分權者，宜以勿妨害國家之統一為界；畸於集權者，宜以勿犧牲局部之利益為界。為不越此界者，則其政皆可云善良。而在幅員狹、交通便之國，則以稍畸於集權為宜；在幅員大、交通艱之國，則以稍畸於分權為適。此其大較也。」〔註78〕然而，中國如何根據國情做到中央權力與地方權力調和呢？梁啓超認為，由於歷史和地理上的關係，中國不得不暫時畸重於分權；從自然界的現象來說，中國「地理遼遠，鞭長莫及，雖欲集權於中而有所不能，斯固然矣」；而從政治現象來說，「我國而欲行畸於集權之政，匪惟有所不能，抑亦有所不可。」「我以四千餘萬方里之地，能宰制於一中央政府之下，誠足以自豪，然政治之馳而不張、疏而不備，國民特長之不能發揮，幸福之不能增進，弊亦未始不坐是。」〔註79〕立法權、行政權均不可全集中於中央。等到交通之便大開，方能由分權以趨歸於集權。即所謂監督機關許可權之大小應與執行機關權力之大小成比例。

然而，自光緒二十八年（1902 年）以後，在進化學說的日漸影響及對當時中外政治現實的反思之下，梁啓超斷言中國想要「自強其國並圖勝於外」，非造成一強有力的中央政府不可，從而形成了他趨向於中央集權統治形式的政治主張。他說：「以放任為治者，政府之職簡，以保育為治者，其職繁。以放任為治者，政府之責輕，以保育為治者其責重。理繁務而負重責，非強有力焉固不可矣。」而強有力政府指的是「一則對於地方而言中央，地方之權，由中央賦予者，政府之強有力者也；中央之權，由地方賦予者，其非強有力

〔註77〕 梁啓超：《中國立國大方針》，《梁啓超全集》第四冊，北京出版社，1999 年版，第 2498 頁。

〔註78〕 梁啓超：《論中央地方之許可權及省議會之必要與其性質》，《飲冰室法治論集》，江蘇廣陵古籍刻印社 1990 年影印，第 107 頁。

〔註79〕 梁啓超：《論中央地方之許可權及省議會之必要與其性質》，《飲冰室法治論集》，江蘇廣陵古籍刻印社 1990 年影印，第 109～113 頁。

者也；中央能實行監督權於地方者，其強有力者也；而不然者，非強有力者也。……。」〔註80〕在這裡，梁啓超希望有一個強有力的政府既能賦予地方以適當的權力，又能在一定程度上監督地方權力的行使。這種倚重中央集權的主張和他以往畸重國權的主張也是完全貫通的。因此之故，他對辛亥前後國內發生的省制、督撫職權及單一制與聯邦制等問題的爭論上，基本上是站在擁護中央集權和單一國體的立場上。在《外官制私議》一文中，梁啓超認為清代的省區制應該徹底地加以改革，其理由雖然有八項，但最重要的原因是這樣的省區已成為國家主義發達的最大障礙：「我國有所謂省界者，無端浸灌於多數人腦識中，遇事輒發，實足以為國家主義發達之障。而欲破除之，固非易易。苟將省區改制，則此種結習，不期而自消。」〔註81〕梁啓超雖然主張改革省區制，但卻不主張驟然改制，因為這種制度由來已久，根深蒂固，驟然改制，必生變故。因而他又提出了「折中論」，主張「行之以漸」，即他所說的「現今之行省制度，與國家主義不相融洽者甚多，與立憲政體不能湊泊之點甚多，其不能永持於不敝，自無待言。然驟然變之，則弊亦必且餘於利。」其改革之法有二：一是「將政務性質之萬不能分賦於各地者，提而集諸中央，使中央施政範圍漸恢。經若干年後，督撫乃純變為地方行政長官之性質」；二是「將中國一部分地方，改為中央直轄地，俟辦有成效，乃以次推及他地方，定若干年為推行完成之期。」〔註82〕這種把督撫不該有的權力集中到中央，把督撫逐漸變為純粹的地方行政長官，以徹底剷除清代省制弊端的主張是梁啓超站在畸重於中央集權的立場之上而闡發的。所以他對那種「追加督撫之權，使如美國之各州」的主張提出了批評，因為那樣足以「導致一個政治上分裂，且使中央政府無事可辦，而責任內閣與國會，將盡成虛器，其反於政治進化之大勢，戾於我國歷史之情實。」而正當的解決方法，「惟有廢督撫而集權於中央之一法。」〔註83〕到了辛亥革命爆發後，隨著各省紛紛

〔註80〕 梁啓超：《中國立國大方針》，《梁啓超全集》第四冊，北京出版社，1999年版，第2494頁。

〔註81〕 梁啓超：《外官制私議》，《梁啓超全集》第四冊，北京出版社，1999年版，第2077頁。

〔註82〕 梁啓超：《外官制私議》，《梁啓超全集》第四冊，北京出版社，1999年版，第2078頁。

〔註83〕 梁啓超：《外官制私議》，《梁啓超全集》第四冊，北京出版社，1999年版，第2080～2081頁。

宣告獨立，國內一部分人極力主張實行美國式的聯邦制。爲此，梁啓超相繼寫了《新中國建設問題》、《中國立國大方針》等文章表達了他的憂慮和看法。

（三）「救時唯一之主義」：法治與憲政的關係

法治與憲政兩者之間的關係，一直以來是憲政思想家重點關注和論述的一個問題。這兩者雖然在學理上和實踐上有著非常複雜的關係。但其核心關係我們可以簡略地表述爲：法治是憲政的基礎，憲政則是法治的關鍵。美國教授萊夫對兩者之間的關係進行了深入地分析，認爲憲政是指法律化的政治程序，它比「法治」、「法治國」的概念更抽象；而法治則是憲政制度中的一種要素，憲政的實現首先需要建立法治，但僅有法治還是不夠的，還應該有民主制度和人權、自由的充分保證。憲政是民主、法治、人權的動態過程。〔註84〕法治理念在梁啓超憲政思想體系中佔有重要的地位，並且對其進行了深入的分析。法治首先被梁啓超看作是區分野蠻與文明、落後與富強的一個重要指標。爲此，梁啓超不惜餘力地介紹和宣傳了西方國家的法學理論，希望在學習西方法治思想的過程中找到一條能使中國走向法治，奔向獨立富強的道路。通過中西歷史的比較研究，梁啓超認爲西方國家之所以發達富強，中國之所以落後貧弱，一個十分重要的原因就在於國家是否重視法治，是否真正做到依法治國。早在《論中國宜講求法律之學》一文中，他就指出：「法者何所？以治其群也。……人之所以戰勝禽獸，文明之國所以戰勝野番，胥視此也。」但是，中國自秦漢以來，由於「種族日繁，而法律日簡，不足以資約束。事理日變，而法律一成不易，守之無可守，因相率視法律如無物」，所以在中國造成了法律蕩然無存的局面。與此相反，「泰西自希臘、羅馬見，治法家之學者，繼軌並作，賡續不衰。百年以來，斯義益暢，乃至以十數布衣，主持天下之是非，使數十百暴主，戰戰受繩墨，不敢恣所欲，而舉國君民上下，許可權劃然。部寺省署，議事辦事，章程日講日密，使世界漸進於文明大同之域。」〔註85〕隨著西學知識的不斷增加以及對西方國家政治歷史認知的不斷加深，梁啓超對法治思想的理解和詮釋也愈來愈全面。1904 年，他在《中國法理學發達史》一文中就多次使用了「今世之法治國」的用語，並認爲法治主義乃是今日濟世救國的重要途徑：「逮於今日，萬國比鄰，物竟逾劇，

〔註84〕 參見郭道暉：《憲政簡論》，載《法學研究》，1993 年第 5 期。
〔註85〕 梁啓超：《論中國宜講求法律之學》，《梁啓超全集》第一冊，北京出版社，1999年版，第 60 頁。

非於內部有整齊嚴肅之治，萬不能壹其力以對外。法治主義，為今日救時唯一之主義；立法事業，為今日存國最急之事業。」〔註86〕1910 年，梁啟超在《管子傳》一文中，又將立憲政治與法治主義相結合，使其憲政思想日趨成熟和完善。他說「今世立憲之國家，學者稱為法治國。法治國者，謂以法為治之國也。夫世界將來之政治，其有能更娩於今日之立憲政治者與否，吾不敢知。藉曰有之，而要不能捨法以為治，則吾所敢斷言也。」〔註87〕有學者統計，梁啟超對法學的論述至少在三百萬言以上，內容涉及到法理、法史、憲法、行政法及國際法等方面，且這些論述代表著當時的最高水準並影響了一批人。〔註88〕由於篇幅所限，論文主要解讀梁啟超法治思想所涉及的主要內容。

首先，在對中西法律進行了比較研究後，梁啟超認為中國的立法落後於西方是導致中國落伍的一個重要原因。在《變法通議》一文中，梁啟超對中西法律文化做了比較，認為「中國之律例，一成不變，鏤之金石，懸之國門，如廁而已可行與否，非所問也；有司奉行與否，非所禁也」。西方國家則不然，「議法與行法，分任其人。法之既定，付所司行之，毫釐之差，不容假借，其可行也，剋日（限期）付議而更張之。故其律例，無時而不變，亦無時而不行。」〔註89〕除此之外，西方國家的「民法、民律，商法市則、舶則、訴訟、軍律、國際公法，西人皆極詳明。」〔註90〕關於中國的法律發展史，梁啟超認為春秋戰國時期是我國法學的全盛時期，但到了秦漢以後，中國的法學是每況愈下，一日不如一日。究其原因有三：一是我國崇古觀念很重，法

〔註86〕 梁啟超：《中國法理學發達史論》，《梁啟超全集》第三冊，北京出版社，1999年版，第 1255 頁。

〔註87〕 梁啟超：《管子傳》，《梁啟超全集》第三冊，北京出版社，1999年版，第 1865 頁。

〔註88〕 范忠信教授認為，梁啟超的法學研究對象幾乎包括全球已確立憲法制度的各個主要國家，這些研究奠定了梁氏作為中國憲法學開山鼻祖的地位是毫無疑問的。民國時代再版率最高而今天一再出版的且代表當時最高水準的《比較憲法》（王世杰、錢瑞升著），就明顯受到梁啟超的巨大影響。而張雷博士則把梁啟超比作「中國法律史學界的但丁」。參見 http://www.legaldaily.com.cn/zmbm/content/2009-06/25/content_1114168.htm

〔註89〕 梁啟超：《變法通議》，《梁啟超全集》第一冊，北京出版社，1999 年版，第 10 頁。

〔註90〕 梁啟超：《戊戌政變記》，《梁啟超全集》第一冊，北京出版社，1999 年版，第 181 頁。

治主義學說始終被禮治主義所壓制，法治精神被各門各派的爭鬥所蔑棄，一切法律事業「悉委諸刀筆之吏。學士大夫，莫肯從事」。二是法家與儒墨兩派各有缺陷而又互相排斥，法家「主張團體自身利益過重，遂至蔑視團體成員利益，雖能救一時，而於助長社會發達，非可久適」；而儒墨兩家又太注重團體成員的利益，「於國家強制組織之性質，不甚措意，故其制裁力有所窮，適於為社會的而不適於為國家的。」這種不能調和的門派傾軋最終導致了中國法學的逐漸衰微。〔註91〕三是中國的立法遠遠落伍於西方的立法。梁啓超說：「吾中國建國數千年，而立法之業，曾無一人留意者也。……蓋自周公迄今三千餘年，惟王荊公創設制置條例三司，能別立法與行政自為一部，是為吾中國立法權現影一瞥之時代。惜其所用非人，而頑固虛驕之徒，又群為掣其肘，故斯業一墜千年，無復過問者。嗚呼，荀卿『有治人無治法』一言，誤盡天下，遂使吾中華數千年，國為無法之治，民為無法之民。」〔註92〕

關於法律的演進階段，梁啓超按照法的習慣性、神秘性、公開性劃分了三個階段。第一階段是由社會習慣演變為習慣法的階段。梁啓超指出，自有人類社會起，凡有破壞社會秩序的行為，自然就有種種習慣加以制裁，這便是法律的起因。因此，「法律之起，可謂之先於國家。及社會既形成國家，而前此所謂制裁力者，漸以強制執行之，主治者與受治者之關係既確定，慣習變為慣習法，主治者復以其意之所是非，制為禁令，而一國人皆有服從之義務」。第二階段由秘密的習慣法演變為公佈的成文法。他說：「慣習雖經承認，禁令雖經屢行，……及夫統治作用漸進步，主治者以種種原因，不得不取前此慣習及禁令，泐為條文，而特命之以法律之名，使一國知所守，於是成文法者見焉。」第三個階段是單行的成文法發展成為有組織的法典。梁啓超認為最初的成文法不過是隨時隨事制定出的單行法而已，但隨著單行法的增多而又不得不「撮而錄之」後便形成了比較粗糙的法典，然後當「立法理論益進，於是根據學理以為編纂，凡法律之內容及外形，皆一定之原理、原則組織之，而完善之」時，才能形成真正的法典。〔註93〕對中國法律發展的階段

〔註91〕 梁啓超：《中國法理學發達史論》，《梁啓超全集》第三冊，北京出版社，1999年版，第1254～1255頁。
〔註92〕 梁啓超：《論立法權》，《梁啓超全集》第二冊，北京出版社，1999年版，第795～796頁。
〔註93〕 梁啓超：《論中國成文法典編制之沿革得失》，《梁啓超全集》第三冊，北京出版社，1999年版，第1282～1283頁。

經過細緻的考察之後，梁啓超發現自戰國之前及兩漢到明清時期的成文法都有以下幾大缺點：一是法律種類不備，其主要表現爲私法部分的全部闕如與國家根本組織法的憲法未能成立；二是法律之固定性太過，「一切法律關係，實則仍遵慣習及判例等以爲衡，……而實際上之效力，反甚薄弱。此何以故？則以法律與社會之鴻溝太相懸絕也。」三是法典之體裁不完善，主要表現爲法典範圍不確定、主義不一貫及綱目無秩序；四是法典之文體不適宜，原因無非是「解釋家雖有之而不能盛」、「法律學殆見排斥於學界以外」以及「法文中所含學理本不富」。〔註94〕

其次，梁啓超極力宣導中國應該加強立法建設，以獲得「新治」的成功。在《論立法權》一文中，梁啓超認爲，作爲國家意志體現的立法是衡量一個國家文明程度高低的主要因素。西方國家的政治之所以優於中國，其中最重要的原因就是西方國家的立法比較發達。他說：「泰西自上古希臘，即有所謂長者議會（Yerontes），……十八世紀以來，各國互相仿傚，愈臻完密，立法之業，益爲政治上之第一關鍵，覘國家之盛衰強弱者，皆於此焉。」〔註95〕同時，中國變法屢不見成效的一個重要原因就是立法不健全。如果不及時設置立法部，完善立法，再過數年或數十年，變法同樣也會以失敗告終。由於不設立法部專司其事，一方面會出現今日上一奏，明日下一諭，不明就裏者歡欣鼓舞，以爲維新之治可以立剋實現的幻覺；另一方面則會導致「條例錯亂，宜存者革，宜革者存。宜急者緩，宜緩者急，未見其利，先受其敝」的惡果。與中國不設立法部所帶來的弊端相比，西方法律的優點也是通過設立立法部而體現出來的。用梁啓超的話說就是「其所以成其美者，有本原在也。本原爲何？曰立法部而已。」〔註96〕更爲重要的是，梁啓超在他的法治思想中還重點論述了立法權與行政權的相互關係問題、立法權的歸屬問題以及國會制度（立法部）的建設問題等內容，從而極大地豐富了他的法治思想。關於立法權與行政權相互分立及其歸屬問題，他雖在《各國憲法異同論》、《立憲法議》、《盧梭學案》等諸多文章中都有相關的論述，但在《論立法權》一

〔註94〕梁啓超：《論中國成文法編制之沿革得失》，《梁啓超全集》第三冊，北京出版社，1999年版，第1284～1316頁。

〔註95〕梁啓超：《論立法權》，《梁啓超全集》第二冊，北京出版社，1999年版，第795頁。

〔註96〕梁啓超：《論立法權》，《梁啓超全集》第二冊，北京出版社，1999年版，第796頁。

文中，梁啓超以分權思想爲依據，從法學角度對這一問題進行了更爲專業的
闡釋，重點突出了設立立法部的必要性和重要性。他認爲中國自古以來君相
之所以「憚於改措」，民間之所以「莫敢代謀」，一個主要的原因就是君主專
制政體歷經千年而未曾發生過實質性的改變，而法律也是「純爲命令的元素，
絲毫不含有和議的元素」。所以，建立立法部並且實現立法與政務的分權是振
興中國立法事業的不二法門。爲此，梁啓超以西方國家的政治實踐及孟德斯
鳩的分權理論爲依據，重申了立法與行政「二者宜分不宜合」的觀點。在他
看來，權力在本質上具有內在的擴張性，如果不對其進行合理的劃分和制約，
就必然會導致損害國家和個人利益的結果。而「立法、行政二權，若同歸於
一人，或同歸於一部，則國人必不能保其自由權」。因爲「如政府中一部有行
法之權者，而欲奪國人財產，乃先賴立法之權，欲定法律，命個人財產，皆
可歸之政府，再借其行法之權，則國人雖欲起而與爭，亦力不能敵，無可奈
何而已。」西方政治之所以優良發達，是因爲實行了立法、行政相互分立及
制衡。與西方這種「行政之事，每一職必專任一人，授以全權，使盡其才以
治其實，功罪悉以屬之，……以立法、司法兩權相爲犄角」的責任政府不同，
中國「本並立法之事而無之，則其無分權，更何待言」，其制度設計雖然也講
究牽制防弊之法，但它僅僅是「皆同其職而掣肘之，非能釐其職而均平之」，
其效果也只能是「以防侵越相牽制也，而不知徒相掣肘，相推諉，一事不舉，
而弊亦卒不可防。」〔註97〕所以，立法和行政的分權，乃是形成政治郅治的
重要源泉，劃清立法之權而注重之，則是中國政治革新的重要途徑。至於立
法權的歸屬問題，梁啓超以邊沁的理論爲依據，認爲作爲政治本源的立法決
定著國民能否得到幸福以及得到幸福的人數，因此爲了保障多數人的最大利
益，立法權應歸屬多數國民。另一方面，因爲國家是由億萬民眾結合而成的，
國民的幸福，也就是國家的幸福，所以立法權屬於人民，不僅爲「國民個人
之利益而已，而實爲國家本體之利益」。〔註98〕

　　1902 年的《論立法權》一文中主要闡述了中國設立立法部（國會制度）
的必要性和重要性問題。在 1910 年《中國國會制度私議》一文中則對世界各

〔註97〕梁啓超：《論立法權》，《梁啓超全集》第二冊，北京出版社，1999 年版，第
　　　796 頁。
〔註98〕梁啓超：《論立法權》，《梁啓超全集》第二冊，北京出版社，1999 年版，第
　　　797 頁。

國國會制度的利弊以及關於法理學方面的是非曲直作了深入的評論，並結合
中國的國情，精心設計了能夠適用於中國的國會制度。在這篇著作中，梁啓
超開宗明義地指出國會是區別專制政體與立憲政體的唯一標識，世界上各立
憲國雖然都有國會，但國會的具體建設都要依據各國的國情：「國會組織之方
法若何，許可權之範圍當若何，此細目適否之問題也，一國之所獨也。……
但其國會之內容，無一國焉，能與他國悉從同者，豈非以歷史慣習之互殊，
現存事實之各別，其勢固有不容盡相師者耶。」〔註99〕就國會職權的廣狹和
強弱而言，由於各國在法文（以憲法爲依據）上的規定、政治上的沿革、國
民意識狀況以及其他機關的職權狀況等方面的不同，所以各立憲國的國會職
權也不盡相同。但總體上來看，「立法事業，故非國會所得專，國會之權，亦
非限於立法。雖然，立法爲國會最重大職權之一。」〔註100〕具體而言，國會
的立法權包括參與改正憲法之權和參與普通立法之權。關於國會參與改正憲
法之權，梁啓超比較並評價了各國的法制及其得失狀況後，提出了國會參與
修改憲法的應有權力，主張把憲法修改案的提案權分給君主與國會兩院，至
於憲法改正案的議決權，鑒於各國之法有敝，乃「自倡一法」，「先以付現議
會之議決，可決之後，復解散之而組織新議會，爲第二次之議決」，如果現議
會予以否決，「則此提案自同消滅；其再提議，當待來年，而議會可以不解散」。
這樣便不會有提議一出，必須立即解散之弊。如現議會可以議決，則憲法的
改正「爲民所欲，已可概見。」至於憲法修正案的裁判權，「其在君主國，則
君主也。在共和國，則全體國民或代表全體國民之國會也。……共和國之國
民投票，與君主國之君主裁可，其性質正同，皆最高機關之作用也。我國爲
君主立憲國，則憲法改正案必待裁可後完成，此無待言。」〔註101〕關於國會
參與普通立法之權，梁啓超指出各國國會參與普通立法之權「可分爲兩大主
義，一曰概括主義，二曰列舉主義。概括主義者，渾括言之，凡名爲法律者，
皆須國會之議決也。列舉主義者，將須經國會議決之法律條項，一一列舉與
憲法之中，其不列入者，國會皆不得議決。」通常情況下，一般國家都採取

〔註99〕梁啓超：《中國國會制度私議》，《梁啓超全集》第四冊，北京出版社，1999
年版，第 2108 頁。

〔註100〕梁啓超：《中國國會制度私議》，《梁啓超全集》第四冊，北京出版社，1999
年版，第 2164 頁。

〔註101〕梁啓超：《中國國會制度私議》，《梁啓超全集》第四冊，北京出版社，1999
年版，第 2166～2170 頁。

概括主義，而在聯邦國，則採取列舉主義。〔註102〕梁啓超認爲，我國作爲一個單一制國家，應當採取概括主義而不是列舉主義，但是「惟省議會之立法權，應採取列舉主義，除所列舉外，其留保權，皆存諸中央。」同時，「憲法爲國家之基礎法，自由其體裁，不當以宏旨之條件入之，且致基礎法或以小故而動搖。」加之我國幅員遼闊，五方宜異，憲法更應該總攬大綱，非可毛舉細故，其不應以憲法占法律之餘地又甚明。〔註103〕最後，梁啓超概括了國會參與立法的範圍：「一、除憲法所已規定之範圍外；二、除君主命令權之範圍外；三、除各省律令權之範圍外。其所餘者，及國會的參與之權也。」總之，在梁啓超看來「憲法既貴簡單，多留餘地以待普通法律，彼兩種權者又法律之支與流裔，而法律則必須經國會參與者也，則我國會所當有之參與立法權，其廣大可概見矣。」〔註104〕

關於國會的組織設置問題，梁啓超在比較了各國國會組織設計後認爲，根據中國當時的國情，國會組織應當採用二院制。首先，他認爲代議制雖非完美無缺，但它卻是現在所有之最良之制度，因爲「代議制度之精神，其一則在以國民全體之意思，爲國家之意思也。其二則在使之能以適當之方法，發表其意思也。爲達第一目的，則不可不使社會各方面，皆有代表人。爲達第二目的，尤不可不設置適當之機關，以調和代表人之意見，而二院制者，皆應於此二目的之必要而起者也。」〔註105〕自英國的代議制確立兩院制之後，歷經數百年的發展而成爲歐美國家爭相仿傚的對象，其之所以能夠侵淫傳遍於世界各地絕非偶然，實乃出於使國家發達之目的。而在當今的世界各國當中，除少數國家外，大部分國家的國會也都實行兩院制，其名稱有的稱爲上院和下院、第一院和第二院、貴族院和平民院等不一而足。在梁啓超看來，世界各立憲國之所以大都實行兩院制，其原因是它有以下方面的好處：「一曰可以免國會之專橫也」；「二曰可以防輕躁之行動也」；「三曰可以調和國會與

〔註102〕梁啓超：《中國國會制度私議》，《梁啓超全集》第四冊，北京出版社，1999年版，第2170頁。

〔註103〕梁啓超：《中國國會制度私議》，《梁啓超全集》第四冊，北京出版社，1999年版，第2176頁。

〔註104〕梁啓超：《中國國會制度私議》，《梁啓超全集》第四冊，北京出版社，1999年版，第2180頁。

〔註105〕梁啓超：《中國國會制度私議》，《梁啓超全集》第四冊，北京出版社，1999年版，第2114頁。

他機關之牴觸也」；「四曰可以使優等之少數者得機會以發揮其能力於政治上也」。與兩院制的這些優點相比，其缺點是「議事遲緩也，國費增加也，有少數壓多數之虞也，卻統一也。」〔註106〕但是，根據「兩害相權取其輕，兩利相權取其重」的原則及中國的具體國情，中國的國會應該實行兩院制。其具體原因一是當時的中國「既爲君主國自不能絕對的無所謂特別階級者存在，既有此特別階級，雖其勢力範圍不大，故不可不謀所代表之法」。且中國除本部外，尚有蒙、藏兩大區域，如果「使國會議員純由人民平等選舉一法產生，則此兩部者，將永見屏於國會之外，非所以保國家之同一也。」原因之二是我國既非聯邦制國家，且幅員遼闊、國情複雜、各省利益衝突較多，非有代表加以調和不可。所以，爲了避免在選舉中大省的利益遮蔽小省的利益，應該「於比例人口以行選舉之一院外，尤必須有平等代表各省之一機關，然後兩者相濟，而適得其平。」〔註107〕至於左院（上院）和右院（下院）的具體設置，梁啓超在比較各國的兩院制的設置後認爲，根據中國國情和揚棄創新（即「凡爲彼所獨有而我所無者則棄之，凡爲彼我所共有者則採之，凡爲我所獨有而彼所無者則創之。」〔註108〕）的原則，中國既不能「以左院代表貴族」，也不必「以左院代表富族」，而是應該設皇族議員、代表各省的議員、敕選議員、代表蒙藏的議員。對於右院（下院）之組織，由於「各國右院之設，皆平等代表全國國民」，所以「必以人民所選舉之議員組織而成」，但是其選舉方法則各有不同。從各國的歷史來看，人民選舉議員的權利，「既不能絕對的無限制，所當問者，其限制條件之多寡嚴寬而已。」而「被選舉之資格，其制限恒視選舉權爲寬」，具體包括財產限制、年齡限制、住所限制、職業限制。但是，總體來看，由於被選舉權的限制，有消極的條件，所以「政治能力之豐嗇，與貨殖絕無關係，故財產制限可不立。而既爲眾望所歸者，自必非不辨麥菽之徒，故教育程度制限可不立。」〔註109〕選舉方法則有直接選舉和間接選舉兩種，而我國則應採取間接的選舉方法比較合適。

〔註106〕梁啓超：《中國國會制度私議》，《梁啓超全集》第四冊，北京出版社，1999年版，第2114頁。

〔註107〕梁啓超：《中國國會制度私議》，《梁啓超全集》第四冊，北京出版社，1999年版，第2115頁。

〔註108〕梁啓超：《中國國會制度私議》，《梁啓超全集》第四冊，北京出版社，1999年版，第2121頁。

〔註109〕梁啓超：《中國國會制度私議》，《梁啓超全集》第四冊，北京出版社，1999年版，第2143頁。

　　最後，梁啓超通過對法治主義與中國歷史上的放任主義、人治主義、禮治主義、勢治主義的比較，進一步重申了他的「法治主義爲今日救時唯一之主義」的主張。梁啓超將中國的法治思想分爲「新派」思想和「舊派」思想，認爲以儒家、道家、墨家爲代表的「舊派」法律思想雖然在表現方式上不同，但本質上都是用一種神話的自然法加以推導和演繹。由於儒家主張「惟知人民眞公意之人，宜爲立法者。而能知人民眞公意者，惟聖人。故惟聖人宜爲立法者也」，所以，儒家所宣導的法律觀念「不得不以君主立法主義與保守主義相結合」。道家的法律觀念以「無法爲觀念者。既以無法爲觀念，則以無觀念之可言」。而墨家所謂人民的總意也是「終不可得見」，它也不能成爲立法之標準。總之，在梁啓超看來，以儒、道、墨爲代表的「舊派」未能抓住法的本質，對法的理解比較隨意、多變和表面化，最後都陷入「以人代法」的誤區。這和近代以來以「天賦人權」爲基礎的法律觀念相差甚遠。與此相反，起於春秋中葉，大盛於戰國時期的「新派」法治思想既是富國強兵之本，又是中國歷史前進中的必然產物。他說：「當時交通既開，兼併盛行，小國寡民，萬不足以立於物竟界。故大政治家，莫不取殖產主義與軍國民主義，即所謂『富國強兵』者是也。而欲舉富國強兵之實，惟法治爲能致之。」〔註110〕然而，法治主義在其發展的過程中，受到了放任主義、人治主義、禮治主義及勢治主義的挑戰，使其經歷了一個坎坷的發展過程。梁啓超指出，放任主義者主張的「以不治爲治」，要麼必須以人無欲望爲前提，要麼以道德和良知來規約人們的行爲。但事實是人不可能無欲望，道德也「只能規律於內，不能規律於外；只能規律一部分之人，不能規律全部分之人。」〔註111〕所以，規約人們行爲的是法律而不是道德；人治主義是「英雄萬能，聖賢萬能」之觀念發展的表現，也是人們對英雄聖賢在國家建設中的作用過份誇大的結果。但是，「能大造於國家者，非僅恃英雄聖賢自身之力，而更賴有法以盾其後也。」〔註112〕況且，在人類發展史上，「賢至不肖者鮮，惟中人最多，有法則賢者愈賢，而中人亦可以循法而不失爲賢；無法則惟賢者能賢，中人則以靡法可循而

〔註110〕梁啓超：《中國法理學發達史論》，《梁啓超全集》第三冊，北京出版社，1999年版，第1280頁。

〔註111〕梁啓超：《中國法理學發達史論》，《梁啓超全集》第三冊，北京出版社，1999年版，第1270頁。

〔註112〕梁啓超：《中國法理學發達史論》，《梁啓超全集》第三冊，北京出版社，1999年版，第1270頁。

即於不肖，此立憲與專制得失之林也。前此所言，皆謂人治之不能久，而法治之可以常也」〔註113〕；禮治主義雖然在中國歷史上有很重要的地位，但禮作為一種制裁力，它是以勸導為主的一種「社會制裁」，而不是「國家的制裁力」。所以，當人們的責任心和道德心薄弱的時候，禮是無法發揮其制裁力的作用。為了確保秩序和增進幸福，必須在道德心之外，施之以國家的制裁力——法；勢治主義與法治主義一樣，雖然都需要依靠強制力，但它卻主張以勢壓人和絕對的強制，並且講究先有權後有法，而法治主義是先有法後又權，權力受法律制約，法律通過相應的權力得以貫徹。對於法治和勢治的具體區別，梁啓超指出：「勢也者，權力也，法治固萬不能捨權力，然未有法以前，則權力為絕對的；既有法之後，則權力為關係的。絕對的故無限制，關係的故有限制。權力既有限制，則受制於權力下者，亦得確實之保障矣。」〔註114〕通過對法治主義與歷史上的放任主義、禮治主義、人治主義及勢治主義的比較，梁啓超最後得出了這樣一個結論：「法治主義對於放任主義，則彼乃不治的，而此乃治的也。其對於人治主義，則彼乃無格式的，而此乃有格式的也。其對於禮治主義，則彼乃無強制力的，而此乃有強制力的也。其對於勢治主義，則彼乃無限制的，而此乃有限制的也。此法治主義之位置也。」〔註115〕

總體來看，梁啓超的法治思想雖不盡完善，有些地方甚至自相矛盾，距離體系化和理論化的法學理論也有一定的距離，但在他的法治思想中，我們還是能夠體會到梁啓超對法律的重視與宣傳及對專制體制的批判與否定，它構成了梁啓超憲政思想的主要內容，同時也點燃了近代中國法治思想的星星之火。

三、清末憲政改革期間梁啓超的君主立憲主張

在日俄戰爭與國內反清鬥爭的雙重刺激下，清政府根據考察憲政大臣的上奏，決定於 1906 年 7 月進行預備立憲，聲稱數年後查看民智，再定實行立憲。這道立憲上諭明確地表達了統治階級希望通過自上而下的革新來實現自

〔註113〕梁啓超：《中國法理學發達史論》，《梁啓超全集》第三冊，北京出版社，1999年版，第 1271 頁。
〔註114〕梁啓超：《中國法理學發達史論》，《梁啓超全集》第三冊，北京出版社，1999年版，第 1279 頁。
〔註115〕梁啓超：《中國法理學發達史論》，《梁啓超全集》第三冊，北京出版社，1999年版，第 1280 頁。

我改造和自我救贖，進而達到化解統治危機與重塑統治權威之目的。清政府宣佈預備立憲後，立憲派歡欣鼓舞，「奔走相慶，破涕爲笑。旬月之間薄海內外，歡呼慶祝之聲動天地。」〔註116〕此時與革命派論戰正酣的梁啓超更是激動不已，信心十足，在他寫給蔣智由的信中這樣描述道：「本年《叢報》中文不知公於意云何，計必當有異同；然弟頃迷信破壞後建設之不易，於前途甚兢兢焉。故不惜犯眾怒言之，仍欲得公一評判也。……今夕見號外，知立憲明詔已頒，從此政治革命問題，可告一段落，此後所當研究者，即在此過渡時代之條理如何。」〔註117〕在清末憲政改革期間，梁啓超爲了使國家能夠早日走上立憲政治的道路而四處奔走呼號。

（一）宣導政治革命，主張君主立憲

在清政府宣佈預備立憲後，梁啓超認爲中國已經沒有實行開明專制和預備立憲的必要，而是主張迅速立憲，建立君主立憲制度。爲此，他寫了一系列相關文章如《爲國會期限問題敬告國人》、《論請願國會當與請願政府並行》、《中國國會制度私議》、《責任內閣釋義》等來闡述他的君主立憲主張。在和革命派激辯的1906年，梁啓超又相繼發表了《開明專制論》、《申論種族革命與政治革命之得失》、《答某報第四號對於本報之駁斥》、《暴動與外國干涉》、《駁某報之土地國有論》、《現政府與革命黨》等文章，對革命派的政治主張進行猛烈攻擊，全面闡發了他的「政治革命」和「開明專制」思想以概括夯實他的君主立憲主張。例如，在《申論種族革命與政治革命之得失》一文中，梁啓超比較了「政治革命」和「種族革命」的差異及其它們與立憲之間的關係，他說：「政治革命者，革專制而成立憲之謂也。無論爲君主立憲，爲共和立憲，皆謂之政治革命。苟不能得立憲，無論其朝廷及政府之基礎生若何變動，而或因仍君主專制；或變爲共和專制，皆不得謂之政治革命。」而種族革命是「民間以武力而顛覆異族的中央政府之謂也。蓋苟非訴於武力，而欲得種族上之政權嬗代，則必其現掌政權者，三揖三讓以致諸我然後可，然此必無之事也。故非用武力，不能得種族革命，明也；而其武力苟未足以

〔註116〕《鄭孝胥張騫等爲在上海設預備立憲公會致民政部稟》，見中國第二歷史檔案館編：《中華民國史檔案資料彙編》第1輯，100頁，江蘇古籍出版社，1991年版。

〔註117〕丁文江、趙豐田：《梁啓超年譜長編》，上海人民出版社，2009年版，第240頁。

顛覆中央政府，則不成其爲革命，又無待言。」〔註118〕所以，人民以武力顛
覆中央政府不僅「與君主立憲制無一毫因果關係」，而且「與共和立憲制無一
毫因果關係」。「種族革命」不可能達到政治革命的目的，相反只能導致專制。
爲了避免種族革命所帶來的內亂和外國干涉，實現「政治革命」的唯一手段
是要求「欲爲政治革命者，宜要求而勿以爲暴動」。因爲變專制爲立憲，無須
觸動最高統治者的利益，只要矢志追求這一政治理想就可以了。他說：「如欲
爲政治革命也，則暫勿問今之高踞中央者爲誰何，翼其左右者爲誰何，吾友
也不加親，吾仇也不加怒，吾惟懸一政治之鵠焉，得此則止，不得勿休。……
然此猶言而已，若其實行，則對於彼而要索焉，如債權者之於債務者，不得
則盡吾力所能及，加相當之懲罰以使之警，此各國爲政治革命者之成例也。」
〔註119〕但是，通過「要求」的方式來實現立憲還必須具備一系列的條件：一
是通過「要求」的方式，使君主消除誤解，知道立憲的好處，即人們應該「爲
之委婉陳說，使知立憲於彼不惟爲害，而且有大利，則彼必將欣然焉，以積
極的觀念而欲立憲，於是立憲之幾動。」也就是說立憲的進行與人民的要求
和君主的統一密切相關：「君主之肯與不肯，固占一部分，然其肯與不肯，仍
在人民之求與不求。故人民之立憲，實能立憲之最要原因也。」〔註120〕二是
作爲立憲根本力量的人民，應該具備一定的「政治革命」的素質和能力，這
樣才能使一國中「大多數人知立憲，希望立憲，相率以要求立憲」。關於這一
點，梁啓超說道：「夫彼毫無政治智識，毫無政治能力者，不知要求爲何物，
不知當要求者爲何事，固無冀焉矣。若其稍有政治知識者，有不務自養成其
政治能力，且間接養成一般國民之政治能力，而爲惟醉夢於必不可致之事業，
奔馳於有損無益之感情，語及正當之要求，反避之若浼焉。夫是以能要求、
肯要求者，舉國中竟無其人也。夫彼絕無智識無能力者，不足責焉，若夫稍
有智識者，且可以有能力者，而亦如是，則亡國之惡因，非此輩造之誰造也。」
〔註121〕三是人民在要求立憲時還必須懂得一定的方式方法。其方法一是「其

〔註118〕梁啓超：《申論種族革命與政治革命之得失》，《梁啓超全集》第三冊，北京出
版社，1999 年版，第 1644 頁。

〔註119〕梁啓超：《開明專制論》，《梁啓超全集》第三冊，北京出版社，1999 年版，
第 1482 頁。

〔註120〕梁啓超：《申論種族革命與政治革命之得失》，《梁啓超全集》第三冊，北京出
版社，1999 年版，第 1656 頁。

〔註121〕梁啓超：《申論種族革命與政治革命之得失》，《梁啓超全集》第三冊，北京出
版社，1999 年版，第 1663 頁。

所要求者，必須提出條件。苟無條件，微論彼不知所以應，即應者，仍恐其不正確也」；方法二是人民所提出的要求，必須是能夠實現的要求，否則，和宣戰沒有什麼區別；方法三是作爲最後武器的「濟變之手段」不到萬不得已是不能利用的，而「用之必在要求不見應之後，且所施者限於反抗此要求之人，不然，則刑罰不中，既使彼迷惑，而有罪者反不知其罪也。」〔註122〕

與梁啓超「政治革命」思想緊密相連的是他的「開明專制」主張。在梁氏看來，由於今日中國既不能實行共和立憲，又沒有條件實行君主立憲，所以只能實行「開明專制」作爲實現立憲政治的必由之路。這樣經過若干年的開明專制時代，再「移於立憲，拾級而升」，既充分準備了立憲的施政機關，又能在緩和衝突中鍛鍊了國民的政治素質。關於這一點，他在《開明專制》一文中說的非常清楚：「吾所論我國民對於現政府所當行者，本有兩大方針：一曰勸告，二曰要求。……所勸告者在開明專制，而所要求者在立憲，所要求者在立憲，其理由不待解釋而自明。而所勸告者則曷爲在開明專制，吾既確信共和立憲萬不能行，行之則必至亡國。而又信君主立憲之未能遽行，行之則弊餘於利，而徒瀆憲政之神聖。」〔註123〕所以，當日中國，捨開明專制之外，再也沒有其他的救國之道可供選擇了，而君主立憲也只能在實行開明專制後的十年二十年才能實現。當清政府宣佈預備立憲之後，梁啓超認爲中國從此進入一個新的歷史時代。在這個時代中，再也不能從事熱烈的「叫號」、「掃蕩」、「破壞」；也無需實踐「開明專制那樣的過渡階段，而只要以心平氣和的態度進行學理的研究，並監督和參與政府的有序變革就可以了。在和友人討論當時時政的書信來往中，梁啓超含蓄地表達了上述想法。他說：「弟所謂開明專制，實則祖述筧克彥氏之說，謂立憲過渡民選議員未成立之時代云爾。日本太政官時代之政體，即弟所謂開明專制，而公所謂憲胚非有二物也。弟之用此名則有所激而言，弟持論每喜走極端，以刺激一般人之腦識，此亦其慣技耳。」〔註124〕由此可見，梁啓超的「政治革命」與「開明專制」主張，反映了他的立憲思想中的內在矛盾——既主張立憲政治，又怕破壞現有的政

〔註122〕梁啓超：《申論種族革命與政治革命之得失》，《梁啓超全集》第三冊，北京出版社，1999 年版，第 1661 頁。

〔註123〕梁啓超：《開明專制論》，《梁啓超全集》第三冊，北京出版社，1999 年版，第 1621 頁。

〔註124〕丁文江、趙豐田：《梁啓超年譜長編》，上海人民出版社，2009 年版，第 240 頁。

治秩序；既想實現君主立憲，又怕國民沒有掌握立憲的智慧，結果只能是將實現立憲政治的希望寄託在以最高統治者答應人民要求而建立的開明專制上。究其本質而言，梁啓超還是希望通過現政權的強有力的人物，運用專制手段，把國家引上憲政軌道，這一點與其後來短暫地支持袁世凱政權的理論依據是一脈相承的。

（二）組織政治社團，運作立憲政治

在清末憲政改革期間，梁啓超還通過組織政治團體的行動將他的政黨政治主張運用到立憲實踐當中。作爲立憲政治重要組成部分的政黨政治是梁啓超憲政思想的重要內容之一。在清末憲政改革之前，梁啓超在一些文章，如《記日本一政黨領袖之言》、《論俄羅斯虛無黨》中對政黨問題都有所論及。在清政府宣佈預備立憲後，伴隨著國內政治環境的緩和與寬鬆，梁啓超乘機提出了組織政治社團的主張，並聯合楊度、熊希齡等人進行具體的活動。丁文江在《梁啓超年譜長編》中描述了當時他們組織政治社團的情形：「十月二十八日，先生曾致蔣觀雲一書，其時先生正屏居須磨怡和別莊，據該書所言，先生對這次改革雖也表示不滿，但是並未消極，而且進一步主張組織政黨，以督促之，推進之。……從這時候起，先生變聯合楊皙之、蔣觀雲，徐佛蘇、熊秉三諸公進行組黨事，直至明年春夏間，始以楊、蔣、徐三氏意見之不合，終於各行其是。以後楊氏自組憲政公會，先生便和蔣、徐諸氏創辦政聞社，這是後來的事。」〔註125〕對於組織憲政會，梁啓超是寄予厚望的。他希望通過憲政會來統一立憲派的力量，使其成爲一個能夠監督政府和推動立憲改革的全國性政黨，且能夠與革命派的鬥爭中取得一定優勢，以爭取憲政活動能夠按照他們的設想進行。他在寫給康有爲的信中這樣定位憲政會的鬥爭策略以及鬥爭目標：「今者我黨與政府死戰，猶是第二義；與革命黨死戰，乃是第一義。有彼則無我，有我則無彼。然我苟非與政府死戰，則亦不能收天下之望，而殺彼黨之勢，故戰政府亦今日萬不可緩之者也。」〔註126〕經過一段時間的準備，政聞社的機關報《政論》月刊於 1907 年 10 月 7 日公開出版，梁啓超在第一號上發表了由其執筆撰寫的《政聞社宣言書》和《政聞社社約》。

〔註125〕丁文江、趙豐田：《梁啓超年譜長編》，上海人民出版社，2009 年版，第 242 頁。

〔註126〕丁文江、趙豐田：《梁啓超年譜長編》，上海人民出版社，2009 年版，第 245 頁。

在這份洋洋灑灑長達數千言的宣言書中，梁啓超認為造成中國今日之「政府
梦督於上，列強束脅於外，國民怨讟於下，如半空之木，復被之霜雪，如久
病之夫」的罪魁禍首就是政府。因此改造政府便成為拯救國家不二法門。但
是改造政府既不能依靠政府本身，也不能指望於君主，只能靠國民及由國民
組成的團體。「故各國無論在預備立憲時，在實行立憲後，莫不汲汲焉務所以
進其國民程度而助長之者。然此事業誰任之，則惟政治團體。用力常最勤，
而收效最常捷也。」〔註127〕除此之外，《政聞社社約》還明確地宣佈了它的政
綱、宗旨及其實行方法。其政綱有四：一為實行國會制度，建設責任政府；
二為釐定法律，鞏固司法權之獨立；三為確立地方自治，正中央和地方之許
可權；四為愼重外交保持對等權力。政聞社宗旨有三：一為確定立憲政治，
使國人皆有參與國政之權；二為對於內政外交，指陳利害得失，以盡國民對
於國家之責任心；三為喚起國人政治之熱心，增長政治上之智識與道德。具
體實行辦法亦有三：一為編撰，以此發行有力之雜誌、日報，及適用之書籍
等；二為交通及調查，交通各內地輸入政治上之學識，及通告政治上之利弊，
又調查其關於政治上一切之事；三為建議及警告，關係國家重要之事，申告
政府。〔註128〕在完成了各項準備工作之後，於1907年10月17日在東京神田
區錦輝館召開成立大會。政聞社在其存續期間雖然遭到革命黨人的排斥及其
內部的矛盾鬥爭等因素的影響，使其活動能量大打折扣，但不可忽視的一個
事實是它在1907～1908年的國會請願活動中，扮演了極為重要的角色。

除此之外，梁啓超還希望通過和其他社團的聯合來發展立憲派的實力，
以便更好地推動憲政改革。例如，在他寫給楊晢之的信中這樣說道：「夫今日
民黨其力之單已甚，非統一不能有勢力，此我輩夙所主張者……。苟他黨不
從實力上進行，或其內部之結合部鞏固，然天然淘汰自不能以生存，不久則
必潰散，而其分子之良者，必改和而優勝之派。」〔註129〕隨著政聞社活動影
響的不斷擴大，清政府於1908年8月13日下了查封令，雖然清政府列出的

〔註127〕梁啓超：《政聞社宣言書》，《梁啓超全集》第三冊，北京人民出版社，1999
　　　　年版，第1711頁。

〔註128〕《政聞社宣言書》《政聞社社約》，見中國史學會編《辛亥革命》第四冊，105
　　　　～116頁，上海人民出版社，1959。轉引自張海鵬、李細珠：《中國近代通史》
　　　　第五卷，江蘇人民出版社，2006年版，第284頁。

〔註129〕丁文江、趙豐田：《梁啓超年譜長編》，上海人民出版社，2009年版，第258
　　　　頁。

查禁理由有些誇大其詞的感覺，但它從另一個角度也反映了政聞社在當時的影響力：「近聞沿江沿海暨南北各省設有政聞社名目，內多悖逆要犯，廣斂資產，糾結黨類，託名研究時務，陰圖煽亂，擾害治安，若不嚴行查辦，恐將敗壞大局。著民政部、各省督撫、步軍統領、順天府嚴密查訪，認眞禁止，遇有此項社夥，即行嚴拿懲辦，勿稍疏縱，致釀巨患。」〔註130〕在清政府的嚴加查辦下，正式成立不到一年的政聞社也就此關門大吉。關於政聞社被查封的原因，當時的《申報》這樣記述：「十七日降諭嚴治政聞社原因，已錄昨報，近聞此事之主動者，係南洋二百埠華僑請願書所致。上月中舊金山中華帝國憲政會總長康有爲、副長梁啓超聯合海外二百埠僑民上請願書，主張十二大請願，內有撤簾歸政，盡裁閹宦，遷都江南，及改大清國號爲中華國數款，最爲政府所駭怪。某日退值後，各樞堂即會同憲政館政務處會議，某邸謂朝廷銳意憲政，即擬開設國會，使人民參與國政，亦斷不容有此荒謬請求，致擾大局。某中堂謂中華帝國憲政會遠在海外，難於解散，惟沿海各省份設政聞社與梁啓超有關係，不如先查政聞社爲下手之地。各堂多以爲然，越數日，即擬嚴拿社夥之旨。」〔註131〕從清政府的查封令以及當時媒體對查封原因的分析，我們可以看出政聞社的政治活動及其影響力在當時應該是很大的。

（三）辦報立說，鼓吹立憲改革

在清末憲政改革期間，梁啓超還通過創辦報紙與著書立說等方式來宣傳他的立憲理念，以實際行動來推動立憲運動的發展。在政聞社解散之後，梁啓超一邊著書立說、宣傳君主立憲思想，一邊還「遙控指揮」一些志同道合之士分赴各省，勸導各省諮議局聯合呈請政府限期召集國會。1909 年 12 月，當各省諮議局代表在上海成立國會請願同志會時，梁啓超立即派徐佛蘇參加這一團體並讓其常駐上海，同時還爲徐佛蘇制定了活動策略：「注意聯絡資政院諮議局之各議員，使其一面努力發言，一面運動縮短立憲年限。」在徐的努力活動下，各省議員「輾轉傳觀，至爲信仰」。徐佛蘇也在《梁任公先生逸事》中記述了梁啓超在幕後的指導活動：「自政聞社被封禁後，清大員如奕劻、張之洞、袁世凱諸人，深恐民氣激昂，流爲革命，乃請清主頒佈『預備九年

〔註130〕《光緒宣統兩朝上諭檔》第 34 冊，162 頁。轉引自張海鵬、李細珠：《中國近代通史》第五卷，江蘇人民出版社，2006 年版，第 284 頁。

〔註131〕丁文江、趙豐田：《梁啓超年譜長編》，上海人民出版社，2009 年版，第 309 頁。

立憲』之上諭，並創設憲政編查館，專司預備立憲各事。……梁先生聞余北上，欣慰無極，指導余進行之手箚，約計三日必有一通，而當時彼此生計之窘，及亡國之悲觀，不堪言喻。且先生在神戶迭因不能履行債務契約，日夕難眠，尤無錢購紙出報，迭囑余在京籌湊小款濟急。余雖係致貧之人，然以平日安貧仗義之血忱，當能見信於朋友。故余旋京僅數月，幸能迭次借款匯東。此可見昔年彼此訂交，純係道義的互助，且余之奮鬥救國，不謀生計，純係爲先生之精誠及道學所激勵者也。」〔註132〕丁文江在《梁啟超年譜長編》一書中描述了梁啟超在第二次國會請願期間的活動。他說：「這次上諭（1910年11月4日清政府應資政院、諮議局和各省督撫之要求，諭令宣統五年召集國會——作者注）頒佈以後，國會請願代表中除少數人外，仍覺不滿，並擬繼續運動，非達到即開國會之目的不止。是時先生的主張尤堅決，以即開國會爲唯一的目標，……自國會請願運動發生以來，先生就極端表示同情，所以除暗中主持和鼓勵外，在言論方面尤積極讚助。國會請願同志二次請願失敗以後，先生曾撰兩文：一篇是《論政府阻撓國會之非》（《國風報》第十七號），一篇是《爲國會期限問題敬告國人》（同上書第十四號）。對於國會必須速開之理由，不速開之危險，和政府諸公無理阻撓之失職各點，討論非常詳盡。此外先生尚有《國會期限問題》和《立憲九年籌備案恭跋》兩篇文章，也都是討論國會期限問題的。」〔註133〕

梁啟超在運作推動立憲活動的同時，還撰寫了《諮議局許可權職務十論》、《國會期限問題》、《論政府阻撓國會之非》、《資政院章程》、《評資政院》、《將來百論》等富有見地的政治性文章來闡釋他的速開國會主張。在梁啟超看來，中國之所以要盡快開國會，其理由是「圖治尚爲第二義，而救亡乃第一義」。〔註134〕但他也清醒地意識到，清政府所推行的立憲改革雖然在發達國人政治、法律思想等方面做出了一定的貢獻，但在具體的操作方面依然有很多不足，大大影響了憲政改革的效果。由於清政府對專制與立憲的區別還沒有眞正的掌握，所以對如何劃分中央與地方的許可權、設置資政院與諮議局

〔註132〕丁文江、趙豐田：《梁啟超年譜長編》，上海人民出版社，2009年版，第326頁。

〔註133〕丁文江、趙豐田：《梁啟超年譜長編》，上海人民出版社，2009年版，第333～334頁。

〔註134〕梁啟超：《論政府阻撓國會之非》，《梁啟超全集》第四冊，北京出版社，1999年版，第2268頁。

的機構及許可權、制定國會召開的具體實踐等一系列問題依然不能很好地解決。梁啓超認為，區別立憲與專制的不同是實施立憲改革的前提，議會的有無及其運行狀況則是判定真假立憲政治的重要依據：「立憲之所以異於專制者，全在議會之有無，議會之為物，或稱之為意思機關，或稱之為監督機關，要其精神，凡以施限制與執行機關而已。」〔註135〕所以軍機大臣們所說的「論議院之地位，在憲法中只為參預立法之一機關耳。其與議院相輔相成之事，何一不關重要，非盡議院所能參預。而議院一開，即足竟全功而臻郅治，古今中外，亦無此理」的論點是根本站不住腳。因此，清政府要想實施真正的君主立憲政治，必須搞清楚以下四個問題：「第一，憲政二字，當作何解釋乎？第二，九年籌備案於國會有何種之因果關繫乎？第三、無國會而所謂憲政者果可得籌備乎？第四、現政府與其所謂憲政者果嘗籌備乎？」〔註136〕在此基礎上，清政府在主導立憲改革時還應注意以下問題：國會與資政院諮議局、國會與調查戶口、國會與編纂法典、國會與司法獨立、國會與巡警、國會與地方自治、國會與官制官規、國會與清理財政、國會與國民課本、國會與變通旗制、國會與審判院、國會與弼德院、國會與憲法、國會與議院法選舉法、國會與人民程度等十五個問題。〔註137〕然而，清政府對立憲的搪塞拖沓以及對國民請願活動的敷衍打擊，使他迅速召開國會和實行君主立憲政治等政治主張一一落空。失望之餘的梁啓超利用自己創辦的《國風報》展開了對時弊的針砭，希望達到提高國民教育水準的目的。在《蒞報界歡迎會演說辭》一文中，梁啓超回顧經營《國風報》的情形：「最近乃復營《國風報》，專從政治問題為具體之研究討論，思灌輸國民以政治常識，初志亦求溫和，不事激烈，而晚清政治令日非，若惟恐國之不亡而速之，劌心怵目，不復能忍受。自前年十月以後至去年一年之《國風報》，殆無日不與政府宣戰，視《清議報》時代殆有過之矣。猶記當舉國請願國會最烈之時，而政府猶日思延宕，以宣統八年、宣統五年等相搪塞。鄙人感憤既極，則在報中大聲疾呼，謂政府現象若仍此不變，則將來世界字典上，決無復以宣統五年四字連署成一名詞者。

〔註135〕梁啓超：《諮議局許可權職務十論》，《梁啓超全集》第四冊，北京出版社，1999年版，第2220頁。

〔註136〕梁啓超：《論政府阻撓國會之非》，《梁啓超全集》第四冊，北京出版社，1999年版，第2269頁。

〔註137〕梁啓超：《論政府阻撓國會之非》，《梁啓超全集》第四冊，北京出版社，1999年版，第2269～2274頁。

此語在《國風報》中凡屢見，今亦成預言之讖矣。」〔註138〕然而，歷史的發展似乎超出了梁啓超的想像，國內革命形勢的迅猛發展使清政府主導的憲政改革日漸成爲「水中月，鏡中花」，而早先對此抱有熱切希望並欣喜若狂地投入其中的梁啓超最後也只能寫下這樣一首詩來表達他的心情：百萬金錢一掃中，殺淫貪孽並誣攻。似聞怨敵飛章上，又報田園割地空。李廣數奇應宿業，藏倉力阻亦天功。安危出處關中國，日月光明貫白虹。〔註139〕

〔註138〕丁文江、趙豐田：《梁啓超年譜長編》，上海人民出版社，2009 年版，第 327 頁。

〔註139〕丁文江、趙豐田：《梁啓超年譜長編》，上海人民出版社，2009 年版，第 346 頁。

第四章 徘徊中的選擇：梁啓超的共和立憲思想

清政府在憲政改革中的敷衍與推脫使其喪失了自我救贖的最後機會。中央權威的徹底墜落讓早先「潛伏」於社會當中的各種政治力量得以釋放並積極地參與到當時的政治博弈之中，以分享革命勝利的成果。辛亥革命發生後，遠在日本的梁啓超清醒地認識到：中國即將面臨一場巨大的歷史變革和史無前例的鬥爭。當他為了實現君主立憲而制定的「用北軍倒政府，立開國會，挾以撫革黨」與「和袁、慰革，逼滿服漢」〔註1〕鬥爭策略徹底落空後，便懷揣著「天若祐中國，我行豈徒然。待我佛衣還，理我舊桃園」的抱負，於 1911年 11 月 6 日踏上了回國的旅程，重新投入到了新的鬥爭當中去。

一、梁啓超的民主共和思想

辛亥革命後，中國正面臨著「舊政權崩潰之後，如果沒有哪一個集團已經準備好而且能夠建立一套有效的章法的話，那麼，眾多的集團和社會勢力就將為權力而展開角逐。這種角逐又導致爭相動員新的集團投入政治，從而使革命升級」的危險。〔註2〕為了避免「權力真空」所帶來的社會混亂，建設

〔註 1〕 關於鬥爭方針的詳細內容可參見丁文江、趙豐田著：《梁啓超年譜長編》，上海人民出版社，2009 年版，第 360～363 頁。

〔註 2〕 〔美〕塞繆耳‧亨廷頓：《變化社會中的政治秩序》，王冠華等譯，上海世紀出版集團，2008 年版，第 223 頁。學者張朋園則認為，辛亥革命後，中國進入了以革命派、立憲派和舊勢力為代表的三元競爭的交錯時代。在競爭中，立憲派先是選擇了與舊官僚妥協的策略，但爾後和革命黨一道遭到了舊勢力的排擠。而舊勢力在袁世凱死後，也陷入了分裂混戰的局面。這種中央權威墜落與軍閥混戰的局面則為近代中國思想界的「萬花齊放、百家爭鳴」提供了社會條件。參見張朋園：《梁啓超與民國政治》，吉林出版集團有限責任公司，2007 年版，第 1～3 頁。

一個能給中華民族帶來希望的「新中國」已成爲社會各層共同的心願。而「坐而言，立而行」的梁啓超，又投入到新一輪的國家出路探索的征程當中。

（一）「虛君共和」的設想與失敗

辛亥革命發生後，中國適合建立哪種政體成爲擺在國人面前一個非常嚴肅而緊迫的問題，如果新選擇的政體適合中國國情的發展要求，就有可能實現國富民強的目標，否則，仍將陷中國於災難之中。辛亥革命發生後，遠在海外的梁啓超在寫給袁世凱的一封信中談到了選擇政體和國體的重要性和緊迫性，他說：「顧竊欲進一言者，禍變至此，今後戡亂圖治，必須視全國多數意向，雖有非常之才，苟拂輿情，終無善果……今惟有於北京、武昌兩地之外，別擇要區，如上海之類，速開國民會議，合全國人民代表，以解決聯邦國體、單一國體、立憲君主政體，共和政體之各大問題，及其統一組織之方法條理。會議結束，絕對服從，庶幾交讓精神得發生，分裂之禍可免。」〔註3〕在這種情勢之下，國體與政體的選擇問題成爲當時人們關注的一個焦點。關於國體（聯邦制、單一制）的選擇，一部分人從中國的國情（主要是自然地理狀況）、省情（主要是省與省之間的相互關係）、民情（主要是各民族之間的關係）等方面出發，認爲中國應該學習美國，採用聯邦制；而另一部分人則以聯邦制能夠助長地方觀念，既不利於國家統一，又不能建立一個強有力的政府等爲由，認爲在中國不能建立聯邦制。針對這些爭論，梁啓超在比較分析了德國、美國、瑞士等國的聯邦制之後認爲，由於歷史上沒有實行聯邦制的基礎，中國一旦貿然採取聯邦制，就會使中央與地方的許可權劃分不清，很容易導致各省的衝突以及邊疆的動亂，所以在中國不適合採用聯邦制。而對於政體選擇問題，梁啓超認爲中國與其選擇民主共和制，還不如確立英國式的虛君共和政體。針對當時全國秩序擾攘和輿論紛繁的情形，他還專門撰寫了《新中國建設問題》一文，從理論上就如何解決中國所面臨的困境提出了自己的意見。這篇長文的中心思想就是試圖說服革命者及立憲派同仁接受他提出的虛君共和主張，贊成在中國建立暫時性的「虛君共和制」作爲過渡，以避免由於國體和政體的選擇不當而引發的社會動亂。

在《新中國建設問題》的序言和上篇中，梁啓超指出，與發動革命以破

〔註3〕 丁文江、趙豐田：《梁啓超年譜長編》，上海人民出版社，2009 年版，第 367 頁。

壞舊秩序相比，建設一個新秩序則顯得更爲艱難也更爲迫切。他說：「今者破壞之功，已逾半矣，自今以往，時勢所要求者，乃在新中國建設之大業，而斯業之艱巨，乃什百於疇曩，此非一二人之智力所能取決，實全國人所當殫精竭慮以求止於至善者也。」〔註4〕鑒於新中國建設中的複雜性和迫切性，人們應該對單一國體和聯邦國體的不同及它們的優劣進行區別，這樣更有利於人們在這兩種國體之中進行選擇。在梁啓超看來，主張聯邦國體論的人認爲中國幅員遼闊、交通不便以及各省利益關係不同且相互競爭，所以實行聯邦國體不僅有利於國家的治理和培養人民的愛省愛國心理，而且可以避免蒙、回、藏、疆等少數民族地區的分裂和平息各省的利益爭端。而在反對聯邦國體的人看來，聯邦制具有削弱中央的權力、助長人們的地方觀念、妨礙國家的統一、容易養成人們厭惡政治的惡習等缺點。但在梁啓超看來，如果中國真能以聯邦爲基礎，「然後置完全中央政府於其上」，且能夠出現「政治之密度增，人民之幸福進」的話，那麼聯邦制可以成爲建設中國的一條備選道路。但事實卻是中國由於「幅員之廓，治具之疏」，所以有些人提出的「聯邦國不過單一國之過渡」的主張，其實也只能看作是一種權宜之計，實施起來有一定的困難。他說：「吾前既言之矣，聯邦國不過單一國之過渡，究極必求趨於單一，求之而未得，乃以聯邦爲一時權宜，故聯邦云者，必前此僅有群小國，本無一大國，乃聯小以爲大也。若前此本有一大國，乃剖之爲群小，更謀聯之爲一大，微論不能，即能矣，而手段毋乃太迂曲，吾平素所以不敢持聯邦論者以此也。」〔註5〕總之，聯邦制對中國來說只是一種理想而已，它沒有實現的必要和可能。與此相反，「吾今日所要求者，首在得一強固統一之中央政府。」中國實行單一國體是必然的，而聯邦制總不能使人「釋然」，也是不可採納的。

在這篇文章的下篇「虛君共和政體與民主共和政體之問題」一節中，梁啓超首先指出，在「新中國之當採用共和政體，殆以成爲多數之輿論」的情況下，爲了更好地選擇適合中國的政體，人們首先應該對千差萬別的共和政體及其利弊做出審慎的辨別。他對所謂的「人民選舉終身大統領之共和政

〔註 4〕 梁啓超：《新中國建設問題》，《梁啓超全集》第四冊，北京出版社，1999 年版，第 2433 頁。

〔註 5〕 梁啓超：《新中國建設問題》，《梁啓超全集》第四冊，北京出版社，1999 年版，第 2435 頁。

體」、「不置首長之共和政體」、「人民公舉大統領，而大統領掌握行政實權之
共和政體」、「國會公舉大統領而大統領無責任之共和政體」、「虛戴君主之共
和政體」、「虛戴名譽長官之共和政體」等做了詳細的比較後認爲，「人民選舉
終身大統領的共和政體」可以稱之爲「共和專制政體」，它是諸種共和政體中
最爲不好且常常被人厭惡的一種；「人民公舉大統領而大統領掌行政實權」的
共和政體雖是中國人最爲羨慕的一種，但由於它只能在像美國那樣的聯邦國
家實行，而萬萬不能在單一國實行。所以，如果中國貿然地仿行，「非惟不能
致治，而必至於釀亂」；而「不置首長之共和政體」則只能在那些小國寡民的
國家（像瑞士）才能實行；而法國所實行的那種「國會公舉大統領而大統領
無責任」的共和政體雖然強於美國，但它還是沒有英國的君主立憲政體好，
所以中國也不能採納。「虛君共和制」雖然稱不上最好的政體，但與其他諸種
政體相比較，則「圓妙無出其右者」。在梁啓超看來，「虛君共和政體」有一
位立於萬民之上的世襲君主，但這種政體還有其他政體不可比擬的優點，首
先，在這種政體下「政無大小自內閣出，內閣則必得國會多數信任於始成立
者也，國會則由人民公舉，代表國民總意者也，其實際與美、法等國之主權
在民者絲毫無異，故言國法學者，或以編入共和政體之列。」〔註6〕其次，這
種政體中的「國會之權，如彼其重也，而內閣總理大臣，惟國會多數黨首領
爲能屍之，故國會常爲政府之擁護者，國會之權，即政府之權也，然則政府
之權力，亦除卻使男女易體外，無一事不能爲也，所謂強有力政府也，莫過
是矣。」〔註7〕基於上述這兩點，梁啓超認爲「虛君共和政體」不僅可以避免
民主共和政體帶來的「大統領既與政府同體，且同受權於國民，國會不能問
其責任，……政府不能列席國會，不能提出法案於國會，不能解散國會」以
及「國會計劃之，而政府執行之，兩不相接，而各有推諉」等弊病，而且還
可以幫助國家應付日益激烈的競爭，避免國家勢力日益減弱。〔註8〕

　　然而，在梁啓超看來，這種在理論上最適合中國的「虛君共和政體」卻
不能在中國遽即採用，而只能是有條不紊地實施。關於中國不能立即實行「虛

〔註 6〕　梁啓超：《新中國建設問題》，《梁啓超全集》第四冊，北京出版社，1999 年版，
　　　　　第 2441 頁。
〔註 7〕　梁啓超：《新中國建設問題》，《梁啓超全集》第四冊，北京出版社，1999 年版，
　　　　　第 2442 頁。
〔註 8〕　梁啓超：《新中國建設問題》，《梁啓超全集》第四冊，北京出版社，1999 年版，
　　　　　第 2441 頁。

君共和的原因，梁啓超喟歎到：「三百年間戴異族爲君主，久施虐政，屢失信
於民，逮於今日，而今此事殆成絕望，貽我國民以極難解決之一問題也。……
夫國家之建設組織，必以民眾意向爲歸。民之所厭，雖與之天下，豈能一朝
居。嗚呼，以萬國經驗最良之虛君共和制，吾國民熟知之，而今日殆無道以
適用之，誰之罪也？是眞可爲長太息也！……夫民主共和制之種種不可行也
既如彼，虛君共和制之種種不能行也又如此，於是乎吾新中國建設之良法殆
窮。夫吾國民終不能以其窮焉而棄不建設也，必當思所以通之者。」〔註9〕即
使梁啓超認爲中國還不能立即實行「虛君共和」，但在他提出「虛君共和」的
主張後，還是派人到國內外四處聯絡，希望有所成就。然而，由於政治立場
和利益訴求的不同，這一建設「新中國」的主張也未能受到革命派的重視。
而梁啓超寄予厚望的袁世凱，還是一貫的虛與委蛇，別有他圖，最終也沒能
指望上。隨著南京臨時政府成立及南北議和的達成與清帝的退位，「虛君共和」
的主張也就落了個壽終正寢的結果。羅癭公在寫給梁啓超的信中這樣描述「虛
君共和」在當時的遭遇，其中的悲傷、無奈和失落之感可以說是溢於言表：「日
來共和政體已決定，君主議論已漸滅無餘，京中報館並改變言論，所向持君
主論者，僅資政院議員所開《民視報》耳，僅數百紙，不足輕重也。……項
城挾以爲與難磋商之據，已電知孫氏，此說最近之，所稱日日發表者，非無
困也。『虛君共和』名稱，長者創之，成爲一種議論，袁辭爵折，竟以此名辭
入告，已奇矣。近日報中常發現『虛君共和』字樣，謂將來發表爲虛君共和。
其字面則同，其內容絕非，蓋宣佈共和後，仍留此虛君號以存舊君名義耳，
非虛君共和政體也。不意長者費多少心血，供他人塗飾耳目之用，至可歎也。」
〔註10〕此種無助的感歎也許只有梁啓超及其同僚感知得最爲眞切。梁啓超的
這一政治主張在當時遭到這樣的冷遇，其實有著深刻的原因。從淵源上來看，
梁啓超對「虛君共和政體」主張的提出在很大程度上首先是受康有爲的影響
和啓發。「虛君共和」本是康有爲在辛亥革命發生後，其矛盾心理的直接表露。
當革命發生時，他將矛頭指向昔日的政敵，堅持認爲革命不僅會帶來社會的
動亂、民生的凋敝，而且還會引來外國軍事的干涉，所以「虛君共和」才是

〔註9〕 梁啓超：《新中國建設問題》，《梁啓超全集》第四冊，北京出版社，1999 年版，
　　　　第 2442～2443 頁。
〔註10〕 丁文江、趙豐田：《梁啓超年譜長編》，上海人民出版社，2009 年版，第 383
　　　　～384 頁。

避免專制、維持秩序的最好途徑；當清王朝大勢已去，革命成功已成定局時，康有爲在其《共和政體論》中抛出了「以共和爲主體，而虛君爲從體。故立憲猶可無君主，而共和不妨有君主」的論調以應付局勢，康有爲在當時的所作所爲以及在思想學術上的江郎才盡，一定程度上使梁啓超的這一主張受到牽連；其次，梁啓超對君主立憲制的情有獨鍾，也是他在情感上應和「虛君共和」的另一個原因，骨子裏其實並不想在中國眞正地實行這一政體；最後，梁啓超對當時國內政治局勢的誤判也是「虛君共和」主張遭到冷遇的另一個重要原因。在他看來，革命形勢雖然猛烈，但還不足以統一各種勢力，清政府雖然危在且夕，但卻不能立即崩盤。所以，「虛君共和」既是雙方都能接受，又是能夠維護社會秩序實現國家富強的一套「過渡方案」。但革命形勢的發展迫使梁啓超最終放棄「虛君共和」方案，轉而走向支持眞正的共和。

（二）共和建設方案的提出

1912 年 1 月，中華民國終於在各方政治力量相互博弈和較量中宣告成立，孫中山就任民國臨時大總統；1912 年 2 月 12 日，清朝最後一位皇帝宣佈退位，宣告了統治中國兩千多年的封建帝制就此終結；1912 年 3 月 10 日，清朝遺臣袁世凱在南北議和達成後在北京就任臨時大總統。面對讓人眼花繚亂的變化及各種建國之道的喧囂塵上，梁啓超把國家富強、民族復興的希望寄託於剛剛建立的民主共和國上。爲此，他專門撰寫了《中國立國大方針》一文來討論今後中國的建設問題。在文章的結論部分，梁啓超非常明顯地流露出了對民主共和支持擁護的態度：「若夫悲觀者流之說，睹此橫流，追原禍始，謂共和政體萬不能行於我國，至並以咎革命之非計，此其暗於事理，抑更甚焉。……夫今日我國以時勢所播蕩，共和之局，則既定矣，雖有俊傑，又安能於共和制之外而別得活國之途？若徒痛恨於共和制之不適，袖手觀其陸沉，以幸吾言之中，非直放棄責任，抑其心蓋不可問焉矣。夫爲政在人，無論何種政體，皆以國民意力構造之而已。我國果適於共和與否，此非天之所能限我，而惟在我之自求。」〔註11〕接著，梁啓超又闡述了自己的共和建設設想。在他看來，剛剛建立起來的民國還處在百業待興的階段，所以在國家機構的權力劃分及其設置上還不能完全按照孟德斯鳩三權分立的辦法進行，而應該在立法

〔註11〕 梁啓超：《中國立國大方針》，《梁啓超全集.》第四冊，北京出版社，1999 年版，第 2507 頁。

與行政相輔相成的基礎上更加凸顯行政權的作用，這樣才能使人們在重視「國權主義」的過程中，努力建設新生的共和國。為此，他用「物競天擇，適者生存」的進化論為依據，指出在這個眾多國家都爭相想成為「世界國家」的時代，只有那些以「國家為本位」而進行建設的國家，才能成為真正的「世界國家」，同時，也只有那些以「國家為本位」的國家才能在競爭中生存下來並取得發展。

那麼，中國怎麼做才能成為世界性的國家呢？梁啟超的答案是實行「保育政策」與建立「強有力的政府」。他說：「欲使我國進為世界的國家，此非坐而可以至也，必謀所以促進之者，於是保育政策尚焉。何為保育政策，對放任政策言之者也（保育政策或稱為干涉政策，以干涉二字失其本意且不典，故易今名）。」〔註12〕中國之所以要通過實行「保育政策」進而達至「世界的國家」，究其原因有以下幾點：一是中國的國民程度還不發達。無論在政治方面，還是在生計方面國民都得依靠國家的督率：「國家保育之分際，當以國民發達程度為衡。發達在幼稚之域者，其所需保育之事愈多，愈進焉，則其事愈減，而此後保育遞減之率，恒視前此所已施之保育為反比例。」〔註13〕二是為了限制特權階級和保障多數人在競爭中維護自己的權利與自由，就得有「一種最高之權力，立乎一般人民之上，抑強扶弱，匡其泰甚者，以誘掖其不逮者」。〔註14〕三是出於生產事業及國家建設的需要。二十世紀是一個競爭的時代，一個國家的國民與其他國家的國民打交道時，必須得依靠國家的力量作為後盾，而關稅的保護、產業的獎勵、城市的建設、金融機構、移民問題的解決等都得依靠「保育政策」的解決；四是出於革除專制，實行真正共和的目的需要。在他看來，一個國家實行保育政策還是放任政策，必須依據國家的具體情況。然而，我國國情與歐洲不同，歐洲因繁苛而革命，中國因廢弛而革命，因此歐洲實行的是放任政策，而我國應當實行保育。他說：「吾國政治之弊，不在繁苛而在廢弛。夫繁苛者，專制之結果；而廢弛者，放任之結果也。緣專制之結果而得革命，則革命後當藥之以放任，歐洲是也。緣放任之結果而得革命，則革命後當藥之以保育，吾

〔註12〕　梁啟超：《中國立國大方針》，《梁啟超全集.》第四冊，北京出版社，1999 年版，第 2491 頁。
〔註13〕　梁啟超：《中國立國大方針》，《梁啟超全集》第四冊，北京出版社，1999 年版，第 2492 頁。
〔註14〕　梁啟超：《中國立國大方針》，《梁啟超全集》第四冊，北京出版社，1999 年版，第 2492 頁。

國是也。」〔註15〕五是出於維持社會秩序，推動社會建設的需要。在梁啓超看來，辛亥革命從表面上看，不僅是政治革命和種族革命，而且還是一次思想上的革命。在革命中，由於流行千餘年的公共信條、社會組織之基礎等將漸次發生比較大的變化，所以人們不免有痛心疾首、惶駭怨嗟之感。如果這種變化太快太激烈的話，社會將會面臨失去秩序的危險。他說：「大抵今日大患，在全國民距心力發動太盛，而向心力失其權衡，非惟政治上爲然也，即道德習俗，莫不皆然，無以節此，必至社會性全然澌滅，何以爲國？……建設新社會組織，無以致之，而下手之方，則首在舉整嚴肅之政治亦範鑄斯民。保育政策之精神，如斯而已！」〔註16〕從這些言論中我們可以看出梁氏「保育政策」的實質猶如今天的「政府干涉主義」，講究的是反對自由放任，主張擴大政府職能，由國家對社會經濟、政治發展、政策實施等方面進行干預和控制，其目的爲了防止「權力眞空」和「無政府狀態」的出現，以保證革命後社會秩序的維持和國家政治生活的穩定。

與「保育政策」緊密相連的是梁啓超提出的「政黨內閣」和「強有力政府」。等主張。在梁啓超看來，辛亥革命後，中國既然已經實行共和，那麼就應當把她建設成爲一個具有世界性的共和國。世界性國家的建設，就要依靠保育政策的實施，而要推行保育政策，則需要一個以政黨內閣爲中心而建立起來的強有力政府。即他給出的共和建設的邏輯是：政黨內閣→強有力政府→保育政策→世界性國家。用他的話說就是「我國非採政黨內閣制，無以善治。」〔註17〕梁啓超認爲，政黨內閣有完全與不完全之分。一國內多黨，只有聯合政黨組閣，才可以勉強地實行政黨政治。但是政黨太多，則容易造成黨爭，所以稱之爲不完全政黨政治。一國兩黨，一黨執政，一黨在野監督，可實行完全政黨政治。英國的兩黨政治是歷史最久、成就最大的完全政黨政治，所以中國應該仿行英式的政黨內閣。政黨內閣制的好處主要體現在以下幾個方面：第一，政黨內閣制中的國會可以發揮監督作用，防止政府部門的專橫，這樣才能實現立憲政治。他說：「立憲政體之發生，本由人民憤行政

〔註15〕 梁啓超：《中國立國大方針》，《梁啓超全集》第四冊，北京出版社，1999 年版，第 2493 頁。

〔註16〕 梁啓超：《中國立國大方針》，《梁啓超全集》第四冊，北京出版社，1999 年版，第 2494 頁。

〔註17〕 梁啓超：《中國立國大方針》，《梁啓超全集》第四冊，北京出版社，1999 年版，第 2503 頁。

部之專橫，而思別設一機關以制裁之，即國會是也。……故在今世界中數強有力之政府，則未有能比英國者也。而推原其故，則皆出於政黨內閣之賜英之政體，所以獨出冠時蓋坐是也。」〔註18〕第二，內閣中議員有一定的任期，時間一到，就要進行改選，這樣可以防止議員利國會多數之後援以恣行秕政：「議員任期一定，閱數年輒改選焉，內閣如有失政，則改選之時，政府黨勢力必墜而過半數爲敵黨所制矣，……國會誠有無上之權，而其權受諸國民，是則無上權仍恒存於多數國民之手也，故政黨內閣者，民權之極軌也。」〔註19〕第三，政黨首領經過篩選淘汰，勝出者要麼是才略優異者，要麼是道德過人者。這保證了政黨之首領不得不效忠於黨，也斷不敢以一己之行爲，損全黨之名譽。第四，政黨內閣，雖非十全十美之設置，但比起那些以損害多數人的利益而滿足少數人的利益的政府要好的多。他說：「凡政黨未有不以利國、福民爲職志者也，……而在非政黨內閣，則常以少數者之利福犧牲多數者之利福，甚或以個人之利福犧牲全體之利福，以視政黨、內閣之徇多數，其失之不更遠矣？」〔註20〕第五，政黨內閣的好處，還在於它具有「彈性」，能在運行當中修正自身的不足和缺點。因爲兩黨的競爭與更替，使得失敗的一方能夠及時調整自己的政策以便獲取更多的支持，這樣國利民福就會更進一步。他說：「於斯時也，民心亦漸厭舊慣、思易新謀，議院中在野黨之勢力，必日加增，及其確制多數則知窮而思變之時至矣。於是行內閣交替，以一新政界之壁壘，俾他種福國、利民之政策得以實施，故甲黨與乙黨代興，而國利、民福進一步焉，及乙黨與甲黨代興，而國利、民福又進一步焉。如是相引以至無窮，治之所以蒸蒸也。夫非政黨內閣，則安得有此。」〔註21〕既然政黨內閣有這麼多的優點，而且也是建設強有力政府和使中國成爲世界性共和國的前提條件，那麼怎麼才能更好地建設政黨內閣呢？在梁啟超看來，建設政黨內閣需要做的事情雖多，但首先是要做好以下幾件事：第一，要確立

〔註18〕　梁啟超：《中國立國大方針》，《梁啟超全集》第四冊，北京出版社，1999 年版，
　　　　　第 2501 頁。
〔註19〕　梁啟超：《中國立國大方針》，《梁啟超全集》第四冊，北京出版社，1999 年版，
　　　　　第 2501 頁。
〔註20〕　梁啟超：《中國立國大方針》，《梁啟超全集》第四冊，北京出版社，1999 年版，
　　　　　第 2502 頁。
〔註21〕　梁啟超：《中國立國大方針》，《梁啟超全集》第四冊，北京出版社，1999 年版，
　　　　　第 2502 頁。

政治信條。因爲我國從五千年的專制經由革命一躍而成爲共和國，如果「舊
信條橫亙胸中，新信條未嘗熏受」，那麼要想讓剛剛建立起來的共和國取得圓
滿發達的成果就顯得非常困難。爲此，新組建的內閣成員應該由政見相同的
人組成、選舉必須嚴格遵守規則、會議必須禁止動用武力等，這樣才有利於
新信條的形成和內閣的正常運轉；第二，要釐正政黨觀念。因爲「政黨之爲
物，實吾國前次所未有，我國民於其性質極其作用，尚多昧焉，非先釐正此
觀念，則健全之政黨，恐未由見也。」〔註 22〕釐清政黨觀念的具體做法是既
要排除僞政黨，又不能以卑鄙的手段妨礙其他政黨的活動，同時還要防止小
黨的分裂活動。第三，要牖進國民程度。建設共和國，主要依靠國民，所以
國民程度的高低，直接決定著共和國的前途。他說：「我國政界前途之希望，
惟視政黨內閣之能否成立。然政黨內閣，其最健全之後援，實在國民，非有
健全之國民，安得有健全之政黨？非有健全之政黨，安得有健全之政黨內閣？
然則爲國家計，爲政黨計，捨訓練國民何以哉？」〔註 23〕而牖進國民程度就
要輸進國民政治常識、引起國民政治興趣以及激勵人們的政治道德。對於什
麼是「強有力政府」，梁氏是從兩方面去界定的：一是根據中央與地方之權的
賦予關係。地方之權由中央賦予者，可稱爲「強有力政府」，而中央之權由地
方賦予者，則不是「強有力政府」；二是根據立法部門與行政部門之關係。如
果是「行政府人員，自立法府出，而與立法府融爲一體者，其最強有力者也」，
相反，如果是行政人員「非自立法府出，而能得立法府多數之援者，其次強
有力者也；與立法府劃然對峙，而與立法事業，絲毫不能參與者，其非強有
力者也；並行政事業，猶須仰立法府之鼻息者，其最非強有力者也」。〔註 24〕
據此，梁啓超在比較分析美國、法國等國的立憲政治的基礎上，提出了在中
國建設「強有力政府」的基本宗旨，表達了在「強有力政府」的治理下，實
現國家統治有序化的強烈願望。「國家之置政府，非以美觀也，將以治事焉，
故人民之對於政府也，宜委任之，不宜掣肘之；宜則成之，不宜猜忌之，必
號令能行於全國，然後可責以統籌大局；……我國歷年廢弛之餘，國家威信，

〔註 22〕 梁啓超：《中國立國大方針》，《梁啓超全集》第四冊，北京出版社，1999 年版，
第 2504 頁。
〔註 23〕 梁啓超：《中國立國大方針》，《梁啓超全集》第四冊，北京出版社，1999 年版，
第 2505 頁。
〔註 24〕 梁啓超：《中國立國大方針》，《梁啓超全集》第四冊，北京出版社，1999 年版，
第 2494 頁。

久以墜地，重以新丁破壞之後，秩序全破、國家結合力至薄弱，儳焉若不可終日者耶，故建設強有力之中央政府，實今日時勢最大之要求，稍有常識者諒所同認也。」〔註25〕

以上是梁啓超在「虛君共和」主張失敗後，提出的建設民主共和的具體措施。通過對「保育政策」、「強有力政府」及「政黨內閣」具體內容的分析，我們依然能夠體會到梁啓超對社會秩序與國家權威的重視。因為在他看來，辛亥革命的勝利，雖然打倒了舊有的專制權威，但剛剛建立起來的民主共和國還不足以整合各種政治勢力，也不能讓國民眞正地享受共和國的政治生活，所以必須通過實行「保育政策」，才能建立起一個足以維持社會秩序的「強有力的政府」，才能在有序的政治生活中慢慢經營共和國的事業。

二、梁啓超的政黨政治觀

研究者普遍認為，政黨政治與憲政建設之間存在著非常密切的關係。在現代國家政治生活中，政黨往往被看成是憲政體制的推動者和實踐者。政黨不僅深刻地影響一個國家憲政制度的形成和變遷，還在一定程度上促進了民主價值的實現。政黨之於立憲政治的意義，誠如美國學者古特曼所指出的那樣：「憲法規定的統治結構實質上依靠政黨的數量、政黨的性質及內部構造、圍繞著政治價值觀政黨間的差距、政黨對國民每個人日常生活滲透度或支配程度而定。」〔註26〕關於政黨與立憲建設之間的關係，梁啓超也有著深入的分析。早在清末憲政改革期間，梁啓超就曾組織政聞社藉以推動立憲運動的發展。當政聞社被清政府以危害社會秩序的藉口查封後，他轉而積極地與國內立憲派人士取得聯繫，又組織了憲友會並隨之成為該會的理論指導者。及至民國肇建，為了與黨勢日增的國民黨在抗衡中實現他的政黨內閣主張，梁啓超便在憲友會的基礎上進行了組黨與合黨等活動，並藉以踐行他的政黨政治理念。〔註27〕

〔註25〕 梁啓超：梁啓超：《中國立國大方針》，《梁啓超全集》第四冊，北京出版社，1999 年版，第 2500 頁。

〔註26〕 〔美〕阿米·古特曼等：《結社理論和實踐》，吳玉章等譯，生活·讀書·新知三聯書店，2006 年版，第 67 頁。

〔註27〕 關於民國初年梁啓超的組黨、合黨等活動可參見李喜所、元青著：《梁啓超傳》人民出版社，2010 年版，第 255～257 頁。張朋園先生也對梁啓超在民初的政黨政治活動進行了較為詳細的描述，認為梁任公組黨合黨的目的主要是為了和改組後黨勢大增的國民黨相互抗衡，而踐行其政治理念卻居於第二位。參見張朋園著：《梁啓超與民國政治》，吉林出版集團有限責任公司，2007 年版，第 22～54 頁。

（一）對政黨與立憲政治之關係的論述

　　袁世凱就任民國臨時大總統後，梁啓超在一封回袁的信中就財政、政黨等問題提出了自己的想法，建議袁世凱聯合舊立憲派和革命派中分化出來的具備一定政治思想和政治追求的人士組成一大政黨，藉以在黨爭中擊敗國民黨。他說：「政黨之論，今騰喧於國中。以今日民智之稚，民德之漓，其果能產出健全之政黨與否，此當別論。……健全之大黨，則必求之舊立憲黨，與舊革命黨中之有政治思想者矣。雖然，即此兩派人中，流品亦至不齊，又出於熱誠死生以之者，有善趨風氣隨聲附和者。善趨風氣之人，不能以其圓滑而謂爲無用也。政黨道貴廣大，豈能限以奇節，先後疏附，端賴此輩，多多益辦，何嫌何疑。」〔註 28〕同年，梁啓超在《中國立國大方針》一文中，對政黨及政黨內閣寄予厚望，認爲要建設完全之共和國，如果沒有政黨與政黨內閣的話，最後只能落下必敗無疑的結果。1912 年 10 月，他在《蒞共和黨歡迎會演說辭》與《蒞民主黨歡迎會演說辭》中，分別對共和黨與民主黨在立憲政體中的政治作用給予高度的評價，並對它們的發展現狀及將來之責任寄託了很高的期望。在《蒞共和黨歡迎會演說辭》中，梁啓超基於共和黨人在憲政國家建設進程中的奮鬥事蹟，將其稱爲中國「最有歷史和最有價值之大政黨」。認爲它在推翻專制政治、整合國內力量、組黨建制及防止小黨分裂等方面做出了巨大的貢獻。然而，在贊揚共和黨人所做貢獻的同時，梁啓超還給共和黨人提出了更高的期望：應該把將來的建設大業——政治之公開作爲它的首要責任和義務。在梁氏看來，專制政治與立憲政治最大的區別之一就是後者實行政黨政治，追求政治之公開，要求國家除外交之外的一切行政、立法、財政等都要經過人民的公議和議決後才能公佈和執行。他說：「政治公開之原則，實由各國先民積多少年之經驗認此爲改良政治之不二法門。故其民不惜嘔心瀝血，必求得之而後即安。歷觀各國革命史、立憲史，其所爲犧牲一切以求易得者，捨此更有何物，而今日中華民國之政治，果已採公開主義耶？……所得果何物者，趣一國政治之軌，使向于此第一原則以進行，此共和黨不可辭之責任也。」〔註 29〕除此之外，共和黨還應該將維護政治之統一作爲它的第二項重要責任。在梁啓超看來，長久以來我國僅有統一之名，

〔註28〕 丁文江、趙豐田：《梁啓超年譜長編》，上海人民出版社，2009 年版，第 401
　　　　 ～402 頁。

〔註29〕 梁啓超：《蒞共和黨歡迎會演說辭》，《梁啓超全集》第四冊，北京出版社，1999
　　　　 年版，第 2512 頁。

而無統一之實。這與西方國家在歷史上絞盡心力以求統一相反。如果讓民國建立後出現的分裂跡象繼續發展下去的話，那就會造成「全國支離破碎，人不瓜分我，而我先自瓜分」的危險。所以維護政治統一乃是共和黨義不容辭的第二大責任。最後，梁啓超還強調到，不管是何種黨派，都應該把愛國主義作爲第一黨義。他說：「凡言黨之進行而求貫徹其主張，第一事之現於腦際者，則愛黨是否即爲愛國一義是矣，大抵各黨對立，各有其所標之黨義，謂我爲獨是，謂彼爲盡非，以理而論，實不盡可通。要知凡政黨須以國爲前提，不以國爲前提，不足爲政黨，夫既以國爲前提，則所標之黨義，雖各有異同，要之，不謂之愛黨即愛國不可得焉。」〔註30〕同時，政黨如果要在貫徹其主張中有所作爲，還應該講求「意思之統一」和「行爲之統一」。從這些言論我們可以看出，梁氏倡言政黨政治的眞是目的不在實現民主政治，而在實現國家的統一與社會秩序的穩定。

　　在《蒞民主黨歡迎會演說辭》中，梁啓超又對政黨的目的及建黨之標準等問題進行了分析。他首先指出，政黨乃是最神聖、最高尚之共和國事業的有力推動者。國內逐步成長起來的共和黨、國民黨、民主黨等雖然都具有一定影響力，但是要把它們建設成爲眞正的政黨還面臨著一系列的困難。因爲，要建設眞正的政黨，必先制定政黨規範和政黨標準：第一，政黨必須有公共之目的。作爲具有一定人格（社會學而非法律上）的團體，政黨的公共目的乃是立黨之根本。即「凡爲政黨員者，必關除其個人之私目的以服從政黨之公目的，此政黨存立之根本要素也。」〔註31〕而當時中國的政黨所面對的現實是「分明政見不相同，而居然可以同黨，分明無意識之人，而亦居然加入黨中，幾令人不能知其公共目的之所在，若此結合，絕非以公共目的結合，乃以私目的結合者也。以私目的結合者，決不能謂之政黨」。〔註32〕所以，政黨的第一條標準就是黨員必須祛除個人之目的以服從政黨爲國爲民之公目的。第二，政黨必須具有奮鬥的決心。奮鬥精神既是保證黨員能爲天下之公理、國家之大計以及一黨之主義而努力奮鬥的動力，同時也是保證黨在黨爭

〔註30〕梁啓超：《蒞共和黨歡迎會演說辭》，《梁啓超全集》第四冊，北京出版社，1999年版，第 2513 頁。

〔註31〕梁啓超：《蒞民主黨歡迎會演說詞》，《梁啓超全集》第四冊，北京出版社，1999年版，第 2515 頁。

〔註32〕梁啓超：《蒞民主黨歡迎會演說詞》，《梁啓超全集》第四冊，北京出版社，1999年版，第 2515 頁。

中獲得勝利、造福國家和人民的條件之一。第三，凡政黨必須有整肅之號令。政黨號令乃是增強黨內凝聚力、統率黨員使之為政黨之目的奮鬥的旗幟。與美、英等國的政黨具有完整、嚴格的政黨綱領相比，中國今日之政黨，雖然機構齊全、人員齊備，但是相互之間的責任義務不明確，遇事各行其是，所以只有政黨之表，而無政黨之實。即今日之政黨「自外貌上觀之，固皆儼然有政黨之概，然自精神上觀之，則頗有一團散沙之懼，能否運用共和政治，尚屬疑問，原今之政黨員師法歐美之大政黨，而求整肅齊一之精神，以為政治上奮鬥之準備也。」〔註33〕第四，政黨必須有公正之手段。在梁啓超看來，合理公正的運作手段乃是政黨獲取國民支持，發展政黨勢力的重要途徑，用他的話說就是「若一黨結合於公共之目的，有奮鬥之精神，而復濟之以公正之手段，則一時黨勢雖小，終必大得國民之同情，而發達擴張其黨勢，況大政黨而能行之者乎？」〔註34〕第五，凡政黨必有犧牲之精神。犧牲精神既是防止黨員對立和黨勢分裂的必要條件，同時也是統一政黨行動，實現政黨目標的要素之一。第六，凡政黨必須具有優容之氣量。包容謙讓乃是政黨政治得以進行的基本要求，如果沒有了包容之氣量，立憲政治將會陷入無休無止的黨爭之中，往往落下一個魚死網破的結局。所以，「故凡為政黨者，對於他黨，不可有破壞嫉忌之心，且尤必望他黨之能發達，相與競爭角逐，求國民之同情，以促政治之進步。」〔註35〕從這兩篇演說辭中我們可以看出，梁啓超不僅在理論上對政黨政治有著深入的思考，同時對當時中國政黨政治所面臨的問題也有著清醒的認識。

（二）對政黨政治的總結與反思

自 1912 年 10 月回國後，隨著參與政治機會的日益增多，梁啓超對中國政黨政治的認識也是越來越深刻。在其先後撰寫的《共和黨之地位與其態度》、《政治上之對抗力》、《多數政治之實驗》、《敬告政黨及政黨員》等文章中，他對當時中國政黨政治運行狀況做了深入的分析和總結。例如，在《共

〔註33〕 梁啓超：《蒞民主黨歡迎會演說詞》，《梁啓超全集》第四冊，北京出版社，1999
　　　　年版，第 2517 頁。
〔註34〕 梁啓超：《蒞民主黨歡迎會演說詞》，《梁啓超全集》第四冊，北京出版社，1999
　　　　年版，第 2517 頁。
〔註35〕 梁啓超：《蒞民主黨歡迎會演說詞》，《梁啓超全集》第四冊，北京出版社，1999
　　　　年版，第 2518 頁。

和黨之地位與其態度》一文中，梁啓超對共和黨成立以來所做的工作及其遭遇進行了剖析，並對其後應該持的態度和注意事項做了說明。他指出，在過去的一年裏，共和黨爲了實現國家的統一和政治的改良而進行了艱苦努力，但是由於「政府中無一人不占籍於國民黨，無一人占籍於共和黨」，所以政府一旦有失，共和黨往往「代之受過」。爲了避免這種事情的一再發生，眞正地建設共和國之事業，共和黨在以後的工作中應該明確以下態度：一是應該具有鮮明的不依附、不遷就等態度；二是對於政府宜採取強硬的監督之態度；三是對於主義相近之政黨宜採取融合之態度；四是對於主義相遠之黨採取協商之態度。除此之外，在具體的工作中，共和黨還應該注意以下幾點：一要防止黨內分黨；二要做到萬事公開；三要黨員且勿自居於客體；四要戒黨員自由行動；五要黨議勿爭小節。〔註36〕在這裡，梁啓超雖然只是針對共和黨的運行現狀提出了這些要求，但從發展的眼光看，這些內容同樣也適合於他政黨之建設。基於此，我們不得不承認梁啓超政黨政治思想所具有的理論價值和時代價值。而《敬告政黨及政黨員》一文，不僅是梁啓超在實踐的基礎上對中國政黨政治的運行狀況所做的深刻反思，同時也可以看作是梁啓超政黨思想的集大成者。在這篇文章的開篇，梁啓超對政黨在立憲政治中的作用做了概括，重申了政黨乃是區分專制與立憲的重要指標之一這一觀點。在他看來，專制政體是不允許政黨存在的，而立憲政體，不管君主立憲還是民主共和，只有依靠政黨政治的運行才能稱之爲眞正的立憲。政黨與立憲的關係是「二者互相爲因，互相爲果」。梁氏認爲，如果沒有眞正的政黨存在而冒行立憲政治，其結果輕則是「流弊所極，必還於專制」，重則甚至是「洪水猛獸之烈禍豈足云喻」。〔註37〕而在《敬告政黨及政黨員》的上篇，梁啓超指出，由於深受「朋黨」思想的影響，當時的中國有政黨之名而無政黨之實，國人心目中的政黨和歐美立憲國中的政黨相去甚遠。在他眼中，「朋黨」與「政黨」雖然只有一字之差，但它們所產生的背景則是完全不同的；政黨是立憲政治發展的必然產物，是個人或團體爲了實現自身利益而相互博弈妥協的結果。即在立憲之國，「民眾既有發表意見之餘地，且有能使其意見發生效力之機

〔註36〕梁啓超：《共和黨之地位與其態度》，《梁啓超全集》第五冊，北京出版社，1999年版，第2591～2593頁。

〔註37〕梁啓超：《敬告政黨及政黨員》，《梁啓超全集》第五冊，北京出版社，1999年版，第2635頁。

關，則人人欲貫徹己所懷之意見以施諸有政，……於是必有其主觀略相同利害略相接者胥謀協進，而黨之形漸具焉。」〔註38〕朋黨則是在專制體制下，君主的權力遭到削弱的表現之一。在專制君主國，「國家之目的，非人民所得過問，管之者惟一君主耳。故其臣民惟庇於君主之下以求達其私目的，其欲得政權也。凡欲衣食於國家以遂其私也，故君主權威稍旁落，而朋黨即因緣以興。」〔註39〕更爲重要的是，「朋黨」與「政黨」的內涵和特徵也不同。政黨是「人類之任意的繼續的相對的結合團體，以公共利害爲基礎，有一貫之意見，用光明之手段爲協同之活動，以求佔優勢於政界者也。」〔註40〕與政黨相比，朋黨則有以下四特徵：一是以人爲結合之中心，而不是以主義爲結合之中心；二是不允許敵黨之存在；三是以陰險狡猾之手段進行競爭；四是黨內有黨，明爭暗鬥激烈；五是結合容易，離散也容易。〔註41〕在文章的下篇「中國政黨政治之前途」中，梁啓超對中國政黨政治的發展前景提出了一定的要求和看法，認爲中國既然已經建立了共和政體，將來無論實行總統制還是實行內閣制，政黨都理應成爲政治原動力的要素之一，因而中國政黨政治的前途就在於如何建設健全的政黨。健全的政黨一是要有合理健康的入黨標準；二是各黨在選舉中要有健康的黨綱黨義；三是要有能體現國民自由意志的眞正的選舉活動；四是要建設有健全的政黨機構；五是要建設合理的政黨競爭機制；六是各政黨要把國家的利害作爲其活動準則。在梁啓超看來，如果以上幾點建設不好的話，那麼中國政黨政治的前途是令人擔憂的。他說：「雖然今之中國，既已爲共和國體，立憲政體，雖有聖賢，雖有梟桀，亦豈能蔑棄政黨，而獨爲治者，謂今日之政黨不足與語，而共漠置之，是益以助朋黨之發育，而速國之亡已耳。」〔註42〕

〔註38〕梁啓超：《敬告政黨及政黨員》，《梁啓超全集》第五冊，北京出版社，1999年版，第2636頁。

〔註39〕梁啓超：《敬告政黨及政黨員》，《梁啓超全集》第五冊，北京出版社，1999年版，第2638頁。

〔註40〕梁啓超：《敬告政黨及政黨員》，《梁啓超全集》第五冊，北京出版社，1999年版，第2637頁。

〔註41〕梁啓超：《敬告政黨及政黨員》，《梁啓超全集》第五冊，北京出版社，1999年版，第2638頁。

〔註42〕梁啓超：《敬告政黨及政黨員》，《梁啓超全集》第五冊，北京出版社，1999年版，第2641頁。

　　以上是梁啓超對政黨的產生、政黨的功能、政黨的目的、政黨的黨綱、政黨在運作中應該注意的問題、如何建設健全之政黨以及政黨與立憲政治的相互關係等所做的論述。從這些論述中我們可以看出，梁啓超對政黨政治的關注和期望是很高的，也正是這樣的關注和期望構成了梁啓超政黨政治觀應有的價值和意義。但是，在經過一段時日的努力，尤其是當他經歷了黨競失敗，體會了黨內種種事務的糾紛之後，梁啓超對中國的政黨政治大感失望，甚至萌生了放棄政治生活的想法。在一封寫給梁令嫻的信中他說道：「吾黨敗矣。吾心力俱瘁（敵人以暴力及金錢勝我耳），無如此社會何，吾甚悔吾歸也（黨人多喪氣，吾雖為壯語解之，亦復不能自振。）。」〔註43〕然而，當看到袁世凱大搞專制復辟活動時，梁啓超則又義無反顧地投入到反抗袁世凱以維護共和國的運動之中。

三、在反對袁世凱的鬥爭中維護共和

　　1913 年 7 月到 1914 年初，竊取革命勝利果實之後的袁世凱就像脫韁的野馬一樣，開始在復辟帝制的道路上一路狂飆。他首先動用武力打垮了國民黨，使自己順利地成為中華民國正式大總統；接著繞開了國會、省議會和地方自治，踢開了進步黨的「第一流人才內閣」，掃清了邁向復辟道路上的障礙；最後在 1916 年初，又無所顧忌地制定了《新約法》，從法律上賦予總統至高無上的權力，通過改革官制，使自己成為終身的總統。面對袁世凱種種眼花繚亂的倒行逆施的稱帝行為，梁氏隨即展開了積極的反袁倒袁行動，為了保護新生的共和制度而奔走呼號。

（一）言論上對袁世凱復辟行為的批駁

　　面對袁世凱翻手為雲覆手為雨的復辟行為，梁啓超起先還抱有幻想，對袁氏進行了善意的提醒，勸告它最好懸崖勒馬，急流勇退，切勿以身試法，要不定會落下個身敗名裂的結局。在他寫給袁世凱的一封勸退信中這樣說道：「啓超誠願我大總統以一身開中國將來新英雄之紀元，不願我大總統以一身作中國過去奸雄之結局；願我大總統之榮譽與中國以俱長，不願中國之歷數隨我大總統而斬。……抑啓超猶有數言欲忠告我大總統者，立國於今世，自有今世所以生存之道，逆世界潮流以自封，其究必歸於淘汰，願大總統稍

〔註43〕丁文江、趙豐田：《梁啓超年譜長編》，上海人民出版社，2009 年版，第 433 頁。

捐復古之念，力爲作新之謀。」〔註44〕隨著袁世凱倒行逆施的專制和賣國行爲的變本加厲和愈演愈烈，梁啓超由原來的好意相勸進而轉變爲激烈的批評和指責。在《痛定罪言》、《孔子教義實際裨益於今日國民者何在欲昌明治其道何由》、《復古思潮評議》、《憲法起草問題答客問》等文章中，對袁世凱攬權專制、公然摧毀資產階級民主政治的惡行進行了猛烈的抨擊。例如，在《憲法起草問題答客問》中，梁啓超就袁世凱對待憲法的態度進行了批評，認爲袁氏政府非但沒有按照憲法的精神去治理國家，而且動輒又要草創新的憲法，這種行爲對共和國的事業造成了極大的破壞。他說：「蓋新約法之修正公佈未逾一年，今復有草創憲法之事，則何如去年即徑行草制憲法，而不必多此修正約法之一舉。……法也者，非將以爲裝飾品也，而實踐之之爲貴，今約法能實踐耶否？他勿細論，若第二章人民權利之諸條，若第六章之司法，若第八章之會計，自該法公佈以來，何嘗有一焉曾經實行者？即將來何嘗有一焉有意實行者？條文云云，不過爲政府公報上多添數行墨點，於實際有何關係？」〔註45〕在他看來，憲法在頒佈後只有「字字實行，絲毫無所假借」，才能使國人受到憲法的眞正庇護，共和國的建設事業也才能順利進行，像這樣朝令夕改的做法只能帶來更大的破壞和混亂，於國於民有百害而無一利。

　　1915 年 6 月，梁啓超從探親回來的路上會同馮國璋進京約見袁世凱，並向袁世凱面陳了復辟帝制的危險，並勸誡其早日懸崖勒馬。然而，袁世凱一如既往地兩面三刀，玩弄騙人的把戲。僅僅兩個月之後，他就將梁啓超的勸告拋之九霄雲外，大搞復辟帝制的準備活動。而以楊度、劉師培、李燮和、胡瑛爲骨幹的籌安會也爲袁的帝制復辟活動搖旗吶喊、大造輿論。面對袁世凱的出爾反爾和公然的帝制活動，梁啓超如夢方醒，決定公開站出來表明自己的態度。他在寫給女兒的一封信中重申了自己寫《異哉所謂國體問題者》的初衷：「吾不能忍，（昨夜不寐今八時矣），已作一文交荷丈帶入京登報，其文論國體問題者也。若同人不沮，則即告希哲，並譯成英文登之。吾實不忍坐視此輩鬼蜮出沒，除非天奪吾筆，使不復能屬文耳。」〔註46〕據丁文江先

〔註44〕丁文江、趙豐田：《梁啓超年譜長編》，上海人民出版社，2009 年版，第 463 頁。

〔註45〕梁啓超：《憲法起草問題答客問》，《梁啓超全集》第五冊，北京出版社，1999 年版，第 2779 頁。

〔註46〕丁文江、趙豐田：《梁啓超年譜長編》，上海人民出版社，2010 年版，第 466 頁。

生的研究，現在人們所看到的《異哉所謂國體問題者》一文雖然有一定的修改，但其中梁啓超反對變更國體的態度確實是非常明顯而堅定的。而吳貫因在《丙辰從軍日記》中記述道：「梁任公先生恥之，著《異哉所謂國體問題者》一文，……原稿比後所發表者較爲激烈，中一段痛斥帝制之非，並云由此行之，就令全國四萬萬人中三萬萬九千九百九十九萬九千九百九十九人皆贊成，而梁某一人斷不能贊成也。後有人語以袁氏現尚未承認有稱帝之意，初次商量政見，不必如此激烈，乃將此段刪去，其餘各段比原稿亦改就和平，旋即發表於京、滬各報，此爲梁任公反對袁氏之始。」〔註47〕關於袁世凱復辟活動的始末及自己寫《異哉所謂國體問題者》的緣由，梁啓超也在後來的《國體戰爭躬歷談》一文中做了詳細的交待，他說：「帝制問題之發生，其表面起於古德諾之論文及籌安會，實則醞釀已久，而主動者實由袁氏父子及其私人數輩，於全國軍人官吏無與，於全國國民更無與也。……籌安會發起後一星期，余乃著一文，題曰《異哉所謂國體問題者》。其時亦不敢望此文之發生效力，不過因舉國正氣銷亡，對於此大事無一人敢發正論，則人心將死盡，故不顧利害死生爲全國人代宣其心中所欲言之隱耳。」〔註48〕

在《異哉所謂國體問題者》一文中，梁啓超將國體與政體的區別作爲反對袁世凱復辟帝制的理論基礎。在文章的開篇，他直接指出「吾自昔常標一義以告於眾，謂吾儕立憲黨之政，論家只問政體，不問國體，驟聞者或以此爲巧取之言，不知此乃政論家當恪守之原則，不可逾越也。」〔註49〕政體與國體乃是政治學研究的主要內容之一，自亞里斯多德對 158 個希臘城邦的政體進行了分門別類的論述之後，政體便成爲政治學當中最爲重要的一個範疇。〔註50〕在這裡，梁啓超將政體和國體的複雜分類作了簡單化的處理，認爲「立憲與非立憲，則政體之名詞也，共和與非共和，則國體之名詞也。」所以他所說的「只問政體而不問國體」，其實質就是只問是否立憲，不問君主

〔註47〕 丁文江、趙豐田：《梁啓超年譜長編》，上海人民出版社，2009 年版，第 466
　　　　～467 頁。
〔註48〕 梁啓超：《國體戰爭躬歷談》，《梁啓超全集》第五冊，北京出版社，1999 年版，
　　　　第 2928～2929 頁。
〔註49〕 梁啓超：《異哉所謂國體問題者》，《梁啓超全集》第五冊，北京出版社，1999
　　　　年版，第 2900 頁。
〔註50〕 〔英〕安德魯‧海伍德：《政治學》，張立鵬譯，中國人民大學出版社，2006
　　　　年版，第 32 頁。

立憲或共和立憲。即他所說的「故以爲政體誠能立憲，則無論國體爲君主爲共和，無一而不可。政體而非立憲，則無論國體爲君主爲共和，無一而可也。」〔註51〕根據這樣的分析結果，梁啓超認爲袁世凱之流所謂的「共和絕不能立憲，惟君主始能立憲」與當年革命派所說的「君主決不能立憲，惟共和始能立憲」一樣，都是難以讓人理解和接受的。在梁啓超看來，從現實操作層面來看，變更國體的行爲極有可能導致君主專制和破壞社會秩序的危險。袁世凱之流將墨西哥總統相爭及中美南美等國家的動亂看成是共和制不如君主制的例證也是非常不恰當的。因爲，「墨西哥之必亂，無論爲共和爲君主，其結果皆同一也。所以者何，爹亞士假共和之名，行專制之實，在職三十年，不務培養國本，惟汲汲爲固位之計，傭兵自衛，以劫持其民。」〔註52〕再者，變更國體之後也不會得到國際社會的承認，立憲政治建設面臨著更爲複雜的外部環境，甚至會出現「國際團體之資格而失」的危險。他說：「故以吾料之，我國若於今日變更國體，就令列強皆無違言。而欲其完全正式承認，則非俟歐洲平和會議告竣之日，絕無望也。……今若忽焉變更國體，未經承認，則並國際團體之資格而失之，更何塗以求參與。」〔註53〕正是因爲梁啓超從理論和現實兩方面對袁世凱復辟帝制行爲的全面揭露，所以《異哉所謂國體問題者》一經刊載，便在社會上引起了很大的震動，激發了社會各界的高度關注，國體問題一時成爲思想界討論的熱點問題之一。刊登這篇文章的幾家報紙，也是連續幾天售罄，可見它在當時的影響力是相當之大的。〔註54〕丁文江在《梁啓超年譜長編》也記述了這篇文章發表前後的情形：「先生那篇論國體的文章未發表之前，袁氏曾使人以巨金賄請，勿爲發表，發表以後，先生

〔註51〕 梁啓超：《異哉所謂國體問題者》，《梁啓超全集》第五冊，北京出版社，1999年版，第 2902 頁。

〔註52〕 梁啓超：《異哉所謂國體問題者》，《梁啓超全集》第五冊，北京出版社，1999年版，第 2904 頁。

〔註53〕 梁啓超：《國體問題與外交》，《梁啓超全集》第五冊，北京出版社，1999 年版，第 2907 頁。

〔註54〕 李喜所先生認爲，雖然學術界對《異哉所謂國體問題者》中的反袁傾向有一定質疑，但是這些看法都不能令人信服。這篇文章的要害就是反對和批判猖獗一時的復辟封建帝制逆流，反對和阻止袁世凱稱帝。看不到這一點，就無法理解梁啓超爲什麼要寫作此文，也就無從理解此文爲何會在當時引起那麼大的轟動和社會反響。參見李喜所、元青：《梁啓超傳》，人民出版社，2010年版，第 290 頁。

就接連著接到許多意圖架陷的匿名信件。」〔註55〕從梁氏擁袁到反袁的實際行動中，我們似乎能夠感知到近代中國知識分子的糾結與酸楚無奈的矛盾心理：血液裏流淌的是儒家高調的道德理想主義，懷揣的是傳統的「經世致用」夢想，吸收的則是民主、自由、平等、立憲等西方的營養，最終產生這樣的「排斥反應」，是意料之中的事情，將罪責施加於某一個歷史人物身上，的確有失公允。

（二）維護共和事業的最後努力

當袁世凱帝制活動於 1915 年底達到顛峰時，「坐而言力而行」的梁啓超不僅拋出那篇讓世人震耳發聵的「討袁檄文」，同時還與自己的學生蔡鍔一道以「擁護共和，吾輩之責。興師起義，誓滅國賊」為旗幟組織討袁力量，發起了武力反對袁世凱的護國運動。1916 年 6 月 6 日，在反袁護國力量的沉重打擊下，羞憤成疾的袁世凱終於兩腿一蹬，氣絕身亡，復辟帝制的美夢也隨之破滅。戴逸先生在其主編的《中國近代史通鑒》中就對梁啓超走上反袁鬥爭的原因進行了深入的分析，認為以梁啓超、蔡鍔為首的進步黨領袖之所以走上反袁的道路，並成為護國運動的核心策劃者和領導者絕不是出於一時的投機或歷史的偶然，而是因為作為一個資產階級的政黨，他們在政治信仰上與國民黨一樣都擁護資產階級民主共和，雖然在改造社會的進程和手段方面，宣導漸緩前行的「穩健」主張，但在看到袁企圖實行帝制時，也會「是可忍孰不可忍」地挺身一戰。〔註56〕而梁啓超的《袁世凱之解剖》一文，不僅是對袁世凱善於鑽營的個性所做的概括，同時也是對袁氏的復辟鬧劇所作的深入分析。他認為袁的失敗是由客觀和主觀兩方面的原因共同決定的。其客觀原因有：一是在共和政體下，「袁氏之弄此等陰謀以求為帝」的行為，遭到了全國人的厭棄；二是在二十世紀，反對專制已成為世界潮流，而「欲舉全國人為一無意識之機器，聽一人任意撥弄」的行為，必「為事勢所不能許也」；三是中國人在經歷了幾千年的專制痛苦之後，其自治能力日漸發展，也不允許妖魔專制政體的再現。袁氏失敗的主觀原因，一是其頭腦與今世界之國家觀念絕對不能相容；二是袁氏驕傲自大，不能容別人之言；三是袁氏頭腦中缺乏國家全域利害和百年大計的觀念；四是其法律觀念薄弱；五是袁氏

〔註55〕丁文江、趙豐田：《梁啓超年譜長編》，上海人民出版社，2009 年版，第 468 頁。
〔註56〕戴逸主編：《中國近代史通鑒》第六卷，紅旗出版社，1997 年版，第 28 頁。

用人不當，其「絕對不能用正人君子及有用之才也」；六是袁氏萬事不負責任，信義二字之在袁世凱的字典中絕對的無有。梁啓超的分析可謂入木三分，抓住了要害，但這又有什麼用呢？在袁世凱命歸西天和帝制復辟夭折之後，面對極為複雜政壇和混亂的政治關係，梁啓超可以說是「不改初心」，亦然堅持和踐行著他的憲政理想。他在當時的想法是：迅速結束國內戰爭，統一南北，穩定全域，繼續盡可能地實現資產階級性質的立憲政治。他力主黎元洪繼位、恢復舊約法、擁護段祺瑞統一、迅速撤廢軍務院以及在懲辦帝制禍首等問題上的妥協折衷，都是這一想法的具體體現。在實際行動上，梁啓超雖然有過遙控指揮「研究系」、積極參與反對張勳復辟以及出任段祺瑞內閣財長等政治努力，但他所追求的那種有序而穩健的立憲政治，卻在狂飆的政治現實面前猶如海市蜃樓一樣虛幻，美麗而不現實。共和國的名存實亡，社會的動盪不安似乎被梁啓超逐一言中，隨之而來的分裂割據與軍閥混戰的夢魘又開始折磨著早已傷痕累累的國家。在新舊制度交替之際，中國再一次陷入了群雄爭霸的「無政府狀態」之中。迫於現實與理想之間的巨大差距，使任公在漫遊歐洲歸來後，不得不投身於國內教育事業。

第五章 梁啓超憲政思想評價

　　作爲中國近代歷史上一位「百科全書」式的人物，梁啓超的憲政思想一直以來是人們研究的重點內容之一。而關於梁啓超憲政思想的評價，學界在經過長時間的研究之後形成了見仁見智及褒貶不一的多樣化觀點。有的研究者認爲，由於梁啓超總是在「革命」、「立憲」與「保皇」之間的遊移不定，所以他對憲政的論述還缺乏一定的完整性、系統性；而另一部分人則認爲，梁啓超雖然在學術上有博而不專、粗而不精之嫌，但他在傳播西方憲政理念及增強國人憲政意識等方面還是做出了不少貢獻；還有一部分人認爲，梁啓超堅決地反對封建專制，宣導民主政治、思想自由和法律制度等近代憲政理念，所以他開創了中國近代憲政史的新時代，等等。〔註1〕鑒於這種情況，要準確地定位和評價梁啓超的憲政思想雖然有一定的困難，但我們還是應該儘量將其放置在當時特定的歷史背景當中，通過認眞解讀相關資料和文本的基礎上，嘗試著對梁啓超憲政思想所具有的時代價值及其現實意義做出盡可能客觀的理解和評價。

〔註 1〕 學者董方奎認爲：在不同的歷史時期，人們對梁啓超的定位及評價有所不同：首先是在梁去世以後，他生前好友及其同時代的人對他做過蓋棺論定的評價；在 20 世紀 30～70 年代，由於受各種因素的影響，學術界對梁啓超的定位和評價有失公允，在一定程度上影響了我國學術文化的繁榮；改革開放以來，在「解放思想」和「實事求是」的指導下，文化上的「撥亂反正」使得學術界對梁啓超的定位和評價日漸客觀，顯示了當時史學研究公正求實的精神跨入眞正科學境地。董先生最後強調，史學研究應以嚴肅的態度，本著求實公正的原則去評價歷史人物，還歷史人物本來面目，給歷史人物恰如其分的定位和評價。對梁啓超的定位，不是研究者個人的好惡決定的，而是依據國家和民族的需要而定的。參見董方奎：《關於梁啓超的歷史定位》，http://www.tjhbq.gov.cn/ReadNews.asp?NewsID=4929。

一、梁啓超憲政思想的時代特徵

近代中國社會的結構性衰落以及西方異質文明入侵所帶來的衝擊，使得中國傳統的封建統治陷入了龔自珍描繪的那種狀態之中：「履霜之屬，寒於堅冰，未雨之鳥，戚於飄搖，痹瘻之疾，殆於癰疽；將萎之華，慘於槁木。」〔註2〕面對日益嚴重的民族危機，社會各層都在積極地做著反思歷史、審視現實與展望未來的嘗試，努力地追尋著中國積貧積弱的原因，急迫地探索著實現國家富強與民族獨立的路徑。以梁啓超爲代表的改革先驅，則將實行立憲政治看作是國家擺脫困境、實現富強的有效途徑之一。憲政一時之間成爲當時社會各界人士討論的熱點問題之一。

從淵源上看，憲政不僅是近代西方資本主義社會發展的必然產物，同時也是近代西方政治文明發展的表現之一。在西方，它首先意味著「承認人自身擁有其固有的尊嚴，並因此有權獲得實現其生命潛能的機會。人權的著重點就可以從自我保存轉向自我表現進而至於個人自我發展的各種形式。自主、參與以及創造普遍地受到重視，但是其排列順序既不是固定的，也不是基於不變的、絕對的知識。」〔註3〕其次，憲政在西方還意味著「國家當有至尊無上之基本大法以規定政府之職權；人民之權利當受此大法之保障，不容任何人士或法令侵削；國家治權當以法律爲最高之形式。」〔註4〕從這個意義上講，近代西方民主制度的建立及其完善，就是被視爲憲政精髓的分權原則和法治原則在政治實踐中發展的必然結果。鑒於此，西方資本主義國家在其早期的憲法中大都對人權以及如何保障人權有著清晰的表述。例如，美國的締造者在其制定的憲法中就開宗明義地指出：「我們，美利堅合眾國的人民，爲了組織一個更完善的聯邦，樹立正義，保障國內的安寧，建立共同的國防，增進全民福利和確保我們自己及我們後代能安享自由帶來的幸福，乃爲美利堅合眾國制定和確立這一部憲法。」接著，在憲法的第一條中又規定：「本憲法所規定的立法權，全屬於合眾國的國會，國會由一個參議院和一個眾議院組成……眾議院應由各州人民每兩年選舉一次之議員組成，各州選舉人應具有該州州議會中人數最多之一院的選舉人所需之資格。」與近代歐美國家悠

〔註2〕 《乙丙之際箸議第九》，《龔自珍全集》，上海人民出版社，1975 年版，第 7 頁。

〔註3〕 〔美〕卡爾‧J‧佛里德里希；《超驗正義：憲政的宗教之維》，周勇等譯，三聯書店，1997 年版，第 110 頁。

〔註4〕 蕭公權：《憲政與民主》，清華大學出版社，2006 年版，第 35 頁。

久的憲政歷史相比，近代中國憲政理念的生成和憲政運動的發生，既不是中國傳統政治文化發展的必然結果，也不是傳統的自然經濟向商品經濟轉化的外在表現。恰恰相反，它只是近代西方資本主義侵略中國帶來的一個副產品而已。所以，從憲政進入到近代中國思想體系中的那一刻起，它就被深深地打上了「工具理性」的烙印，即它更多的是被看作是一種救亡的手段而被人們所重視。在這種特殊的歷史背景下，近代中國憲政運動的先驅者在宣導憲政理念和踐行立憲政治的時候，不僅注意到了中西文化的差異給近代中國接受憲政所帶來的影響，而且還自覺地從中國傳統文化中試圖挖掘出一些與西方憲政文化能夠銜接的東西（即在中西文化中尋求中國實現憲政的最大公約數）以便爲立憲政治在中國的踐行奠定合法性基礎。〔註5〕與當時其他有識之士提出的憲政主張相比，梁啓超的憲政理念所具有的時代特徵似乎更爲明顯，主要表現在以下幾個方面。

（一）憲政是實現國家富強的有效途徑

在梁啓超的憲政思想中，民權、議院、平等、自由範疇已經脫離了它們的「原生態」含義。這些體現憲政主要內容的範疇，通常被梁啓超看成是達至國民求同合群與激發愛國熱情的有效工具。例如早在戊戌變法前後，梁啓超就將民權視爲能使國家恢復秩序和實現富強的一種有效工具。即在梁氏的思想體系中，當且僅當「民權」能爲國家的富強帶來好處時，它才顯得必要而且重要。在《論中國積弱由於防弊》一文中，梁啓超說道：「地者積人而成，國者積權而立，故全權之國強，缺權之國殃，無權之國亡。何爲全權？國人各行其固有之權。何謂缺權？國人有有權者，有不能自有其權者。何謂無權？不知權之所在也。」〔註6〕而在《古議院考》一文

〔註5〕 王人博教授認爲，由於洋務運動中形成的開明知識群體對西方憲政文化認知的粗淺，使得中國文化便成爲他們觀察、體認西方憲政制度的重要文化資源。在這一過程中，他們確乎戴著中國文化的古老眼鏡去看西方的憲政文化。這就爲中國憲政文化的生成、發展帶來了雙重結果：一方面，爲中國移植西方憲政文化架起了一座「文化」的橋樑，並努力尋找與中國本土文化相互融通的契合點；另一方面，由於他們「誤讀」了西方憲政，因而也爲近代中國憲政文化傳達了一個「錯誤的信息」：似乎西方的憲政就是西方富強的本源。參見王人博：《憲政文化與近代中國》，法律出版社，1997年版，第38～40頁。

〔註6〕 梁啓超：《論中國積弱由於防弊》，《梁啓超全集》第一冊，北京出版社，1999年版，第65頁。

中，他又自問自答道：「問泰西各國何以強？曰：議院哉！議院哉！」〔註7〕隨後，逐漸強化起來的國家主義和集體主義使得梁啓超將原本作爲憲政核心價值的自由與平等也視爲國家走向富強不可或缺的條件之一。因爲在梁啓超看來「中國落後挨打所帶來的恥辱給他們思想上的震撼比起他們對中國個人的悲慘生活狀況的關切要強烈的多。因此，個人作爲活生生的個體容易被他們看高的眼睛冷落在一旁，最多也只能作爲民族和國家致富致強的一種工具而被記起。」〔註8〕基於這種原因，梁啓超將盧梭的民主學說看成是矯正中國專制主義和中國人奴性，使國家立於萬國之林的最有效的辦法。在給康有爲的一封信中他這樣說道：「來示於自由之義，深惡而痛絕之，而弟子始終不欲棄此義。……，其禍極於今日，推其大原，皆必自奴隸性來，不除此性，中國萬不能立於世界萬國之間。而自由云者，正使人自知其本性，而不受箝制於他人，今日非施此藥，萬不能愈此病。」〔註9〕在流亡日本的前期，梁啓超對西方自由主義「功利式」的研讀不僅爲他的「新民」理念定了一定的基礎，同時也使他忽略了英國的自由思想和法國自由思想之間的差別。在他看來，社會達爾文主義中的「優勝劣汰」等觀念可以解釋中西歷史的成敗。因此，拯救中國的最好方式是培養「新民」，而「新民」不只是要西化，而是要提升人民的民德、民智和民力，其中最重要的就是包含著私德（自尊、毅力等）與公德（自由、自治、合群、國家等）的民德。由此可見，梁啓超將這些自由主義價值觀作爲公德的一個組成部分時，他所關注的焦點並不是個體的自由，而是「群」和「國家」。這樣的理解和安排幾乎不可避免地妨礙了他對這些自由主義價值觀的某些實質內容的理解。〔註10〕例如在《論政府與人民之許可權》一文中，他接受了政府是「守夜人」這一自由主義的傳統思想，認爲「政府之義務雖千端萬緒，要可括以兩言：一曰助人民自營力所不逮，二曰防人民自由權之被侵而已。」然而，他似乎對國家主義更加贊賞，認爲國家高於政府和人民之上，國家

〔註7〕 梁啓超：《古議院考》，《梁啓超全集》第一冊，北京出版社，1999 年版，第61 頁。

〔註8〕 王人博：《憲政文化與近代中國》，法律出版社，1997 年版，第 133～134 頁。

〔註9〕 丁文江、趙豐田：《梁啓超年譜長編》，上海人民出版社，2009 年版，第 153頁。

〔註10〕 參見張灝：《梁啓超與中國思想的過渡》，崔志海等譯，江蘇人民出版社，1995年版，第 109 頁。

必須被看作有著自己的獨立的人格和最高的主權所在。他說：「天下未有無人民而可稱之爲國家者，亦未有無政府而可稱之爲國家者，政府與人民，皆構造國家之要具也。故謂政府爲人民所有也，不可；謂人民爲政府所有也，尤不可。……國家握獨一最高之主權，而政府、人民皆生息與其下者也。」〔註11〕後來，隨著梁啓超西學功力的加強和對西方民主政治認識的加深，他對西方自由主義的熱忱也在逐漸減弱甚至變爲懷疑。在《近世第一女傑羅蘭夫人傳》一文中，梁啓超借用羅蘭夫人臨終前的一句話「嗚呼！自由自由，天下古今幾多之罪惡，假汝之名一行」宣告了他不再迷戀盧梭自由和自然權利思想。而《政治學大家伯倫知理之學說》的寫作目的，與其說是對盧梭式的法國自由主義的批判，倒不如說是梁啓超對伯倫知理的國家主義思想的熱情擁護。總而言之，近代中國的遭遇使梁啓超所關心的主要問題不是個人的權益問題，而是群體或集體問題，更具體地說就是中國如何獨立富強的問題。因此，他將民權、議院、平等、自由等這些憲政的價值要素看成是中國通向近代化的必由之路，也就是情理之中的事情了。

（二）憲政文化建設是實現立憲政治的主要條件

現代政治學理論認爲，政治體系是由各種制度化和結構化的組織、機構和規則所組成的「硬體」以及由政治文化所組成的「軟體」構成。政治體系的穩定運轉和發展變化要依賴於體系「硬體」和「軟體」的相互兼融。政治文化作爲政治社會的精神範疇，它是一個社會關於政治體系和政治問題的態度、信念、情緒和價值的總體傾向，它對政治體系有著非常重要的影響。跨國性的比較研究和現代化研究顯示，傳統社會與現代社會的差異不僅體現在制度設置方面，而且還體現在政治文化方面；民主政治制度的良好運轉，需要以民主的政治文化爲條件。〔註12〕同樣，一種新制度的確立和發展也需要

〔註11〕　梁啓超：《論政府與人民之許可權》，《梁啓超全集》第二冊，北京出版社，1999
　　　　　年版，第 881 頁。在張灝先生看來，梁啓超接受政府守夜人理論和國家至上
　　　　　理論，表明了他從來沒有清楚地領會英國自由主義的核心——保護主義，即
　　　　　國家的建立是爲了保護公民的自由和每個公民的權利。張灝：《梁啓超與中國
　　　　　思想的過渡》，崔志海等譯，江蘇人民出版社，1995 年版，第 109 頁。

〔註12〕　參閱 Larry Diamond,「Introduction: Political Culture and Democracy」,Larry
　　　　　Diamond（ed.）, Political Culture and Democracy in Developing Countries, Boulder.
　　　　　London: Lynne Rienner Publishers, 1994, pp10～22. 轉引自燕繼榮：《政治學十
　　　　　五講》，北京大學出版社，2004 年版，第 261 頁。

有與之匹配的政治文化，因爲「新的制度必須有新的價值觀念、思想和行爲模式與之相適應，否則絕不可能賦予新制度以眞實的生命力，失敗和畸形發展的悲劇性結局也就不可避免。」〔註 13〕在近代中西文化交流的過程中，由於資本主義國家以一個成功者和勝利者的姿態出現在人們的面前，所以當中國以一個落伍者和失敗者的眼光在仰望西方文明的時候，總覺得人家的什麼東西都是那樣的耀眼和光彩奪目，就連那還沒有完全弄清楚的「立憲政治」，也被當時急於救亡圖存的有識之士奉爲圭臬，成爲他們檢視中國封建專制政治體系，改造中國傳統政治文化的主要武器，眞是有些「新人進了房，媒人扔過牆」的味道。在西方資本主義近代文明的浸淫下，本來有些倉促上陣的中國人更是病急亂投醫，抄了一領袈裟當雨衣，拎起一根木棍當火槍，把西方幾百年發展起來的立憲政治當做一副靈丹妙藥，企圖給業已奄奄一息的中國傳統政治文化注入新活力，進而實現民族獨立與國家富強的宏願。有識之士對立憲政治的鍾情與追求，最終匯聚成爲中國近代憲政文化發展的一道亮麗的風景。

就梁啓超的憲政思想而言，對培養國民憲政心理和提高國民憲政素質等問題的關注，說明了他對憲政文化建設的重視。在戊戌變法前後，梁啓超就將辦學校、開民智、改風氣、變科舉等看作是培養國民素質，提高國民政治文化與增進國民權利和建立議會的有效途徑。他認爲人類社會的進化是民智進化的必然結果，世界各國的競爭也是國民素質的競爭，各民族的優劣主要也取決於智慧的高低，所以，一個國家的國民素質直接關係到這個國家的前途。例如在《湖南時務學堂札記批》中說道：「凡權利之與智慧，相依者也。有一分之智慧，即有一分之權利；有百分之智慧，即有百分之權利；一毫不容假借者也。故欲求一國自立，必使一國之人之智慧足可治一國之事，然後可。……諸君既共識此意，急求學成，轉教他人，一而十，十而百，百而千，千而萬，便人咸知有公理公法之學，則或可以不亡也。」〔註 14〕梁啓超看來，在開民智和興國家的道路上，學校具有不可替代的作用。歐美歷史的發展也表明「民智之強」是它們國力強盛和對外

〔註 13〕 陳旭麓：《近代中國社會的新陳代謝》，上海社會科學院出版社，2006 年版，第 270 頁。

〔註 14〕 《湖南事務學堂遺編》第一冊。轉引自李喜所、元青：《梁啓超傳》，人民出版社，2010 年版，第 63 頁。

擴張的重要原因之一：「世界之連，由亂而進於平；勝敗之原，由力而趨於智。故言自強於今日，以開民智爲第一義。智惡乎開？開於學。學惡乎立，立於教學校之制。……今國家而不欲自強則已，苟欲自強，則悠悠萬事，惟此爲大，雖百舉未遑，猶先圖之。」〔註15〕及至戊戌變法失敗逃亡日本之後，梁啓超更爲深刻地意識到憲政的實施的確離不開國民憲政素質及其憲政文化的培養，因而提出了「國民程度」的問題。他認爲腐敗專制的政府之所以屹立不倒，就是因爲「民智」未開，國民程度太低，所以國民的改造與國民程度的提高應該被視爲立憲的文化基礎。在《精神教育者、自由教育也》一文中，梁啓超指出：「凡一統專制之國，值承平無事之時、但求輯和其民，使無反側，而政府之能事畢亦。……若夫處於萬馬奔逸，萬流急湍，鬥智鬥力之世界，……非濬一國之智，鼓一國之力，則奄奄殘喘，其復有救！夫所以濬之鼓之之具何也？自由是也。自由者精神發生之原力也。」〔註16〕在梁啓超看來，集「公德」和「私德」於一身的「新民」則是建設憲政的希望，用他的話說就是「苟有新民，何患無新制度，無新政府，無新國家。」〔註17〕而培養「新民」的方法是「淬厲其所本有而新之」與「採補其所本無而新之」，即在培養民德、民力和民智上不僅要通過保留固有文化的優點，使之在新的環境中煥發出新的生命力，而且還要汲取他人的經驗爲參考，使其擁有新的思想和知識。後來，在維新派與革命派的辯論當中，梁啓超認爲就國民對憲政的理解程度來看，當時的中國不僅不具備經營民主共和的能力，而且就連經營君主立憲的能力也值得懷疑。《開明專制論》、《申論種族革命與政治革命之得失》、《暴動與外國干涉》等文章的中心思想之一就是認爲中國的國民素質低下導致了中國不能進行革命與實行民主共和制。在他看來，國民政治素質低下會使革命後建立起來的民主共和制要麼徒有共和之名而無共和之實，要麼則是共和破產之後隨之而來的社會失序與社會動盪，所以在國民素質還沒有明顯的提高之前，中國不宜通過革命的方式來建立民主共和制。在《答某報第四號對於〈新民叢報〉之駁論》一文中，梁啓超進一步指出：「因於習慣而得共和政體

〔註15〕梁啓超：《學校總論》，《梁啓超全集》第一冊，北京出版社，1999 年版，第17～20 頁。

〔註16〕梁啓超：《精神教育者，自由教育也》，《梁啓超全集》第一冊，北京出版社，1999 年版，第 356 頁。

〔註17〕梁啓超：《新民說》，《梁啓超全集》第二冊，北京出版社，1999 年版，第 655 頁。

者常安，因於革命而得共和政體者常危。蓋因習慣而得之者，則其國民程
度發達圓滿，有自治秩序而富於公益心。……因革命而得之者，則國民前
此並未嘗當於一機關之任，雖使之組織一補助機關憂慮不勝。」〔註 18〕在
經歷了立憲改革與民國政治的洗禮之後，梁啓超更加堅定地認爲國民素質
和憲政文化培養是立憲政治得以建立的決定性因素。中國要實踐現代政
治，必須要有一批掌握現代政治文化和現代政治技術的人員，即「要有少數
能任政務官或政黨首領之人，其氣量學識才能譽望，皆優越而爲國人所矜
式；有次多數能任事務官之人……養成一種政治習慣，使卑劣闒冗之人，
不能自存於政治社會。」〔註 19〕在共和事業失敗之後，旅歐歸來的梁啓超
有感於歐洲大學教育事業的發達與中國人才之匱乏給國家建設帶來的不
便，因此便致力於辦學、講學與推進文化交流的各種活動，希望藉此「培
養新人才，宣傳新文化，開拓新政治」。1922 年他在題爲《教育與政治》的
演說中就指出教育不能脫離社會，教育的重要任務之一就是「養成青年的
政治意識」、「政治習慣」和「政治判斷能力」，即培養學生適應民主政治的
能力。他說：「教育是什麼？教育是教人學做人——學做現代人。……一個
人，除了學會爲自己或家族經營單獨生活所必要的本領外，還要學會在一
個國家內經營共同生活所必須的本領。倘若不如此，只算學會做半個人，
最高也只算得古代的整個人，不算得現代的整個人。教育家既然要教人學
做現代的整個人，最少也須劃出一部分工夫教他們學會做政治生活。……
今日所最需要的：一，如何才能養成青年的政治意識。二，如何才能養成
青年的政治習慣。三，如何才能養成青年的判斷政治能力。三件事裏頭，
尤以第二件——養成習慣爲最要和最爲艱難。這三件事無論將來以政治爲
職業之人或是完全立身於政治以外的人都是必要的，我確信這不但是政治
上大問題，實在是教育上大問題，我確信這問題不是政治家所能解決，獨
有教育家才能解決，今日所講，便專在這個範圍內請教諸君。」〔註 20〕也
正是基於這樣的認識，當梁氏的憲政理念和實踐處處碰壁失敗後，他才將

〔註 18〕 梁啓超：《答某報第四號對於〈新民叢報〉之駁論》，《梁啓超全集》第三冊，
　　　　　北京出版社，1999 年版，第 1619 頁。
〔註 19〕 梁啓超：《政治之基礎與言論家之指針》，《梁啓超全集》第五冊，北京出版社，
　　　　　1999 年版，第 2796 頁。
〔註 20〕 梁啓超：《教育與政治》，《梁啓超講演集》，河北人民出版社，2004 年版，第
　　　　　112～114 頁。

更大的熱情與更多的精力投入到教育事業和學術研究當中去，以便在開啓
民智，提高人們的文化覺悟方面發揮自己應有的能量。根據丁文江和趙豐
田兩位先生的考證，任公晚年對自已往日的政治生涯進行了反思，感慨萬
千。一些苦惱和不解始終縈繞在他的心頭：爲什麼自己孜孜追求的立憲政
治終歸夭折？依靠當權人物而進行的政治革新道路爲什麼走不通？痛定思
痛之後，任公認爲最大的原因就在於缺乏人才，人們對這些先進的政治理
想要麼一知半解，要麼是陽奉陰違。因此，要想東山再起，實現自己的政
治宏願，必須從培養人才著手，於是便決定今後決然捨棄政治活動，而在
國民的思想教育方面盡些綿薄之力。〔註21〕

（三）隨勢而變是梁啟超憲政思想最明顯的特徵

近代中國多厄的遭遇和跌宕起伏的社會狀況，深刻地影響著梁啓超憲政
理念的內在走向，使他的憲政救國路線由於變化不定而缺乏應有的連貫性和
系統性。例如，在救國的方式上，他有時力主改良，有時贊成暴力革命；在
立憲政治的選擇上，有時他極力贊揚英國的君主立憲，而有時又對美國的民
主共和是羨慕不已；在國民權利的發展上，他既熱情地伸張民權，又不敢全
盤否定君權；在國權與民權之關係上，他既頌贊自由平等，有時又鼓吹「國
權主義」。關於這一點，晚年退出政壇而潛心學術研究的梁啓超在《清代學
術概論》中曾經有過這樣的反省：「啓超之在思想界，其破壞力確不小，而
建設則未有聞。晚清思想界之粗率淺薄，啓超與有罪焉。……啓超務廣而荒，
每一學稍涉其樊，便加論列；故其所述著，多模糊影響籠統之談，甚者純然
錯誤；及其自發現而自謀矯正，則已前後矛盾矣。……然啓超亦太無成見之
故，往往循物而奪其所守，其創造力不逮有爲，殆可斷言矣。啓超『學問欲』
及熾，其所嗜之種類亦繁雜；沒治一業則沉溺焉，集中精力，盡拋棄他。……
啓超雖自知其短，而改之不勇；中間又屢爲無聊的政治活動所牽率，耗其精
而荒其業。識者謂啓超若能永遠決意政治，且裁斂其學問欲，專精於一二點，
則於將來之思想界，當更有所貢獻，否則亦適成爲清代思想史之結束人物而
已。」〔註22〕在這裡，梁啓超將其思想上的多變性歸咎於「太無成見」的本

〔註21〕丁文江、趙豐田：《梁啓超年譜長編》，上海人民出版社，2009 年版，第 576
　　　　～596 頁。
〔註22〕梁啓超：《清代學術概論》，《梁啓超全集》第五冊，北京出版社，1999 年版，
　　　　第 3101～3102 頁。

性、過於強烈的「求知欲望」、不能「精於一二點」的研究以及無聊繁瑣的「政治活動」等因素的影響可謂入木三分，但這一「善變」特點的形成，更多的則取決於當時那個「激情燃燒」的年代與梁本人「與時俱進」的救國救民情懷。

梁啓超憲政思想隨時勢而變的這一特點，不僅使梁氏憲政思想的理論性大打折扣，而且也成為日後人們所詬病與批評的一個把柄。例如，胡適先生談到梁啓超在當時的影響時，不無遺憾地說道：「梁先生的文章，明白曉暢之中，帶著濃摯的熱情，使讀的人不能不跟他走，不能不跟著他想。有時候，我們跟他走到一點上，還想往前走，他倒打住了，或者換了方向走了。在這種時候，我們不免感覺一點失望。……我們在那個時代讀到這樣的文字，沒有一個人不受他的震盪感動的。他在那個時代（我那時讀的是他在壬寅、癸卯做的文字）主張最激烈，態度最鮮明，感人的力量也最深刻。……後來他雖然不堅持這個態度了，而許多少年人卻衝上前去，不肯縮回來了。」〔註23〕與胡適含蓄的言語相比，和梁啓超有過友好交往的嚴復在晚年對梁啓超「善變」的批評似乎是毫不留情面。嚴復認為，梁啓超一變再變的根本原因不是因為他追隨時代潮流而改變原來某些不合理的想法，恰恰相反，梁啓超幾乎從來沒有一個堅定的正確立場，即使某些主張可能並非錯誤，卻也往往因其多變而被淹沒。在《與熊純如書》中，嚴復談到：「溯自甲午東事敗衂之後，梁所主任之《時務報》，戊戌政變之後《清議報》、《新民叢報》及最後之《國風報》，何一非與清政府為難者乎？指為窮凶極惡，不可一日復容存立。於是頭腦簡之少年，醉心民約之洋學生，至於自命時髦之舊官僚，乃群起而為湯武順天應人之事。迨萬弩齊發，提防盡隳，大風起而悔心萌，即在任公，豈不知悞由是。則曰：『吾所極惡痛絕者政府，至於皇室，則所向保護者也。』嗟嗟任公！生為中國之人，讀書破萬卷，尚不知吾國之制，皇室政府不得不得歧而二之，誠欲保全；不得不稍留餘地，則其貽誤新學，可謂深矣。大抵任公操筆為文時，其實心救國之意淺，而俗諺所謂出風頭之意多。……嗟呼！任公既以筆端攪動社會至如此矣，然惜無術再使吾國社會清明，則於救亡本旨又何濟耶？」〔註24〕從這段文字我們可以看到，嚴復將梁啓超看成是以筆端攪亂社會的「罪魁」，不僅似乎高估了梁氏個人的歷史作用，同時也有否定

〔註23〕 胡適：《四十年自述》，華僑出版社，1994年版，第54～56頁。
〔註24〕 嚴復：《與熊純如書三十八》，《嚴復集》，中華書局，1986年版，第645～646頁。

梁啓超思想隨時勢而變的合理性之嫌。〔註 25〕總體來看，梁啓超憲政思想表現出來的「善變性」雖說比較明顯，但不可否認的是，在這一極富時代個性之中，卻始終蘊含著始終如一的不變特徵，那就是它對國家獨立富強的訴求和對君主立憲制的嚮往。也就是說，梁啓超所變的只是策略，不變的則是理想，為了實現理想，不惜改變策略！關於這一點，蕭公權先生在其《中國政治思想史》一書中這樣寫道：「雖然，吾人如細加探索，則梁氏太無成見之中實亦略有成見。其終身所深信不疑，服膺不廢，而事實表現於文字者，似有四大宗旨：一曰愛國重群為個人不可少之公德，二曰民主政體為人類政治生活之最後歸宿，三曰智識與道德為政治之基礎，四曰進步為人生與社會正常之趨勢。此四者綱維梁氏一切主張。歷數十年而未嘗改變。合此四旨為一體，梁氏遂成為以開明治愛國者，溫和之民治主義者，穩健之自由主義者。加以梁氏尊重智理，喜好學術，參加政治而始終不失書生之本色。故其為政論家亦有異於尋常。蓋梁氏非政客或記者之政論家，而為一學者政論家也。」〔註 26〕總而言之，梁啓超作為 20 世紀初的一位集中外政治學大成的思想家和實踐家，其憲政理念在某種程度上雖然有著可靠的理論依據與先見之明，但在清末激蕩翻滾的社會現實面前，他的憲政訴求又像灑在荒漠上的一粒種子，很難得到雨露的滋潤，也就難以成長為濟世救民的參天大樹。梁啓超仙逝後，孫寶琦的挽文可以是說道盡了任公一生的蹉跎與坎坷：「一生悔作文章伯，九死甘為黨籍人。絕代芬菲慟蘭芷，舊時蹤跡勝松筠。飲冰盡足酬朝夕，磨盾常令泣鬼神。密疏表忠吾不用，河山殘淚痛金輪。……澥上當年杜寄箋，鬢毛何析見桑田，兼旬枕簟知何疾，一慟高蘭苦自煎。感舊倍傷予季逝，埋憂更為阿師憐。」〔註 27〕

〔註 25〕 臺灣學者黃克武認為，人們對梁啓超思想的評價大體上經歷了一個從「負」到「正」的發展軌跡。從上世紀 50 年代到 90 年代大陸學者對梁氏的評價經歷了一個從「黑」到「紅」的過程。早期的看法大都以「馬列主義的觀點」來評價梁氏的「進取性」與「反動性」。大致來說，人們肯定的是梁啓超在戊戌時期以「資產階級改良派」來打擊「封建主義」的價值，所以認為這時任公的政治思想是有進步意義的；但後來流露出來的「保皇」想法則是他具有「地主階級」思想的表現，是梁企圖「抵抗革命運動，是反動的」；到了上世紀 80 年代，隨著「告別革命」說法的提出，學者又開始肯定梁啓超政治思想的價值。參見黃克武：《耿雲志、崔志海著〈梁啓超〉》，《近代中國史研究通訊》，第 21 期（1996），第 218 頁。
〔註 26〕 蕭公權：《中國政治思想史》，新星出版社，2005 年版，第 515 頁。
〔註 27〕 丁文江、趙豐田：《梁啓超年譜長編》，上海人民出版社，2009 年版，第 776 頁。

二、梁啓超憲政思想的歷史價值

1929 年 1 月 19 日梁啓超仙逝後，社會各界在天津、北京和上海舉行了盛大的悼念活動，追憶先生輝煌的一生。據丁文江先生的追憶，任公仙逝後，前往弔唁的團體組織與社會名流絡繹不絕。其中王文濡先生的挽文緬懷道：「任公逝矣。縱論一生，以龍臥虎跳之才，建震天動地之業，不凝滯與己見、物見，而權衡在心，屈信因時，隨大勢爲轉移變化焉，發揮焉，以盡其務而底於成。故其使也，變法蒙難，任維新之先覺，其繼也，倒袁討張，成革命之元勳。指揮若定，大功不居，退隱析津，杜門著述，雅懷高致，操、莽之軍閥曾不得而污之焉。」〔註28〕王先生以及其他人士對任公一生業績的勾勒，不僅爲我們更爲深入地瞭解梁啓超一生的功業提供了線索，而且也爲我們客觀分析梁啓超憲政思想所具有的歷史價值給予了一定的幫助。概括地看，梁氏憲政理念給後世帶來的啓示應該有以下幾點。

（一）加深了人們對憲政的理解

作爲中國近代史上較早的把注意力轉向政治變革的思想家之一，梁啓超的憲政思想是中國傳統社會思想文化在近代演變過程中的重要環節，他對立憲政治的宣導和宣傳不僅加深了人們對憲政的理解，也爲近代中國的早期憲政實踐奠定了一定的理論基礎。早在洋務運動時期，以龔自珍、魏源、王韜、鄭觀應等人爲代表的早期維新派人士，逐漸認識到中國積貧積弱的根源不是因爲沒有堅船利炮，而在於政治上的「上下之情不能相通」，所以他們認爲與其學習西方的先進器物，還不如在中國實行「君民共主」之政治，以實現抵禦外族入侵和富國強兵之目的。從早期維新人士的一些論述來看，他們可以說是站在「中國文化中心論」的立場上去理解西方立憲政治的，因而對憲政的理解可以說是粗淺和朦朧的。歷史地看，近代中國有識之士對憲政的認識和理解表明了憲政文化在中國的引入是一個非常艱辛的自我選擇過程，它基本上經歷了一個由守舊到開放、由局部到整體、由制度層面到價值層面、由簡單模仿到自主選擇的歷程。在這一過程中，梁啓超的憲政理念在當時的政治思想界無疑發揮著「承上啓下」和「繼往開來」的作用。從梁氏的憲政思想內容來看，其固有的「多變性」雖然影響了本身的系統性和理論性，但

〔註28〕 丁文江、趙豐田：《梁啓超年譜長編》，上海人民出版社，2009 年版，第 778 頁。

這沒有妨礙它對早期維新人士憲政思想的拓展和深化。梁氏不僅在制度層面上對立憲政治中的政府、國會、憲法等進行深入的論述，而且在價值層面上對立憲政治中的自由、平等、權利等要素予以極大的關切。他的《新民說》往往被看做是將中國傳統文化與西方憲政理念融會貫通的集大成者。不僅如此，梁啟超這位「輿論界中的驕子」通過創辦和主持報紙來宣講他的憲政設想與救國救民之途徑，這無疑對宣傳憲政文化，推動人們對憲政的認識和理解上有著極大的幫助。例如，創辦於甲午戰後的《中外公報》與《時務報》不僅分析了中國積貧戰敗的原因，而且還要求授權國民，讓全國人民負起救國救家的責任，在當時開始了鼓吹民權的先河。而在逃亡日本期間所辦的《清議報》和《新民叢報》圍繞著民族、民權、自由、民主、進化等主題而做的一系列文章使當時千千萬萬的士君子，在不知不覺當中深受梁的影響而作鸚鵡學舌了，而有志於打破現狀的知識界也是有觸即發，遇到這種聲情激越的文字，沒有不投袂而起的。〔註29〕關於梁啟超言論（憲政思想）在當時的影響可以通過他所創辦報紙的發行量及其影響力管窺一斑。例如，《清議報》在當時由於內容新穎且有開明官吏的嘉獎，所以他的發行量在全國估計有一萬兩千份左右，其讀者也是數以萬計。〔註30〕當時的一些地方大員如陳寶箴、廖壽豐、陳啟泰、劉坤一等人對《清議報》也是贊許有加，並對其中所包含的民族和民權思想給予了一定的認同。而後來梁啟超主持的《新民叢報》及在上面發表的一系列文章如《論國家思想》、《論權利思想》、《論自由》、《論自治》等則更是風靡一時，備受推崇。時人黃公度戲謔地記述道：「《清議報》勝《時務報》遠矣！今之《新民叢報》又勝《清議報》百倍矣。驚心動魄，一字千金，人人筆下所無，卻為人人意中所有，雖鐵石人亦應感動，從古至今文字之力之大，無過與此者亦。羅浮山洞中一猴，一出而逞妖作怪，東遊而後，又變為《西遊記》之孫行者，七十二變，愈出愈奇。吾輩豬八戒，安所容置喙乎，惟有合掌膜拜而已。」〔註31〕《新民叢報》對當時學人及思想界的影響也可通過毛澤東的點滴記錄而得以證明之。在韶山紀念館裏，保存

〔註29〕 李劍農：《中國近百年政治史》，復旦大學出版社，2002 年版，第 195～196
　　　　頁。
〔註30〕 參見張朋園：《梁啟超與清季革命》，吉林出版集團有限責任公司，2007 年版，
　　　　第 177～179 頁。
〔註31〕 丁文江、趙豐田：《梁啟超年譜長編》，上海人民出版社，2009 年版，第 181
　　　　頁。

著一本當年毛澤東讀過的《新民叢報》（第四號），在梁啓超《新民說》第六節中的「國家和朝廷」相關內容旁邊，毛澤東作了這樣的批語：「正式而成立者，立憲之國家也。憲法爲人民所制定，君主爲人民所推戴，不以正式而成立者，專制之國家也，法令由君主所制定，君主非人民所心悅誠服者。前者，如現今之英日諸國；後者，如中國數千年來盜竊得國之朝廷也。」這些文字所表達的思想雖然沒有超出梁啓超對國家和朝廷的界定，但從中我們也能夠看出梁啓超的憲政思想對毛澤東的影響。在晚年，當毛澤東在談年少時所受新思想的影響時說道：「受到梁啓超辦的《新民叢報》的影響，覺得改良派也不錯，想向資本主義找出路，走西方富國強兵的路子。」〔註32〕尤其是在清末憲政改革大潮中，梁啓超可以說是以一敵百，他的憲政言論猶如平地驚雷，給當時的思想界和知識界帶來了極大的震撼。以梁氏爲代表的立憲派和以孫中山爲代表的革命派以《新民叢報》和《民報》爲陣地圍繞著改良與革命、民族與國家、君主立憲與民主共和、種族革命與政治革命等問題而展開的辯論，不僅使人們對西方近代民主政治思想有了更爲深入的認識，而且在一定程度上促進了政治新觀念的形成。總體來看，梁啓超犀利的筆鋒和富有時代氣質的言論確實影響了不少社會精英和知識人士，從而爲人們更加深入地理解憲政文化奠定了基礎。任公在當時的影響力，可從他仙逝後社會各界參加追悼會的盛況管窺一二。「是日到者甚眾，除尚志會、事務學會、清華大學研究院、香山慈幼院、松坡圖書館、司法儲才館、廣東旅平同鄉會等團體外，有熊希齡、丁文江、胡適、錢玄同……，門人中有楊鴻烈、汪震、蹇先艾、吳其昌、侯鍔、謝國楨等約五百人。」〔註33〕除此之外，當時頗有影響力的報紙如《新聞報》、《申報》也都相繼刊發悼念文章，追述先生一生的功業。

（二）推動了近代中國憲政實踐的步伐

鴉片戰爭以來，隨著國門的打開和西洋知識的湧入，中國傳統的經世思想慢慢地發生著歷史性的變化。一些有識之士在尋求救亡圖存的道路上，不再一味依靠中國傳統資源，而是逐漸地把目光投向打敗自己的那種先進的異質文明。19 世紀 60 年代，由清政府主導的洋務運動的失敗，宣告了以學習西方先進技術爲主題的救亡圖存方案的破產。甲午中日戰爭之後的戊戌變法則開啓了

〔註32〕 參見李銳：《毛澤東早年讀書生活》，遼寧畫報出版社，2007 年版，第 19 頁。
〔註33〕 丁文江、趙豐田：《梁啓超年譜長編》，上海人民出版社，2009 年版，第 776 頁。

通過以政治體制改革爲中心的救亡圖存的新嘗試。在這次變法運動中，以梁啓超爲代表的維新人士，將朦朧的憲政理念初次運用到改革的實踐當中，推動了晚清政治邁向近代化的步伐。1904～1905 年發生的日俄戰爭，俄國的失敗和日本的勝利使國人對立憲政治增加了一層新的信仰。在當時國人的眼裏，日本的立憲政治雖然還不曾是眞正的立憲政治，但自其施行欽定憲法沒有多少年，便以區區三島打敗了一個龐大專制的中國，再過十年，又打敗了一個龐大專制的俄國，於是大家不僅相信立憲政治是導致日本勝利的根本原因，而且也確信立憲的確有強國的功能。於是乎立憲思潮陡然高漲，朝野上下要求改行立憲政體的呼聲此起彼伏。例如當年《東方雜誌》刊登了一篇名爲《論立憲與教育之關係》的文章就頗能代表當時的呼聲：「自日本一區區島國，崛起東海，趨世界無敵之俄軍，使之復返其故都而後，世之論者，咸以專制與立憲分兩國之勝負。於是我政府有鑑於此，如夢初覺，知二十世紀之中，無復專制政體容足之餘地，乃簡親貴，出洋遊歷，考察政治，將取列邦富強之精髓，以藥我國垂危之頑疾。盛哉斯舉，其我國自立之權歟，吾人莫大之幸福歟！」〔註 34〕

　　梁啓超雖在 1902 年開始正式倡言立憲，但他的憲政言論在 1905 年以後則表現得更爲深刻有力。在日俄戰爭後，他寫了一系列與憲政相關的文章，爲當時搞得轟轟烈烈的立憲改革推波助瀾。此外，當清政府於 1905 年 7 月要進行「預備立憲」的消息傳出後，避居海外的梁啓超更是興奮無比，立刻投入到這次立憲運動當中。他以首先「實行國會制度，建設責任政府，釐定法律；鞏固司法權之獨立；確立地方自治，正中央地方之許可權；愼重外交，保持對等之權利」〔註 35〕爲政綱組織了政聞社作爲成立立憲政黨的準備。只有十個月壽命的政聞社雖然於 1908 年被清廷查禁解散，但它與其他一些立憲組織如湖北憲政會、湖南憲政公會、廣東自治會等一道共同推動了當時的憲政改革運動。其次，隨著立憲運動的展開，遠在海外的梁啓超還派徐佛蘇等人參加和組織了國會請願同志會和「憲友會」，並撰寫一系列文章如《論政府國會之非》、《朱諭與立憲政體》、《評資政院》、《憲政淺說》、《中國國會制度私議》、《責任內閣釋義》等直接指導立憲請願活動的每一環節。徐佛蘇在《梁任公先生軼事》中記述當年的情景時說道：「余來京二三月，各省諮議員多數

〔註 34〕覺民：《論立憲與教育之關係》，見張枬、王忍之編：《辛亥革命前十年間時論選集》第二卷，上冊，生活‧讀書‧新知三聯書店，1962 年版，第 360 頁。
〔註 35〕參見梁啓超：《政聞社宣言書》，《梁啓超全集》第三冊，北京出版社，1999 年版，第 1714 頁。

北上，集議如何促進立憲之法。……於是梁先生精神大振，深信今後大可接洽全國議士及優秀人士，灌注其政見學說，而常由余向各議員湯化龍、林長民、孫洪伊、黃遠生諸先生通簡論證，聯絡公義私交。……梁先生非常獎許鄙意，故能賜稿均能開到國民憲政上之智識及興味，而《國風報》遂爲立憲運動之大本營矣。」〔註 36〕所以，將梁啓超看作是此次憲政運動的靈魂人物一點也不爲過。當清末立憲失敗、辛亥革命發生後，民國的肇建使「坐而言，力而行」的梁啓超又投入到新的戰鬥中去。歸國後的梁啓超對共和國的建設給予一定的熱情，他不僅著書立說倡言立憲政治，而且還組建政黨併入主「第一流人才內閣」踐行政黨政治，盡自己最大的努力推動立憲政治的實踐。當袁世凱復辟帝制破壞立憲政治的行徑大白於天下之後，梁啓超以一篇驚世駭俗的《異哉所謂國體問題者》吹響了反袁反帝的號角，此外，梁啓超還聯絡進步黨人士參加到反袁的實際鬥爭當中。1915 年 12 月 23 日，唐繼堯等人就是以梁啓超起草的《雲南致北京警告電》、《雲南致北京最後通牒》爲基礎發出了針對袁世凱復辟的通電，標誌著討伐袁世凱的護國戰爭爆發。到了 12 月 31 日，蔡鍔、唐繼堯等人又聯合發出了梁啓超起草的《雲貴檄告全國文》，他們在列舉袁世凱數種罪狀的同時，還將梁啓超提出的「與全國民戮力擁護共和體，使帝制永不發生；劃定中央、地方許可權，圖各省民力自由發展以及建設名實相符之立憲政治，以適應世界大勢」等作爲護國軍的政治綱領。而當護國運動正式發起後，遠在上海的梁啓超運籌帷幄不僅爲運動出謀劃策，還通過籌措資金、運動馮國璋讚助雲南起義、潛入廣西等一系列的實際行動來推動護國戰爭的進行。最終，在以梁啓超爲代表的進步人士和國人的一致聲討中，袁世凱的帝制美夢也就化爲泡影。〔註 37〕丁文江先生在回顧當年的情景時說道：「此次護國之役，先生既爲最初發動者，又爲各方面之中心，其居滬期間的種種籌畫布置和運動，實爲此役成功的最大關鍵。……先生居滬期間，除他種籌畫布置和運動外，對於蔡松坡的軍事進行，指導不遺餘力」。〔註 38〕總之，從這些事實和記述中我們可以看出，梁啓超的憲政思想和實踐活動，無疑對當時的憲政實踐有著一定的推動作用。

〔註 36〕丁文江、趙豐田：《梁啓超年譜長編》，上海人民出版社，2009 年版，第 334 頁。
〔註 37〕參見李喜所、元青：《梁啓超傳》，人民出版社，2010 年版，第 288～298 頁。
〔註 38〕丁文江、趙豐田：《梁啓超年譜長編》，上海人民出版社，2009 年版，第 475
　　　～476 頁。

三、梁啓超憲政思想的現實啓示

　　1840 年鴉片戰爭爆發後，隨著世界資本主義侵略的不斷加深，中國社會各階層則對國家出路進行了不同程度的探索，先後經歷了農民階級起義、統治階級的洋務運動、資產階級的改良與革命等不同形式的探索之路。在這個漫長艱難的摸索過程中，以梁啓超爲代表的資產階級改良派所嚮往的「立憲救國」主張雖然以失敗告終，但在一定程度上爲中國當代的憲政建設提供了一定的思想資源與深刻的歷史經驗和教訓。因爲「我們今天所需要做的不是盲目地肯定或否定自己的傳統，不是站在傳統這個巨人的肩膀上『薄古厚今』——這樣其實等於是在自我否定，而是應該認眞審視中華民族作爲一個歷史的整體所走過的憲政路程，虛心參照其他國家的發展經驗，看到自己今天仍存在的不足並努力加以改進。」〔註 39〕梁啓超憲政思想留給我們的最深刻的啓示就是在憲政建設的進程中，既要正確地理解和把握憲政的內涵和本質，又要全面地認識中國的歷史與國情；既要積極創造實現憲政的經濟基礎，又要鼓勵人民大眾的政治參與熱情。〔註 40〕同時還應該重視以下幾個方面的建設。

（一）「憲法至上」觀念的培育及其遵循是實現憲政的基礎

　　所謂「憲法至上性」是指憲法具有最高的地位、最高的權威和效力。作爲人權保障書的憲法，從形式上看，憲法是民主事實的法律化，是制約權力和保障公民自由與美好生活得以實現的法律表達形式；從實質上看，憲法的內容是由人的存在之形態和人的發展之趨勢所決定，因爲人之存在是不完滿的，所以寬容並善待人之不完滿性便成爲一切時代之憲法的一項基本法則，同時還是因爲人天生「具有追求至善的稟賦，所以珍惜並善待人之揚棄自身『殘缺性』或『給定性』的超越本質，便成爲一切時代之憲法所應倍加關注的最爲根本的東西和所應倍加珍惜的最高價值——在人類社會的任何歷史時期的憲法存在，都有千方百計的保證：讓人的自由和創造的天性能夠在一個開放性的空間中無限的發揚下去，並不斷地得以優化。否則，人和歷史的存在，憲法和政府的存在等等一切的存在將喪失延續的意義。」〔註 41〕也正是

〔註39〕張千帆：《憲法學導論》，法律出版社，2004 年版，第 89 頁。
〔註40〕吳愛萍：《從康梁到孫中山：清末民初憲政理念與實踐研究》，天津人民出版社，2011 年版，第 191 頁。
〔註41〕江國華：《憲法哲學導論》，商務印書館，2007 年版，第 114 頁。

出於對人的存在及其發展的保障的重視，各國在制定憲法時幾乎都將「人」置於中心位置。例如，美國 1787 年憲法就開宗明義地指出：美國人民，爲建設更完美之合眾國，以樹立正義，奠定國內治安，籌設公共國防、增進全民之福利，並謀今後使我國人民及後世永享自由生活起見，特製訂美利堅合眾國憲法。關於憲法及憲法的至高無上性，梁啓超很早就予以關注並在諸多文章當中都進行過重點論述，甚至將它看成是實現立憲政治的基礎。例如，在《各國憲法異同論》一文中，梁啓超以憲法爲依據對政體進行了分類。在這篇文章的開篇，他就指出：「憲法者英語稱爲 Constitution，其義蓋謂可爲國家一切法律根本之大典也。故苟凡屬國家之大典，無論其爲專制政體（舊譯爲君主之國）、爲立憲政體（舊譯爲君民共主之國）、爲共和政體（舊譯爲民主之國），似皆可稱爲憲法」〔註42〕而在另一篇文章《立憲法議》中，梁啓超對憲法的理解似乎有了明顯的進步，他不僅解釋了憲法與立憲政治的含義，而且還對憲法的實施及中國確立立憲政治的條件等做了論述。關於憲法的至高性，他是這樣說的：「憲法者何物也，立萬世不易之憲典。而一國之人，無論爲君主爲官吏爲人民皆共守之者也。爲國家一切法度之根源，此後無論出何令，更何法，百變而不許離其宗者也。西語原字爲 THE CONSTITUTION，譯意猶言元氣也，蓋謂憲法者一國之元氣也。」〔註 43〕此後，隨著梁啓超閱歷和學識的不斷拓展，他對憲法的認識也越來越深刻，尤其是清末憲政改革與民國的立憲政治實踐使他更爲深刻地認識到：一個國家即使有了比較完備的憲法，也不一定能建成眞正的立憲政治，因爲憲法精神的培育與憲法至上觀念的養成直接影響著立憲政治的進程。1916 年梁啓超在其《國民淺訓》一文中，在批判袁世凱復辟帝制行徑的同時，對中國立憲政治的實踐也進行了深刻地反思：「立憲者，以憲法規定國家之組織，及各機關之權限，與夫人民之權利義務，而全國上下共守之以爲治者也。……在歐美日本等國，每屆選舉之年，凡欲爲議員者，必到處演說，自發表其政治上之意見，人民聚而聽之，皆可得許多政治智識，又以知其人之意見，是否與我相合能爲我代表，此最是有益之事。我國將來亦必須如此，但目前恐未辦得到。……大抵欲爲立憲

〔註42〕 梁啓超：《各國憲法異同論》，《梁啓超全集》第一冊，北京出版社，1999 年版，第 318 頁。

〔註43〕 梁啓超：《立憲法議》，《梁啓超全集》第一冊，北京出版社，1999 年版，第 405 頁。

國民者，平時多閱書報，留心時事，選舉之時，鄭重投票，斯亦可以無大過矣。」〔註44〕

梁啓超對「憲法至上」性的這些論述，對我國社會主義憲政建設之路無疑具有一定的啓示意義，即就是在憲政建設中，要大力加強憲法的宣傳教育，養成公民守法的習慣。一方面，要加強國家公務人員的憲法觀念養成。在我國，由於憲法的許多規定主要靠國家機關及其相關人員來貫徹執行，所以這些機關及其人員憲法觀念的養成不僅有利於維護憲法尊嚴，而且也有助於國家權力能在憲法規定的範圍內運行。長期以來，憲法被一些國家公務人員當做政治綱領，很少被當做國家的根本大法，它的重要性甚至還不及「紅頭文件」和領導的講話重要。這樣造成的一個現實結果就是憲法「至高無上」的尊嚴得不到維護，國家權力的濫用往往得不到有效的遏制，公民的權益也往往得不到切實的保障，這些都與我們所要建設的真正的憲政背道而馳。另一方面，加強憲法及其至上性觀念在普通公民當中的宣傳教育有助於公民主體意識和權利意識的成長。歷史地看，立憲政治產生和發展的一個重要原因是公民主體意識和權利意識不斷成長的過程。所以，公民權利意識的成長也會推動立憲政治建設的進步。近年來，在我國社會主義事業不斷發展的同時，公民權利意識的增長與國家公權力的濫用所產生的矛盾已成為影響我國憲政建設的一個重要因素。例如，近年來由於政府強拆而引起的群眾自焚事件、群眾上訪事件等，從發生的淵源來看，其實就是公民權利意識的增長對政府侵權行為的一種反抗行為；而從結果上看，這些群體性事件的發生卻在一定程度上推動了我國法治制度的建設和不斷完善。例如我國《物權法》的頒佈以及相關土地徵用及房屋拆遷法律法規的出臺，對公民的權利保障無疑有著積極的作用，同時也是憲法精神在現實生活中的彰顯。

（二）依法治國與責任政府的建立是憲政實現的重要保障

立憲政治發展的歷史表明，法治不僅是憲政的重要內容，而且也是立憲政治發展的重要保障。立憲與法治之間的關係向來是梁啓超極為關注的一個問題。他從中西法律比較的角度，認真審視中國歷代的法律制度與法律思想的得失，呼籲要把法治建設當做立憲政治建設的重要保障予以重視。在《管

〔註44〕梁啓超：《國民淺訓》，《梁啓超全集》第五冊，北京出版社，1999 年版，第 2837～2838 頁。

子傳》一文中，他這樣論述法治與憲政的關係：「今世立憲之國家，學者稱爲
法治國。法治國者，謂以法爲治之國也。……故法治者，治之極軌也，而通
五洲萬國數千年間。」〔註 45〕除此之外，梁啓超還寫了一系列文章，如《各
國憲法異同論》、《論立法權》、《中國法理學發達史論》、《論中國成文法編制
之沿革得失》，《中國國會制度私議》、《專設憲法案起草機關議》、《憲法起草
問題答客難》等全面地論述了他的法治思想，指出作爲「國家意志」與「天
下之公器」的法不僅是區分野蠻與文明的標誌，而且也是規定與保持合理的
權利與義務界限之工具，所以立法應該謀求國民最多數之最大幸福爲遵旨，
立法權應歸多數之國民並專門獨立的立法機關行使。尤爲重要的是，梁啓超
不僅將孟德斯鳩等人的三權分立與制衡思想引入到了他的憲政思想之中，而
且還提出了司法獨立的主張並通過自己的行動與努力推動司法獨立的實現。
1913 年 9 月梁啓超抱著遺憾入主「第一流人才內閣」並擔任司法總長，雖然
未能實現「非國務大臣不做」的抱負，但也爲其改良中國司法的理想提供了
活動的舞臺。在他看來，民國初期的司法狀況積弊重重，問題成堆，其主要
表現在：一是司法不獨立，行政官吏干涉司法的行爲極爲平常；二是司法風
紀敗壞，法官不懂法律，濫用職權與貪污受賄時有發生；三是司法制度不立，
各地無一定法院。梁啓超認爲，這些問題的存在不僅與司法獨立精神（「司法
獨立之眞精神，惟在使審判之際，專憑法律爲準繩不受他力之牽掣」〔註46〕）
背道而馳，而且還阻礙了立憲政治建設的進程。爲此，他在爲「人才內閣」
起草的大政方針宣言書中就從司法、財政、稅收、軍政、交通、教育等諸方
面提出了他的改革設想。但在他看來，司法和教育才是立國之大本：「抑立國
大本，首在整飭紀綱，齊肅民俗，司法與教育，實俱最要之樞機也。今之稍
知大體者，咸以養成法治國家爲要圖。然法治國曷由能成，非守法之觀念，
普及於社會焉不可也。守法觀念如何而始能普及，必人人知法律之可恃，油
然生信仰之心，則自懷然而莫之犯也。故立憲國必以司法獨立爲第一要件」。
〔註47〕爲了達到這個目標，一要「參酌法理與習慣」，制定適合我國的法律體

〔註45〕梁啓超：《管子傳》，《梁啓超全集》第三冊，北京出版社，1999 年版，第 1865
頁。

〔註46〕梁啓超：《呈總統文》，《梁啓超全集》第五冊，北京出版社，1999 年版，第
2648 頁。

〔註47〕梁啓超：《政府大政方針宣言書》，《梁啓超全集》第五冊，北京出版社，1999
年版，第 2575 頁。

系，使司法行爲有所依據；二要制定嚴格的法官選拔與懲處法規，嚴肅官紀，提高司法人員的素質。除此之外，梁啓超還把責任政府的建構看成是實現立憲政治的另一個重要保證。現代政治學認爲責任政府簡單地看就是負責任的政府，即就是「政府在行使社會管理職能的過程中，積極主動地就自己的行爲向人民負責；政府違法或者不當行使職權，應當依法承擔法律責任，實現權力和責任的統一。」〔註48〕梁啓超對責任政府（責任內閣）的論述雖然沒有這麼精細，但對我們建設立憲政治有一定的啓發意義。在《論政府與人民之許可權》、《國會與義務》、《中國國會制度私議》、《責任內閣釋義》、《將來百論》、《責任內閣與政治家》等文中，梁啓超對責任政府（責任內閣）進行了比較全面的論述，在他看來，對代表國民的國會負責的政府就是責任政府：「責任之政府者，非以其對君主負責任言之，乃以其對國民負責任言之。……而對君主負責任之政府，其監督之者惟有一君主。君主之監督，萬不能周，則政府惟有日逃責任以自固。非爲逃之而已，又且卸責任與君主，使君主代己受過，而因以自謝於國民。政府腐敗之根源，實起於是。故立憲政治，必以君主無責任爲原則。」〔註49〕而在《內閣釋義》一文中，在比較英、日、德等國內閣制的基礎上，詳細具體地論述了內閣的組織及其責任問題。從梁啓超的這些論述來看，他不僅將「責任政府」的建立看成是區分立憲政治與專制政治的主要標準，而且還將「責任政府」的建立看成是實現立憲政治的重要保障。用他自己的話說就是「立憲政體，以君主不負政治上之責任爲一大原則，其所以示別於專制政體者，惟在此點。」〔註50〕

梁啓超對責任政府與法治建設的這些論述對我國社會主義憲政建設有著很大的啓示。在我國現階段的憲政建設中，隨著改革開放的不斷深入，社會矛盾的日益凸顯給我國社會主義憲政建設提出了很大的挑戰。「有法可依，有法必依，執法必嚴，違法必究」，這一宣導了幾十年的法治原則在其實施中效果也是差強人意。在現實中，政府推脫逃避責任的現象時有發生，其公信力受到很大的挑戰。這些與法治原則相違背的行爲不僅阻礙我國建設法治國家的目標，而且影響了社會主義憲政建設的進程。爲此，黨和國家一再強調，

〔註48〕http://baike.baidu.com/view/1895279.htm
〔註49〕梁啓超：《政聞社宣言書》，《梁啓超全集》第三冊，北京出版社，1999年版，第1711頁。
〔註50〕梁啓超：《立憲國詔旨之種類及其在國法上之地位》，《梁啓超全集》第四冊，1999年版，第2409頁。

在我國社會主義民主政治建設中，要把科學民主立法，維護法治的尊嚴和權威，深化司法體制改革，推進依法行政，建設責任政府，優化司法職權配置，規範司法行為與加強政法隊伍建設，執法公正文明，開展法制宣傳教育，弘揚法治精神等作為重中之重的工作來抓。

（三）穩健漸進的改革路徑是實現立憲政治的重要途徑

一般來說，改革和革命是推動社會變革的兩種慣常方式。改革是保持原有事物性質不變的前提下對其進行改良、修正，確保原有事物能煥發新的活力，使之能夠健康地發展；革命是徹底改變事物原有性質，促使原有事物走向死亡，催生新事物的誕生；改革是一個漸進的量變過程；而革命是一個劇烈的質變過程。客觀地說，改革和革命在推動社會變革的過程中有利有弊，到底採用哪種方式還要依社會總體矛盾的發展狀態而定。具體來說，當社會矛盾發展到不可調和、改革不能解決社會矛盾時，「疾風暴雨式」的革命就顯得不可避免。相反，如果社會矛盾還沒有達到白熱化、生產力還能夠包容生產關係時，溫和漸進的改革不僅有利於化解矛盾，而且還有利於社會在平穩有序的狀態中走向新生。就中國近代民主憲政的發展歷程來看，「激情燃燒」式的革命雖然影響過憲政的產生和發展（列寧說過，憲法是階級鬥爭的結果，是階級力量變化的反映；毛澤東也說過，憲法是革命勝利的結果）。但歷史經驗告訴人們，僅僅依靠革命和激烈的階級鬥爭而爭來的憲政，往往具有不確定性和不穩定性。革命與鬥爭「容易煽動階級仇恨，造成以暴對暴的社會動亂，引起暴力革命的惡性循環。它也不利於理性地對待前朝一些正確、合理的東西，容易引起社會從一個極端走向另一個極端。頻繁的暴力革命和社會動亂，會使一個國家的憲政道路特別崎嶇。」〔註 51〕然而，與「激情燃燒」式的革命相比，「溫和漸進」式的改革不僅能為立憲政治的發展創造一個有序平穩的社會環境，重要的是在改革中逐漸成長起來的理性與妥協精神更有助於憲政文化的生成。關於這一點，王希博士在考察美國憲政發展歷史時指出：美國憲法是美國建國初期多元利益集團談判和妥協的結果；憲法所創立的也是一個利益談判和妥協的政治機制；在美國兩百多年的歷史上，不同的利益集團（群體）因應不斷變化的歷史環境，利用依憲法衍生的憲政機制，就各

〔註 51〕 蔡定劍：《論道憲法》，鳳凰出版傳媒集團，譯林出版社，2011 年版，第 255頁。

自的利益和聯邦的「公共」利益的定義和定位，相互進行一種連續不停的談判和妥協；談判和妥協使舊的憲法原則和實踐得以修正，使新的憲法原則和實踐得以產生，憲法的生命力不斷得到更新，表現出一種「超穩定性」，成爲一部「活著的憲法」。〔註52〕鑒於妥協精神的重要性，阿克頓勳爵將妥協視爲政治的靈魂，而羅伯特‧達爾也指出「民主依賴妥協」。

在梁啓超的憲政思想體系中，他之所以比較青睞以改良的途徑來實現立憲政治，其原因固然與他的階級屬性有著直接的關聯，但「改良」本身所具有的優勢也是梁啓超堅持走溫和改革的一個重要原因。在戊戌前，梁啓超就極力宣導通過自上而下政治的改革來提高官智與民智，並藉以消弭外國資本主義侵略給中國所帶來的壓力，而這樣的改革訴求也成爲引領變法維新發生的最重要的原動力。及至變法失敗之後，蝸居日本的梁啓超在接觸大量近代西方民主政治思想的基礎上，其主張曾一度邁向革命並與革命黨領導人孫中山建立了短暫的合作關係。然而，到 1903 年前後，他的思想又爲之一變，並逐漸倒向改良。爲此，梁啓超還專門撰寫了《政治學大家伯倫知理之學說》、《開明專制論》、《越南亡國史》、《申論種族革命與政治革命指的是》、《暴動與外國干涉》、《俄羅斯革命之影響》等一系列文章，專門論述了改良在建構立憲政治中的必要性和重要性。例如，在《記斯賓塞論日本憲法語》一文中，梁啓超以斯賓塞的進化論與日本的制憲歷史爲依據，闡述了他的漸進改革觀。他說：「斯氏忠告於日本政府者，曰自審其國民地位在第幾級，吾以爲凡自愛其國者，皆不可不三復斯言矣。……毋亦以進化之公例，從無突然發生之物，皆循其遺傳而遞變焉。經若干年，而其狀態乃大異耶。」〔註53〕《開明專制》一文中，梁啓超又以波倫哈克的理論爲依據，論述了中國不能通過革命實行民主共和的理由，認爲經由革命而建立的民主共和制要麼會遭到外國的干涉而失敗，要麼由於國民缺乏經營共和立憲的知識而導致更大的專政。他說：「中國今日，固號稱專制君主國也，於此而欲易以共和立憲制，則必先以革命。然革命絕非能得共和，而反以得專制。……凡因習慣而得共和政體者常安，因革命而得共和政體者常危。請言其理。夫既以革命之力，

〔註52〕 關於憲法的理性精神和妥協精神的論述可參見王希：《原則與妥協：美國憲法的精神與實踐》，北京大學出版社，2000 年版。

〔註53〕 梁啓超：《記斯賓塞論日本憲法語》，《梁啓超全集》第一冊，北京出版社，1999年版，第 392 頁。

一掃古來相傳之國憲，取國家最高之目的，而置諸人民之仔肩矣。而承此大暴動之後，以激烈之黨爭，四分五裂之人民，而欲使之保持社會之平衡，此又必不可得之數也。……於是乎社會階級之爭奪，遂相互迭起而靡有窮。」〔註54〕在《暴動與外國干涉》一文中，梁啓超再次明確地論述了改革在立憲政治建設中的作用，他說：「論者所希望在秩序之革命，而不知苟非法治國國民，無論何事而必不能有秩序；況革命事業，其與秩序性質，最難相容。雖以素有秩序之民行之，其騷擾混雜，猶常在意計之外。……則其預備工夫，不可不先謀以養成有秩序之國民；而欲養成有秩序之國民，則必先求政治狀態生一大改革。苟不注意於現在政治上之監督，而惟思煽動於下，吾敢斷言，雖至海枯石爛，而秩序之革命，終無自發生也。」〔註55〕梁啓超根據當時中國所面臨的情勢而對革命和共和立憲的這種判斷和擔心不無道理，辛亥革命後的中國歷史發展趨勢似乎也證明了這一點：革命後草創的共和國雖然推翻了封建專制統治，但隨之而來的洪憲帝制、張勳復辟及軍閥混戰非但未能使中國走向眞正的憲政，反而給中國帶來了更大的災難（如果這不是所謂的「陣痛」的話）。從這些來看，梁啓超對改革的重視不僅僅因爲他是「資產階級改良派」，更重要的是因爲他對「改革」本身在立憲政治建設中的作用的看重。

梁啓超對改革在憲政建設中的作用的重視帶給我們的啓示就是：在我國經歷了數十年的改革之後，隨著公民的主體意識和權利意識的增長，人們之間的利益衝突和矛盾紛爭不僅不可避免，而且有愈演愈烈之勢。這就要求人們既要通過平穩漸進的方式繼續推進改革，調整人們之間的利益關係，化解人民的利益衝突，而且要在漸進平穩的改革之中培養人們的理性和妥協精神，爲我國社會主義民主政治建設創造一個和諧的社會環境。我們之所以強調要在穩健漸進的環境中推動民主進程、加強憲政建設，之所以要在穩健漸進的改革中建設憲政，其主要原因是因爲「在缺乏民主傳統，歷史負擔沉重的中國，以爲民主可以在一個晚上一蹴而就，未免幼稚。……中國人民沒有民主的傳統，或者說沒有民主傳統，文化水準也低，一步一步走比一哄而起，

〔註54〕 梁啓超：《開明專制論》，《梁啓超全集》第三冊，北京出版社，1999 年版，第 1470 頁。

〔註55〕 梁啓超：《暴動與外國干涉》，《梁啓超全集》第三冊，北京出版社，1999 年版，第 1671 頁。

造成混亂要好。」〔註56〕正如學者蕭功秦先生在談到清末新政的歷史啓示時所說的那樣：「我們之所以可能具有一種透視這段歷史的角度，乃是因爲我們從革命的時代進入了改革的時代。與受革命和浪漫主義思潮洗禮的前輩不同，生活在改革時代並受改革帶來的種種困擾刺激的我們……希望從歷史上的改革所面臨的各種類似的問題中，以及歷史上的改革者爲解決他們所面對的矛盾而進行的嘗試中，獲得某種有益的啓迪。革命者可能對此無動於衷，改革者則相反。」〔註57〕

（四）社會經濟的發展是實現憲政的重要條件

馬克思主義唯物史觀和辯證法告訴人們，政治與經濟之間有著緊密的聯繫，經濟是政治的基礎，政治對經濟有一定的反作用。西方資本主義國家的憲政發展歷史也表明，市場經濟的建立和發展是引發近代立憲政治的重要物質基礎。希臘高度發達的工商業和四通八達的海洋貿易促成了以雅典爲代表的城邦民主政治；近代工業革命的興起和市場經濟的不斷發展和完善最終催生了近代立憲政治在歐美國家的建立。以等價交換和自由競爭爲特徵的市場經濟，取代了自然經濟、莊園經濟，既解放了生產力，使生產力得到巨大的發展；也解放了人，使依附於土地、屈從於等級「身份的人」轉變爲平等的、自由的「契約人」。這是因爲，一方面，市場經濟作爲社會化大生產的商品經濟，是一種直接以交換爲目的的經濟，市場活動的主體按照市場供求關係決定的價格，依據等價交換的原則進行交易，商品自身差別，買賣雙方的特殊身份和地位，血緣、門第、地域、民族、宗教等等都被排除在交換關係之外。同時，市場經濟還是一種公平的自由競爭經濟，它同等級特權、經濟強制等外部限制和束縛格格不入。生產的自由擴張和自由競爭、資本的自由周轉、勞動力的自由流動、價格的自由浮動是市場經濟發展的必然要求。平等、自由用法律規定出來就是權利，而實現權利的形式就是民主，立憲政治就是爲了確保由市場經濟催生出來的自由、平等、民主等關係而逐漸登上人類政治發展的歷史舞臺。正如馬克思指出的那樣：「如果說經濟形式、交換，確立了主體之間的全面平等，那麼內容，即促使人們去進行交換的個人材料和物質

〔註56〕《實現民主以循序漸進爲宜》，參見《北美日報》，1986 年 12 月 19 日。轉引自董方奎：《梁啓超與立憲政治》，華中師範大學出版社，2011 年版，第 352 頁。
〔註57〕蕭功秦：《清末新政與中國現代化研究》，載《戰略與管理》，1993 年第 00 期。

材料則確立了自由。可見，平等和自由不僅在以交換價值爲基礎的交換中受到尊重，而且交換價值的交換是一切平等和自由的生產的、現實的基礎。作爲純粹觀念，平等和自由僅僅是交換價值的交換的一種理想化的再現；作爲在法律的、政治的、社會的關係上發展了的東西，平等和自由不過是另一次方的這種基礎而已。」〔註 58〕另一方面，市場經濟催生出來的平等、自由、協商等社會關係，則需要民主政治所確立起來的基本規則來保證。因爲「如果沒有規則，生活就會像霍布斯在 300 年前告訴我們的那樣，『孤獨、貧窮、骯髒、殘酷和匱乏』。只有那些浪漫的無政府主義者才會認爲，人們中間存在著『自然和諧』，即使沒有任何規則，他們也能消除所有衝突。我們需要共同生活的規則，其簡單的理由是，沒有規則，我們必將陷入鬥爭。我們會陷入鬥爭，是因爲一個人的欲望對象也會是另一個人的所求。規則界定著我們每個人從事自己的活動的私人空間。」〔註 59〕作爲一種政體形式，民主是建立在公共領域和私人領域分化基礎之上並體現公民權利至上的基本理念的。它既有利於容納個體獨立而自由的發展；又能夠以多數人的意志即公意決定的制度安排，避免個體之間大量衝突的發生和解決發生了的衝突。民主政治通過一定的程序監督、約束公共權力的運作，使公共權力能夠保障市場主體的合法經濟行爲與市場收益。因此，我們可以這樣說，體現民主政治最高形態的憲政成爲市場經濟有序運行和發展的政治保障。

與西方資本主義國家「內生型」的憲政之路不同，近代中國憲政理念的發軔和實踐，由於不是市場經濟充分發展所催生出來的，而是由西方列強侵略所誘導出來的，所以人們對立憲政治與市場經濟以及這兩者之關係的理解，在骨子裏還是脫離不了中國傳統文化特別是「道器觀」的影響。在那些主張立憲救國的有識之士看來，發展經濟就是開礦藏、修鐵路、立商會、裁釐金、扶助工商業、獎勵科學發明等，而立憲政治無非就是制憲法、定法律、開過會，允許人民上書談論政事，實行地方自治，允許士紳參與地方政事等。〔註 60〕至於市場經濟中的價值規律、自由競爭、市場監管、經濟法律、政府的角色與職能等方面的內容似乎不在他們討論的中心議題，這是因爲在亡國

〔註 58〕 《馬克思恩格斯全集》第 46 卷，人民出版社，1972 年版，第 197 頁。
〔註 59〕 〔美〕傑佛瑞·布倫南、詹姆斯 M·布坎南：《憲政經濟學》，馮克利、秋風、王代、魏志梅等譯，中國社會科學出版社，2004 年版，第 3～4 頁。
〔註 60〕 參見李澤厚：《中國近代思想史論》，生活·讀書·新知三聯書店，2008 年版，第 66～74 頁。

滅種危險的刺激下，如何「多快好省」地實現救亡圖存才是他們最爲關心的
事情。在梁啓超大的思想體系當中，有很多內容涉及到經濟方面的論述。據
統計，梁啓超在 1886 年～1926 年這 40 年間，寫過 67 篇論清末民初經濟問題
的文章，大約可分爲七大類：幣制改革（19 篇），財稅預算（17 篇），內債與
外債（12 篇），工商實業（5 篇），社會主義與土地國有論（1 篇），經濟學說
史（3 篇），國家經濟（10 篇）。〔註61〕通觀這些論述，基本上都是圍繞國計
民生問題展開，幣制改革和財政改革則是他特別關懷的重點，相比之下，對
（市場）經濟原理以及經濟與政治之關係的論述相對要少一些。面對近代西
方資本主義國家工商業的滲透，梁啓超站在國家主義的立場上，對中國根深
蒂固的「重農抑商」傳統和「閉關鎖國」的對外政策提出了嚴厲的批評，主
張中國應該像西方國家那樣，重視商業在國計民生中的地位和作用，通過發
展的途徑以實現國家的發達和自救。例如，在《〈史記·貨殖列傳〉今義》一
文中，梁氏對中國古代的「貨殖」觀念進行了新的詮釋，認爲國家之間的貿
易交往和商業互動是歷史發展的必然，是任何人阻擋不了的趨勢，中國只有
融入到世界貿易交往當中，才能在世界經濟競爭中分得一杯羹。他說：「西士
講富國學，倡論日益盛，持意日益精，皆合地球萬國土地人民物產而以比例
公理。盈虛消息之，彼族之富強，洵有由哉。然導其先河，乃自希臘。昔賢
肇闡義奧，溯逮晚近，乃更光大，雖曰新學，抑亦古誼也。……故國與國之
界限不破，則財政終莫得而理。天下終莫得而平也。孟子曰：『有賤丈夫焉。』
以太平世之律治之，則白圭之流，其猶不免與此名。而彼之以商務稱雄於環
宇者，又賤丈夫之大耳。雖然，若以治今日之中國，拯目前之塗炭，則白圭
計然，眞救時之良哉。」〔註62〕在發展商業經濟的途徑和方式方面，梁啓超
主張也應該向西方那樣，只有通過振興實業、建立大型工商業集團（即梁氏
所說的「托辣斯」）和實行股份制公司等，才能在世界經濟競爭中立於不敗之
地。然而，與西方國家成熟的經濟發展環境相比，中國在相關法律、民眾的
責任心、相關的財政和金融機構等方面還不健全，所以應該循序漸進地開展
相關改革，不能操之過急，以免出現「撿了芝麻丟了西瓜」的結果。例如，

〔註61〕 參見賴建成：《梁啓超的經濟面向》，（臺北）聯經出版公司印行，2006 年版，
　　　　 第 154 頁。
〔註62〕 梁啓超：《〈史記·貨殖列傳〉今義》，《梁啓超全集》第一冊，北京出版社，
　　　　 1999 年版，第 116～121 頁。

在《敬告國中之談實業者》一文（此文可以看做是梁啟超論述「法治與經濟」之關係爲數不多的論述之一）中，梁氏指出，股份有限公司是振興實業的重要途徑，但如果不改革中國落後的法律體系，不能對實業者個人財產進行有效保障的話，發展股份公司，振興商業可以說是紙上談兵。「股份有限公司必在強有力之法治國家之下，乃能生存，中國則不知法治爲何物也。……各國所以監督此種公司者，有法律規定其內部各種機關，使之互相鉗制；……有法律以防其資本之抽蝕暗銷，毋使得爲債權者之累，其博深切明有如此也。……今中國者，無法之國也。尋常私人營業，有數千年習慣以維持之，雖無法猶粗足自存，此種新式企業，專恃法律之監督保障以爲性命，紀綱頹紊如中國者，彼在勢固無道以發榮也。」〔註63〕常言道：「理想是美好的，現實卻是殘酷的」。還沒有等到梁啟超發展實業、振興經濟的主張實現，資本主義國家的侵略夾裹著災難深重的清政府一路狂飆，最後在辛亥革命浪潮的席捲下走向了歷史的終點。

「雄關漫道眞如鐵，而今邁步從頭越」。梁啟超的憲政思想和中國近代憲政實踐的歷史告訴我們，沒有健全的市場經濟，憲政建設的道路是曲折而艱辛的。在我國社會主義經濟改革和民主政治建設的進程中，經濟與法治之間的緊密聯繫可以說已經獲得人們普遍的認可。隨著市場經濟的不斷發展和完善，經濟對憲政建設的重要作用也越來越受到人們的重視。市場經濟所遵循的自由與平等競爭等要義，逐漸體現在人們的政治訴求當中，成爲推動政治改革的重要動力源泉之一。鑒於市場經濟與民主政治之間的這種密切關係，中國自改革開放以來，在實行對外開發和發展社會主義市場經濟的過程中，從來沒有停止社會主義民主政治的改革和建設。例如，在 2012 年召開的中國共產黨第十八次全國代表大會上，「加快完善社會主義市場經濟體制和加快轉變經濟發展方式」和「堅持走中國特色社會主義政治發展道路和推進政治體制改革」成爲舉國上下的共識，並以國家最高權威的形式確定爲今後發展的主要目標之一。在經濟方面，進一步明確了政府和市場的關係，更加強調了政府職能的定位和市場規律運用，突出了市場主體的自由度和多元性，也就是報告所講的要「保證各種所有制經濟依法平等使用生產要素、公平參與市場競爭、同等受到法律保護。」在政治方面，「支持和保證人民通過人民代表

〔註63〕梁啟超：《敬告國中之談實業者》，《梁啟超全集》第四冊，北京出版社，1999
　　　年版，第 1975～1976 頁。

大會行使國家權力」、「健全社會主義協商民主制度」、「完善基層民主制度」、「全面推進依法治國」、「深化行政體制改革」、「健全權力運行制約和監督體系」和「鞏固和發展最廣泛的愛國統一戰線」等確定爲今後中國社會主義民主政治改革和發展的主要目標。特別是在依法治國方面，進一步突出了法律的權威性、公正性，強調了司法改革的必要性和依法行政的重要性，而對審判機關、檢察機關依法獨立公正行使審判權和檢察權的強調，無疑讓人們更加清晰地看到了建設中國特色社會主義憲政的希望。

結　論

　　世運潛移，殆將有變。鴉片戰爭以降，在世界資本主義的侵略下，中國傳統的世界觀和價值觀開始了向近代遞嬗的艱難歷程。大清王朝的虛弱腐敗以及戰敗後簽訂的不平等條約，表徵著昔日的「天朝」已面臨著深刻的國家危機，同時也昭示著中華民族將面臨著一次前所未有的歷史巨變。敏銳而富有歷史責任感的士大夫與統治階級當中的少數開明者，率先越出「華夏中心主義」的禁錮，開始以「萬國並列」的眼光來審視「他者」與考量「自我」，並在此基礎上踏上了尋求抵禦外侮和改革國政的探索之路。梁啓超便是這些探索者當中最爲傑出的一位代表，他的「憲政救國」主張無疑是近代中國特殊歷史背景下的產物，在一定程度上推動了時人對憲政的認識和瞭解，促進了近代西方政治學說在中國的傳播，爲中國傳統的政治思想的豐富和發展做出了一定貢獻。

　　第一，資本主義發動的侵略戰爭及戰後出現的國家危機與社會變革是梁啓超憲政思想生成的歷史土壤。在西方，憲政的價值所在就是爲了最大限度地保障和實現公民權利，它是西方政治文明發展到近代的必然結果。然而，憲政原有的價值卻在近代中國發生了歷史性的「異化」，它不是爲了保障和實現公民權利而進行的一種制度設計，而是被看作是拯救國家和民族於危難之中的一種有效手段和工具。憲政內在價值的這種轉化是和中國近代特殊歷史背景分不開的。因爲，在鴉片戰爭後，中國固有的社會秩序在資本主義的影響下已經不能按照它原有的軌跡運轉：商品經濟在各開放口岸及內陸發達地區的發展使傳統的自然經濟開始分裂；不平等條約的制度化與各帝國主義國家勢力範圍的劃定，撕裂了在中國原有的平穩運行了兩千多年的封建專制制

度；洋槍大炮夾裏下的西方近代文明讓中國固有的且充滿自豪感與自信心的知識、思想與信仰體系開始坍塌。這些變化最終匯聚成有識之士對民族命運和國家前途探索的巨大潮流。在這股探索的潮流中，以梁啓超爲代表的知識分子似乎形成了這樣的共識：爲了民族的復興，中國必須選擇憲政，中國在向西方學習的過程中，應該堅持「富強爲體，憲政爲用」的學習思路。而在梁啓超本人的探索構想中，他認爲中國的被動挨打不是因爲武器的落後，而是腐朽的專制封建統治發展到最後階段的必然結果。所以國人學習西方的兵器以及其他聲光化電之技乃是本末倒置、隔靴搔癢，根本起不了救國救民的作用。相反，如果中國也像西方那樣建立起能夠使國家強大富足的立憲政治，那麼中國才能眞正地獲得國家的富強與民族的獨立。這也是梁啓超在中西對比研究中得到的最爲牢固的信念之一。總體來看，在梁啓超的整個憲政思想體系中，他往往把憲政文化的研究自覺不自覺地轉換成在憲政與富強之間探尋因果關係的實用性思考，立憲政治的實現也不僅僅是爲了保障公民的權利，更重要的是它能夠化解國家危機，實現國富民強。

　　第二，中國固有的思想養分與西方外來理論學說之間的相納相斥是構成梁啓超憲政理念的重要思想資源。近代中國憲政思想的形成與發展，與先進中國人接納域外新知、謀求內在變革的艱難歷程相伴相生。近代中國之所以學習西方，一個簡單而直接的理由就是「他」是強者、勝利者，「我」是弱者、失敗者。而堅守固有知識、思想和信仰體系的一個沉重而傷心的原因就是因爲它們是區分「我者」與「他者」的重要標誌；不管是學習還是堅守，其最終的目的就是爲了國家的富強與民族的獨立。爲了實現這一目的，以梁啓超爲代表的憲政思想家不惜將西方資產階級的國家學說、三權分立學說、主權在民觀念、自由平等思想等嫁接到中國傳統的思想體系之中以尋求國家出路。就梁啓超的憲政思想而言，少年時期的家庭教育與私塾的學習使他掌握了比較紮實的傳統思想知識，爲日後貫通中西奠定了一定的思想基礎；爾後拜師康有爲對「三世之義」與「西學書目表」的接觸不僅使其「眼界大開，爲之一震」，而且也讓他看到探索國家出路的新曙光；維新變法的失敗及在日本和歐美的閱歷使梁啓超對中西文化及立憲政治有了更爲深刻的認識；清末預備立憲時「政聞社」的創立與民國肇建後「第一流人才內閣」的入主，又讓梁啓超對融合中西文化，實現立憲政治的認識更上一層樓。即到後來梁啓超不得不承認中西文化各有優劣，外來文化的影響與移植都離不開本國文化

的歷史和土壤，中國要實行立憲政治必須立足國情，對中西文化要有客觀的認知態度。

　　第三，客觀公正地解讀梁啓超憲政思想是挖掘其歷史價值的重要依據。在過去很長的一段時間裏，由於受各種因素的影響，人們往往對革命理念與革命行為表現的情有獨鍾，大加褒揚，而對改良思想及改良活動卻是「冷嘲熱諷」，詬病不斷。其實，就梁啓超代表的改良派與以孫中山為代表的革命派而言，他們之間的分歧更多的是在方法上，而不是在最終的社會目標上，即他們之間的分歧主要集中在實現憲政的路徑選擇上，而不是要不要實現立憲政治上。改良派認為改革是實現立憲政治的最佳路徑，而革命派則認為要實現憲政捨革命別無它途。所以，客觀地看，改良派和革命派一樣，他們的憲政主張在中國近代思想史上都佔有極其重要的地位，為近代中國的憲政實踐都做出了巨大的貢獻。在梁啓超的憲政思想體系中，他雖然往往在君主立憲與民主共和之間搖擺不定（事實上他更青睞君主立憲），但對構成立憲政治的重要素材卻都有自己的解釋。例如，在流亡日本的前幾年，梁啓超已經接觸並開始宣揚民權、民主、議院等這樣一些西方的民主思想和民主制度，但這並不等於梁啓超已經是一位自由主義者。而他所宣揚的民主自由與那種信仰個人主義的西方自由主義有一定的差別，他強調個人權利和自由的同時，更加注重的是群體的集體權利和自由，或更具體地說是中國的國家權利和國家自由。因為在梁啓超看來，國家的獨立和富強才是當時壓倒一切的最重要的問題，所以他將權利看作是人格的一個基本內容，其根源在於他認為只有強大的國民才能建立一個強大和獨立的國家。同樣，雖然梁啓超將憲法、國會、政黨、法治等看成是建構憲政的重要因素，但這些要素不是保障公民自由和權利的一種制度設置，而是一種確保公民能夠參與政治的主要措施。總體來看，梁啓超對自由、民主等做出這樣的解釋並不代表他不理解這些範疇原有的內涵，而是梁氏想在個人和群體（國家）之間架起一座相通的橋樑，使個體能夠為國家的富強做出應有的貢獻。梁啓超對憲政的這種設計也為後來的憲政追求者預留了可供努力的空間，那就是立憲政治的終極價值不全是為了國家的富強，而更多的是為了國民的權利與自由得到最大限度的滿足。

　　基於以上幾點，我們可以得出這樣的認知，即造成近代中國憲政實踐道路的曲折艱辛與夭折失敗的原因，我們不能「事後諸葛亮」式地將之歸結為思想家以及他所提出的憲政主張，而更多的要從當時的時代背景去入手解

析，才能看到憲政文化的塑造、商品經濟的高度發展、政治發展道路的選擇等諸多因素在憲政建設中的作用，這樣更加有助於我國社會主義民主憲政的建設和成長。

參考文獻

A、史籍文獻

1. 故宮博物院明清檔案部編：《清末籌備立憲檔案史料》，中華書局 1979 年版。

2. 國家檔案局明清檔案館編：《戊戌變法檔案史料》，中華書局 1958 年版。

3. 中國第一歷史檔案館編：《清代檔案史料叢編》，中華書局 1984 年版。

4. 中國第一歷史檔案館編：《光緒宣統兩朝上諭檔》，廣西師範大學出版社 1996 年版。

5. 中國第二歷史檔案館編：《北洋軍閥統治時期的兵變》，江蘇人民出版社 1982 年版。

6. 中國第二歷史檔案館編：《北洋軍閥統治時期的黨派》，中國檔案出版社 1994 年版。

7. 中國第二歷史檔案館編：《中華民國檔案資料彙編》，江蘇古籍出版社 1991 年版。

8. 天津市歷史博物館編：《北洋軍閥史料》，天津古籍出版社 1996 年版。

9. 中國史學會編：《中國近代史資料叢刊戊戌變法》，神州國光社（上海） 1953 年版。

10. 夏新華等整編：《近代中國憲政歷程：史料薈萃》，中國政法大學出版社 2004 年版。

B、一般文獻資料

1. 黃宗羲：《宋元學案》，中華書局 1986 年版。

2. 馬建忠：《適可齋紀言》，中華書局 1960 年版。

3. 王韜：《弢園文錄外編》，清光緒九年鉛印本。

4. 魏源：《魏源集》，中華書局 1976 年版。

5. 薛福成：《出使日記續刻》，清道光二十四年刻本。

6. 薛福成：《靜庵筆記》，江蘇人民出版社 1983 年版。

7. 陳寶箴：《清實錄》，中華書局 1987 年版。

8. 張之洞：《張文襄公全集》，中國書店 1990 年影印版。

9. 何啓、胡禮垣：《新政真詮》，遼寧人民出版社 1994 年版。

10. 康有爲：《孔子改制考》，中國人民大學出版社 2010 年版。

11. 康有爲：《新學僞經考》，中國人民大學出版 2010 年版。

12. 康有爲著，樓宇烈整編：《康南海自編年譜》，中華書局 1992 年版。

13. 譚嗣同：《仁學》，中華書局 1958 年版。

14. 梁啓超：《梁啓超全集》，北京出版社，1999 年版。

15. 馮自由：《革命逸史》，新星出版社 2009 年版。

16. 李劍農：《中國近百年政治史》，復旦大學出版社 2002 年版。

17. 容閎：《西學東漸記》，湖南人民出版社 1981 年版。

18. 湯志鈞：《康有爲政論集》，中華書局 1981 年版。

19. 湯志鈞：《戊戌變法史》，人民出版社 1984 年版。

20. 湯志鈞：《乘桴新獲──從戊戌到辛亥》，江蘇古籍出版社 1990 年版。

21. 湯志鈞：《近代經學與政治》，中華書局 1995 年版。

22. 胡春惠：《民初憲政運動史》，正中書局（臺北）1978 年版。

23. 胡平生：《民國初期的復辟派》，臺灣學生書局（臺北）1985 年版。

24. 陶菊隱：《北洋軍閥統治時期史話》，三聯書店 1983 年版。

25. 胡適：《人權論集》，山海新月書店 1930 年版。

26. 黃遵憲：《黃遵憲集》，天津人民出版社 2003 年版。

27. 翦伯贊：《戊戌變法》，上海神州國光社 1953 年版。

28. 劉師培：《清儒得失論》，中國人民大學出版社 2006 年版。

29. 錢穆：《國史大綱》，商務印書館 1994 年版。

30. 錢穆：《中國近三百年學術史》，商務印書館 1997 年版。

31. 徐世昌編：《清儒學案》，中國書店 1990 年版。

32. 楊度：《楊度集》，湖南人民出版社 1998 年版。

33. 張岱年主編：《採西學議──馮桂芬、馬建忠集》，遼寧人民出版社 1994 年版。

34. 孫中山：《孫中山全集》，中華書局 1985 年版。

35. 宋教仁：《宋教仁集》，中華書局 1981 年版。

36. 林則徐：《林則徐全集》，海峽文藝出版社 2002 年版。

37. 榮孟源編：《中國近代史資料選輯》，三聯書店 1954 年版。

38. 崔國因：《出使美日秘日記》，黃山書社 1988 年版。

39. 汪敬虞：《中國近代經濟史 1895～1927》人民出版社 2000 年版。

40. 吳雁南等：《中國近代社會思潮》，湖南教育出版社。

41. 楊幼炯等：《中國政黨史》，商務印書館（上海）1937 年版。

42. 胡敬思：《國聞備乘》，中華書局 2007 年版。

43. 丁文江、趙豐田：《梁啓超年譜長編》，上海人民出版社 2010 年版。

44. 張枬、王忍之編：《辛亥革命前十年間時論選集》，三聯書店 1977 年版。

C、研究著述

1. 朱傳譽主編：《梁啓超傳記資料》，臺灣天一出版社 1979 年版。

2. 郭長久：《梁啓超與飲冰室》，天津古籍出版社 2002 年版。

3. 張品興編：《梁啓超家書》，中國文聯出版社 1999 年版。

4. 李喜所、元青：《梁啓超傳》，人民出版社 2010 年版。

5. 黃團元：《梁啓超之路》，湖北人民出版社 2008 年版。

6. 鍾珍維、萬發之：《梁啓超思想研究》，海南人民出版社 1986 年版。

7. 林慶彰、黃雅琦：《救亡與啓蒙：梁啓超之儒學研究》，花木蘭文化出版社（臺北）2009 年版。

8. 孟祥才：《梁啓超傳》，北京出版社 1983 年版。

9. 耿雲志、崔志海：《梁啓超》，廣東人民出版社 1994 年版。

10. 賴建成：《梁啓超的經濟面向》，浙江大學出版社 2010 年版。

11. 夏曉紅：《追憶梁啓超》，生活·讀書·新知三聯書店 2009 版。

12. 吳荔明：《梁啓超和他的兒女們》，上海人民出版社 1999 年版。

13. 宋仁：《梁啓超政治法律思想研究》，學苑出版社 1990 年版。

14. 董方奎：《梁啓超與護國戰爭》，重慶出版社 1986 年版。

15. 李喜所主編：《梁啓超與近代中國社會文化》，天津古籍出版社 2005 年版。

16. 方志欽、劉斯奮編：《梁啓超詩文選》，廣東人民出版社 1983 年版。

17. 呂濱：《新民倫理與新國家：梁啓超倫理思想研究》，江西教育出版社 2000 年版。

18. 宋德華：《嶺南維新思想述論：以康有爲、梁啓超爲中心》，中華書局 2002

年版。

19. 羅檢秋：《新會梁氏：梁啓超家族的文化史》，中國人民大學出版社 1999 年版。

20. 李金和：《平民化自由人格：梁啓超新民人格研究》，知識産權出版社 2010 年版。

21. 焦潤明：《梁啓超法律思想綜論》，中華書局 2006 年版。

22. 董方奎：《新論梁啓超》，華中師範大學出版社 2007 年版。

23. 陳鵬鳴：《梁啓超學術思想評傳》，北京圖書館出版社 1999 年版。

24. 王心裁：《梁啓超的讀書生涯》，長江文藝出版社 2000 年版。

25. 謝放：《跨世紀的文化巨人梁啓超》，廣東人民出版社 2005 年版。

26. 李茂民：《在激進與保守之間：梁啓超五四時期的新文化思想》，社會科學文獻出版社 2006 年版。

27. 鮑風：《梁啓超：改良人生》，長江文藝出版社 1996 年版。

28. 羅義華：《論梁啓超的「流質性」與轉型期中國文學的現代品格》，華中師範大學出版社 2007 年版。

29. 鄭匡明：《梁啓超啓蒙思想的東學背景》，上海書店出版社 2003 年版。

30. 顏德如：《梁啓超嚴復與盧梭社會契約思想》，吉林人民出版社 2003 年版。

31. 董德福：《梁啓超與胡適：兩代知識分子學思歷程比較研究》，吉林人民出版社 2004 年版。

32. 易新鼎：《博學多變的人生：梁啓超的讀書生活》，中原農民出版社 1999 年版。

33. 林與舟：《梁啓超的山河歲月》，東方出版社 2005 年版。

34. 張琳璋：《梁啓超：經營天下》，華藝出版社 2006 年版。

35. 賴光臨：《梁啓超與近代報業》，臺灣商務印書館 1968 年版。

36. 將光學：《梁啓超和中國古代的學術終結》，江蘇教育出版社 1998 年版。

37. 石雲艷：《梁啓超與日本》，天津人民出版社 2007 年版。

38. 郭剛：《中國早期的馬克思主義傳播——梁啓超與西學東漸》，人民出版社 2010 年版。

39. 張曉川、范礦生：《政學之間：梁啓超的多面人生》，東方出版社 2011 年版。

40. 袁詠紅：《梁啓超對日本的認識與態度》，中國社會科學出版社 2011 年版。

41. 徐剛：《少年中國夢：再讀梁啓超》，作家出版社 2011 年版。

42. 田遨：《楊度與梁啓超》，北嶽文藝出版社 2012 年版。

43. 李運博：《中日近代詞彙的交流：梁啓超的作用與影響》，南開大學出版

社 2006 年版。

44. 寶成關：《西方文化與中國社會》，吉林教育出版社 1994 年版。

45. 寶成關：《西潮與回應——近四百年思想嬗替研究》，吉林人民出版社 2002 年版。

46. 張豈之主編：《中國思想史》，西北大學出版社 1989 年版。

47. 侯外廬主編：《中國思想史》，人民出版社 1957 年版。

48. 陳樺：《清代區域社會經濟研究》，中國人民大學出版社 1996 年版。

49. 虞和平主編：《中國現代化歷程》，社會科學出版社 2000 年版。

50. 熊月之：《西學東漸與晚清社會》，上海人民出版社 1994 年版。

51. 陳國慶主編：《中國近代社會轉型研究》，社會科學文獻出版社 2005 年版。

52. 黃逸平：《近代中國經濟變遷》，上海人民出版社 1992 年版。

53. 桑兵：《晚清學堂學生與社會變遷》，學林出版社 1995 年版。

54. 桑兵：《庚子勤王與晚清政局》北京大學出版社 2004 年版。

55. 龔書鐸主編：《近代中國與近代文化》，湖南人民出版社 1988 年版。

56. 龔書鐸：《中國近代文化探索》，北京師範大學出版社 1988 年版。

57. 龔書鐸：《近代中國與文化抉擇》，北京師範大學出版社 1996 年版。

58. 郭漢民：《晚清社會思潮研究》，中國社會科學出版社 2003 年版。

59. 桑兵：《清末新知識界的社團與活動》，三聯書店 1995 年版。

60. 張玉法：《清季的立憲團體》，（臺北）「中央研究院」近代史研究所 1971 年版。

61. 蕭公權：《中國政治思想史》，新星出版社 2005 年版。

62. 王先明：《近代新學——中國傳統學術文化的嬗變與重構》，商務印書館 2000 年版。

63. 王曉秋、尚小明：《戊戌維新與清末新政——晚清改革史研究》，北京大學出版社 1998 年版。

64. 耿雲志等：《西方民主在近代中國》，中國青年出版社 2003 年版。

65. 葛兆光：《中國思想史》，復旦大學出版社 2004 年版。

66. 陳建華：《「革命」的現代性——中國革命話語考論》，上海古籍出版社 2000 年版。

67. 陳旭麓：《近代中國社會的新陳代謝》，山海社會科學院出版社 2006 年版。

68. 遲雲飛：《宋教仁與中國民主憲政》，湖南師範大學出版社 1997 年版。

69. 謝俊美：《政治制度與近代中國》，上海人民出版社 2003 年版。

70. 鄭大華：《晚清思想史》，湖南師範大學出版社 2003 年版。

71. 鄭大華：《民國思想史論》，社會科學文獻出版社 2006 年版。

72. 彭平一：《衝破思想的牢籠——中國近代啓蒙思潮》，湖南師範大學出版社 2010 年版。

73. 鄭大華、彭平一：《社會結構變遷與近代文化轉型》，四川人民出版社 2008 年版。

74. 李華興等：《索我理想之中華——中國近代國家觀念的形成與發展》，安徽教育出版社 2005 年版。

75. 金耀基：《從傳統到現代》，廣州文化出版社 1989 年版。

76. 羅榮渠等編：《中國現代化歷程的探索》，北京大學出版社 1992 年版。

77. 李明輝：《儒家視野下的政治思想》，北京大學出版社 2005 年版。

78. 劉澤華：《中國傳統政治思維》，吉林教育出版社 1991 年版。

79. 劉澤華主編：《中國傳統政治哲學與社會整合》，中國社會科學出版社 2001 年版。

80. 余英時：《中國思想傳統的現代詮釋》，江蘇人民出版社 2004 年版。

81. 許紀霖等主編：《中國現代化史》，生活・讀書・新知三聯書店 1995 年版。

82. 于桂芬：《西風東漸——中日攝取西方文化的比較研究》，商務出版社 2001 年版。

83. 夏勇：《法治源流——東方與西方》，社會科學文獻出版社 2004 年版。

84. 夏勇：《中國民權哲學》，生活・讀書・新知三聯書店 2004 年版。

85. 夏勇：《憲政建設：政權與人民》，社會科學文獻出版社 2004 年版。

86. 蕭功秦：《危機中的變革——清末現代化進程中的激進與保守》，生活・讀書・新知三聯書店 1999 年版。

87. 張海鵬：《追求集——近代中國歷史進程的探索》，社會科學文獻出版社 1998 年版。

88. 丁偉志等：《中體西用之間》，中國社會科學出版社 1995 年版。

89. 蕭公權：《近代中國與世界——康有爲變法與大同思想研究》，江蘇人民出版社 1997 年版。

90. 朱維錚：《求索眞文明——晚清學術史論》，上海古籍出版社 1996 年版。

91. 張朋園：《梁啓超與清季革命》，吉林出版集團有限責任公司 2007 年版。

92. 張朋園：《梁啓超與民國政治》，吉林出版集團有限責任公司 2007 年版。

93. 張翰書：《比較中西政治思想》，吉林出版集團有限責任公司 2009 年版。

94. 王爾敏：《晚清政治思想史論》，廣西師範大學出版社 2005 年版。

95. 王惠岩主編：《政治學原理》，高等教育出版社 2006 年版。

96. 徐大同：《西方政治思想史》，高等教育出版社 2002 年版。

97. 曹德本主編：《中國政治思想史》，高等教育出版社 2004 年版。

98. 馬嘯原：《西方政治制度史》，高等教育出版社 2000 年版。

99. 徐大同主編：《當代西方政治思潮》，天津人民出版社 2001 年版。

100. 王浦劬：《政治學基礎》，北京大學出版社 2006 年版。

101. 寶成關主編：《政治學思想史》，湖南教育出版社 2004 年版。

102. 林水波：《憲法政治學》，元照出版公司（臺北）2002 年版。

103. 王科：《政治心理學》，四川人民出版社 1988 年版。

104. 燕繼榮：《政治學十五講》，北京大學出版社 2004 年版。

105. 顧肅：《西方政治法律思想史》，中國人民大學出版社 2005 年版。

106. 呂元禮：《政治文化：轉型與整合》，江西人民出版社 1999 年版。

107. 王樂理：《政治文化導論》，中國人民大學出版 2000 年版。

108. 叢日雲：《西方政治文化傳統》，吉林出版集團有限責任公司 2007 年版。

109. 萬荃：《中國政治文化教程》，高等教育出版社 2006 年版。

110. 周光輝：《論公共權力的合法性》，吉林出版集團有限責任公司 2007 年版。

111. 孫曉春：《中國傳統政治哲學》，吉林人民出版社 2003 年版。

112. 王人博：《中國近代的憲政思潮》，法律出版社 2003 年版。

113. 王人博等：《中國近代憲政史上的關鍵詞》，法律出版社 2009 年版。

114. 蕭公權：《憲政與民主》，清華大學出版社 2006 年版。

115. 江國華：《憲法哲學導論》，商務印書館 2007 年版。

116. 何士清：《憲政基礎研究》，華中科技大學出版社 2009 年版。

117. 張晉藩：《中國法律的傳統與近代轉型》，法律出版社 1997 年版。

118. 張文顯：《法理學》，北京大學出版社 1999 年版。

119. 鄧正來：《國家與社會——中國市民社會研究》，四川人民出版社 1997 年版。

120. 周葉中等：《共和主義之憲政解讀》，人民出版社 2005 年版。

121. 周葉中：《憲政中國研究》，武漢大學出版社 2006 年版。

122. 殷嘯虎：《感悟憲政》，北京大學出版社 2005 年版。

123. 陳俊：《憲政的價值之維》，江西人民出版社 2008 年版。

124. 張千帆：《憲政、法治與經濟發展》，北京大學出版社 2004 年版。

125. 白鋼、林廣華：《憲政通論》，社會科學文獻出版社 2005 年版。

126. 張友漁：《中國憲政論》，重慶生生出版社 1944 年版。

127. 張友漁：《憲政論叢》，群眾出版社 1986 年版。

128. 張君勱：《憲政之道》，清華大學出版社 2006 年版。

129. 蔣碧昆：《中國近代憲政憲法史略》，法律出版社 1988 年版。

130. 杜文忠：《近代中國的憲政化：兼與韓國比較》，法律出版社 2009 年版。

131. 佟德志：《憲政與民主：西方憲政民主制度的結構與邏輯》，江蘇人民出版社 2007 年版。

132. 徐輝琪：《憲政史話》，社會科學文獻出版社 2012 年版。

133. 平心：《中國民主憲政運動史》，上海書店出版社 1946 年版。

134. 程乃勝：《近代西方憲政理念》，安徽人民出版社 2006 年版。

135. 魏建國：《憲政體制形成與近代英國崛起》，法律出版社 2006 年版。

136. 董曉波：《市民精神與憲政：西方法治傳統的形成》，對外經貿大學出版社 2009 年版。

137. 錢福臣：《美國憲政生成的深層次背景》，法律出版社 2005 年版。

138. 黃基泉：《西方憲政思想史略》，山東人民出版社 2004 年版。

139. 桂宏誠：《中國立憲主義的思想根基：道德、民主與法治》，社會科學文獻出版社 2009 年版。

D、外文譯著

1. 費正清主編：《劍橋晚清中國史》，中國社會科學院歷史研究所編譯室譯，中國社會科學出版社 1985 版。

2. （德）馬克斯·韋伯：《儒教與道教》，洪天福譯，江蘇人民出版社 2005 年版。

3. （德）馬克斯·韋伯：《經濟與社會》，林榮遠譯，商務印書館 1997 年版。

4. （美）亨廷頓：《變化社會中的政治秩序》，王冠華譯，上海人民出版社 2008 年版。

5. （美）柯文：《在傳統與現代之間——王韜與晚清改革》，雷頤、羅檢秋譯：江蘇人民出版社 1995 年版。

6. （美）加布里埃爾·A·阿爾蒙德等：《公民文化——五個國家的政治態度和民主制》，徐湘林等譯，東方出版社 2008 版。

7. （美）加布里埃爾·A·阿爾蒙德等：《比較政治學——體系、過程和政策》，曹沛霖等譯，東方出版社 2007 年版。

8. （美）約瑟夫·阿·列文森：《梁啟超與中國近代思想》，劉偉等譯，四川人民出版社 1986 年版。

9. （美）約瑟夫·阿·列文森：《儒教中國及其現代命運》，鄭大華、任菁譯，廣西師範大學出版社 2009 年版。

10. （美）任達：《新政革命與日本——中國，1898～1912》，江蘇人民出版社

1998 年中譯本。

11.（澳）馮兆基:《尋求中國民主》，劉悦斌譯，江蘇人民出版 2012 年版。

12.（美）費正清、賴肖爾:《中國傳統與變革》，陳仲丹譯，江蘇人民出版社 2012 年版。

13.（美）費正清:《偉大的中國革命:1800～1985》，劉尊棋譯，世界知識出版社 2000 年版。

14.（日）佐藤慎一:《近代中國的知識分子與文明》，劉岳兵譯，江蘇人民出版社 2011 年版。

15.（日）增田涉:《西學東漸與中國事情》，由其民譯，江蘇人民出版社 2010 年版。

16.（美）璞嘉珉:《中國與達爾文》，鍾永強譯，江蘇人民出版 2009 年版。

17.（美）周錫瑞:《改良與革命》，楊慎之譯，江蘇人民出版社 2007 年版。

18.（美）吉伯特·羅兹曼編:《中國的現代化》，國家社會科學基金「比較現代化」課題組譯，江蘇人民出版社 2005 年版。

19.（美）史華滋:《古代中國的思想世界》，程鋼譯，江蘇人民出版社 2004 年版。

20.（古希臘）柏拉圖:《理想國》，郭斌和、張竹明譯，商務印書館 1996 年版。

21.（古希臘）亞里斯多德:《政治學》，吳壽彭譯，商務印書館 1965 年版。

22.（英）霍布斯:《利維坦》，黎思復、黎延弼譯，商務印書館 1985 年版。

23.（英）洛克:《政府論》，葉啓芳、瞿菊農譯，商務印書館 1983 年版。

24.（法）孟德斯鳩:《論法的精神》，張彦澤譯，商務印書館 1961 年版。

25.（法）盧梭:《社會契約論》，何兆武譯，商務印書館 1980 年版。

26.（法）托克維爾:《論美國的民主》，董良果譯，商務印書館 1988 年版。

27.（美）漢密爾頓等:《聯邦黨人文集》，程逢如等譯，商務印書館 1980 年版。

28.（美）潘恩:《潘恩選集》，馬清槐譯，商務印書館 1981 年版。

29.（美）博登海默:《法哲學——法理學及其方法》，鄧正來等譯，華夏出版社 1987 年版。

30.（美）路易斯·亨金等編:《憲政與權利——美國憲法的域外影響》.鄭戈等譯:生活·讀書·三聯書店 1997 年版。

31.（美）路易斯·亨金:《憲政·民主·對外事務》，鄧正來譯，生活·讀書·三聯書店 1997 年版。

32.（美）埃爾斯特等編:《憲政與民主——理性與社會變遷研究》，潘勤等譯，

生活·讀書·三聯書店 1997 年版。

33.（美）湯普森：《憲法的政治理論》，張誌銘譯，生活·讀書·三聯書店 1997 年版。

34.（美）斯蒂芬·L·埃爾金等編：《新憲政論——爲美好的社會設計政治制度》，周葉謙譯，生活·讀書·三聯書店 1997 年版。

35.（美）維爾：《憲政與分權》，蘇力譯，生活·讀書·三聯書店 1997 年版。

36.（美）羅森鮑：《憲政的哲學之維》，劉茂林等譯，生活·讀書·三聯書店 1997 年版。

37.（英）哈耶克：《自由秩序原理》，鄧正來譯，生活·讀書·三聯書店 1997 年版。

38.（美）羅素·哈丁：《自由主義、憲政主義和民主》，王歡等譯，商務印書館 2009 年版。

39.（美）卡爾·J·佛里德里希：《超驗正義——憲政的宗教之維》，周勇、王麗芝譯，生活·讀書·三聯書店 1997 年版。

40.（英）詹寧斯：《法與憲法》，龔祥瑞、侯健譯，生活·讀書·三聯書店 1997 年版。

41.（美）斯科特·戈登：《控制國家——西方憲政的歷史》，應奇等譯，江蘇人民出版社 2001 年版。

E、英文論著

1. Jansen, MariusB. TheJapanese and Sun Yat-sen. Cambridge, mass: Harvard University Press, 1954.

2. Levenson, JosephR.Liang Ch'i-ch'ao and the Mind of Modern China. Cambridge, Mass: Harvard University Press, 1953.

3. Joseph R.Levenson. Confucian China and Its Modern Fate, A Trilogy, Berkeley, 1968.

4. Wright, Arthur. ed. Studies in Chinese Thought.Chicago: The University of Chicago Press, 1962.

5. Wright, Mary ed, China in Revolution: the First Phase, 1900～1913. New Haven: Yale University Press, 1968.

6. PaulA. Cohen and John E.Schrecker. Reform in Nineteenth-Century China. Harvard University Press, 1931.

7. Chang Hao. Liang Ch'i-ch'ao and Intellectuao Transition in China, 1890～1907. Cambridge, Mass: HarvardUniversitu Press, 1971.

8. Gray, Jack, ed. Modern China's Search for Political Form. London, 1969.

9. Hou, chi-ming. 「Economic Dualism: The Case of China, 1840～1939.」 The Journal of Economic History23: 3, Setp, 1963.

10. Ch'en, JAerome. Yuan Shih-k'ai: Brutus Assume the Purple. Stanford: Stanford University Press, 1961.

F、中文論文

1. 鄭瓊現：《近代中國立憲的契約性流失》，載《廣東社會科學》2008 年第 1 期。

2. 劉篤才：《中日憲政初始階段比論》，載《日本研究》2005 年第 1 期。

3. 焦潤明：《三權分立學說在中國近代思想界的傳播——以梁啟超爲核心進行考察》，載《上海行政學院學報》2004 年第 5 期。

4. 張忠軍、張爍：《憲政知識在近代中國的民族化解讀》，載《華中科技大學學報》2006 年第 4 期。

5. 宋四輩：《近代中國憲政建設的教訓及啟示》，載《中國法學》2004 年第 5 期。

6. 夏新華、譚鍾毓：《借鑒與移植：美國憲政文化對近代中國立憲的影響》，載《湘潭大學學報》2010 年第 5 期。

7. 李青：《中國憲政之路的反思》，載《國家行政學院學報》2004 年第 5 期。

8. 夏新華：《工具性的憲法和憲法的工具性——以近代中國憲政歷程爲視角》，載《社會科學家》2004 年第 1 期。

9. 高旺：《晚清憲政改革在近代中國政治發展中的地位和影響》，載《中國青年政治學院學報》2002 年第 6 期。

10. 鄭瓊現：《近代中國憲政移植中的文化抵抗》，載《學術研究》2007 年第 2 期。

11. 岑樹海：《近代中國政黨的發軔——談清末立憲運動下的組黨實驗》，載《復旦學報》2004 年第 2 期。

12. 許紀霖：《近代中國政治正當性的價值衝突和內在緊張》，載《華東師範大學學報》，2008 年第 1 期。

13. 林建華：《論西方議會觀念在近代中國的解讀與認知》，載《史學集刊》2008 年第 2 期。

14. 馬小紅：《百年中國憲政反思》，載《上海師範大學學報》2006 年第 4 期。

15. 張朋園：《議會思想之進入中國》，載《華東師範大學學報》2004 年第 6 期。

16. 徐小明：《晚清君主立憲思想的歷史考察》，載《浙江大學學報》2008 年第 5 期。

17. 吳愛萍：《淺析清末民初憲政理念的思想淵源》，載《太平洋學報》2009 年第 4 期。

18. 吳愛萍：《從戊戌變法到辛亥革命：清末民初憲政實踐的考量》，載《江西社會科學》2010 年第 3 期。

19. 閻小波：《論近代中國憲政期成之爭》，載《南京大學學報》2008 年第 5 期。

20. 卞修全：《君憲、共和之爭與近代中國的憲政歷程》，載《法學家》2008 年第 4 期。

21. 王介平：《論改良主義者梁啓超——對梁啓超政治思想的批判》，載《教學與研究》1956 年第 12 期。

22. 蔡尚思：《四論梁啓超後期的思想體系問題——讀陳旭麓同志的「辛亥革命後的梁啓超思想」》，載《學術月刊》1961 年 12 期。

23. 蔡尚思：《梁啓超在政治上學術上和思想上的不同地位——再論梁啓超後期的思想體系問題》，載《學術月刊》1961 年第 6 期。

24. 熊月之：《論戊戌時期梁啓超的民權思想——兼論梁啓超與康有爲思想的歧異》，載《蘇州大學學報》1984 年第 3 期。

25. 俞榮根：《論梁啓超的法治思想——兼論梁氏對傳統法文化的轉化創新》，載《孔子研究》1996 年第 1 期。

26. 林有能：《重評康梁維新派——戊戌後康有爲梁啓超與維新派國際學術研討會側記》，載《學術研究》1994 年第 1 期。

27. 崔志海：《尋找一個真實的梁啓超——亦評張灝《梁啓超與中國思想的過渡：1890～1907》一書》，載《北京圖書館館刊》1994 年。

28. 桑兵：《梁啓超的東學、西學與新學——評狹間直樹《梁啓超‧明治日本‧西方》》，載《歷史研究》2002 年第 6 期。

29. 楊華：《梁啓超思想與中國文化傳統的關係——三位美國中國學專家眼中的梁啓超》，載《探索與爭鳴》2002 年第 11 期。

30. 鄭園珺：《梁啓超的善變與不變》，載《學術研究》2003 年第 12 期。

31. 黃仁賢：《梁啓超的〈新民說〉與近代公民教育理念的形成》，載《教育評論》2003 年第 1 期。

32. 王敏：《啓蒙與反思：論梁啓超的新民思想》，載《史林》2003 年第 3 期。

33. 謝俊美：《略論梁啓超對中國近代政治制度的探索》，載《華東師範大學學報》2003 年第 4 期。

34. 梁景和、余華林：《梁啓超的近代國民思想》，載《首都師範大學學報》2003 年第 6 期。

35. 彭平一：《論國家主義理論對梁啓超新民思想的影響》，載《湖南城市學院學報》2003 年第 4 期。

36. 周偉芳：《梁啓超與中國近代法學》，載《檔案與史學》2003 年第 3 期。

37. 侯傑、秦方：《「梁啓超與近代中國社會文化」國際學術研討會綜述》，載《歷史教學》2003 年第 12 期。

38. 李喜所：《剖析梁啓超晚年的思想走向——以《歐遊心影錄》爲中心》，載《社會科學研究》2003 年第 5 期。

39. 顏德如、顏俊儒：《離合之間：梁啓超與西方自由主義》，載《江蘇社會科學》2004 年第 2 期。

40. 周執前：《從康有爲到梁啓超：中國近代權利觀的產生與變異——以西方自然權利學說爲參照》，載《船山學刊》2004 年第 1 期。

41. 李春馥：《論梁啓超國家主義觀點及其轉變過程》，載《清史研究》2004 年第 2 期。

42. 李長莉：《梁啓超論新民德與國民生計》，載《近代史研究》2004 年第 3 期。

43. 李宜霞：《論梁啓超的憲政思想》，載《廣西師範大學學報》2004 年第 3 期。

44. 黃克武：《略論梁啓超研究的新動向》，載《文史哲》2004 年第 4 期。

45. 董羅民：《梁啓超的國民運動思想》，載《社會科學論壇》2005 年第 8 期。

46. 鄭師渠：《梁啓超的愛國論》，載《河北學刊》2005 年第 4 期。

47. 梁思禮、陳遠：《「他這個人永遠沒有辦法離開政治」——火箭專家梁思禮談父親梁啓超》，載《文史博覽》2005 年第 17 期。

48. 鄭大華、哈豔：《論梁啓超晚年的文化取向和政治取向及其疏離——以《歐遊心影錄》爲中心的分析》，載《中州學刊》2005 年第 5 期。

49. 狹間直樹：《譚嗣同〈仁學〉的出版與梁啓超》，載《國外社會科學》2006 年第 5 期。

50. 鄭師渠：《歐戰後梁啓超的文化自覺》，載《北京師範大學學報》2006 年第 3 期。

51. 李喜所：《中國現代民族觀念初步確立的歷史考察——以梁啓超爲中心的文本梳理》，載《學術月刊》2006 年第 2 期。

52. 董方奎：《梁啓超對近代中國教育的主要貢獻》，載《華中師範大學學報》2006 年第 4 期。

53. 邢益強：《從民本到民權的創造性接轉——梁啓超晚年民權思想之一面》，載《武漢大學學報》2007 年第 4 期。

54. 羅志田：《越是時代的就越永恆：梁啓超文本的跨世紀解讀——評黃克武〈一個被放棄的選擇：梁啓超調適思想之研究〉》，載《中國圖書評論》2007 年第 2 期。

55. 羅志田：《天下與世界：清末士人關於人類社會認知的轉變——側重梁啓

超的觀念》，載《中國社會科學》2007 年第 5 期。

56. 李喜所：《「強敵」成爲榜樣：梁啓超在甲午戰爭後對日本的反思》，載《歷史教學》2007 年第 4 期。

57. 李喜所：《梁啓超的家庭和家庭生活》，載《史學月刊》2007 年第 5 期。

58. 黃克武：《梁啓超的學術思想：以墨子學爲中心之分析》，載《銀行家》2007 年第 1 期。

59. 王明德：《凝質與流質之間──康有爲、梁啓超的個性差異與其不同的政治境遇》，載《河海大學學報》2007 年第 1 期。

60. 鄭師渠：《梁啓超的中華民族精神論》，載《北京師範大學學報》2007 年第 1 期。

61. 吳炳守：《民初梁啓超中堅政治論與研究系知識分子的形成》，載《史林》2008 年第 3 期。

62. 夏曉虹：《作爲政治家的梁啓超──「梁啓超研究」導論之一》，載《雲夢學刊》2008 年第 5 期。

63. 姜昱子：《梁啓超權利思想理路新探》，載《學術交流》2008 年第 10 期。

64. 王巨光：《略論梁啓超對國民劣根性的批判》，載《學習月刊》2008 年第 24 期。

65. 李兆國：《試析梁啓超對西學的借鑒與反思》，載《內蒙古農業大學學報》2009 年第 4 期。

66. 包廣明：《梁啓超憲政思想論略》，載《法制與社會》2009 年第 10 期。

67. 宋學勤：《「梁啓超式的輸入」的眞意義──兼論中西史學文化的接軌與融合》，載《中國人民大學學報》2009 年第 2 期。

68. 王德志：《論梁啓超的憲政學說》，載《山東社會科學》2009 年第 5 期。

69. 黃新宇：《梁啓超：一個愛國的知識報人》，載《新聞愛好者》，2009 年第 20 期。

70. 侯憲祥：《20 世紀初梁啓超啓蒙思想的轉變：從政治啓蒙到思想啓蒙》，載《新學術》2009 年第 1 期。

71. 苟軍、徐黎明：《民爲邦本──淺析梁啓超《新民說》中的國民近代化思想》，載《法制與社會》2009 年第 15 期。

72. 劉緒源：《誰是「五四」新文學的對立面──試說梁啓超與「新民體」》，載《蘇州大學學報哲學社會科學版》2009 年第 4 期。

73. 馮國泉、張豔萍：《梁啓超的民權與憲政思想》，載《理論與現代化》2009 年第 1 期。

74. 隋淑芬：《生命理念的缺失：近代天賦人權說的兩難困境──嚴復、梁啓超、譚嗣同合論》，載《天津師範大學學報》2009 年第 3 期。

75. 馬勇：《梁啓超與湖南時務學堂再研究》，載《社會科學研究》2010 年第 5 期。

76. 裴毅然：《梁啓超一生三變的啓示》，載《民主與科學》2010 年第 4 期。

77. 吉田薰：《「新民」與「死生觀」的糾纏——梁啓超從「宗教」到本土文化的關注》，載《東嶽論叢》2011 年 5 期。

78. 于寧志：《試析梁啓超的國家理念》，載《理論月刊》2011 年第 5 期。

79. 楊亮軍：《秩序的整合與國家的重塑：梁啓超憲政思想初探》，載《中南民族大學學報》2011 年第 1 期。

80. 吳寧寧：《梁啓超由「公德」到「私德」的思想矛盾困境解讀》，載《東南大學學報》2011 年第 2 期。

G、學位論文

1. 段江波：《危機·革命·重建——梁啓超論「過渡時代」的中國道德》，華東師範大學政法學院 2006 年。

2. 焦潤明：《梁啓超法律思想縱論》，中國政法大學 2004 年。

3. 劉小妹：《中國近代憲政理論的特質研究》，中國政法大學 2007 年。

4. 郭剛：《梁啓超與清末的西學東漸》，武漢大學 2006 年。

5. 龔國慶：《戊戌變法時期梁啓超政治思想研究》，南京大學 1999 年。

6. 劉亞娟：《近代歷史境遇中的梁啓超新民思想》，吉林大學 2006 年。

7. 王明偉：《近代日本國民主義與梁啓超國民國家思想的形成與發展》，吉林大學 2009 年。

8. 趙雅君：《憲政理想的執著追求者——論梁啓超的憲政生涯和憲政思想》，北京大學 1993 年。

9. 嚴泉：《民國初年的制憲與民主轉型》，上海大學 2005 年。

10. 趙國偉：《走向憲政》，吉林大學 2005 年。

後　記

　　有人說，回憶過去說明你已長大成人，感歎時間的流失則是人到中年的通病。是啊，人生不就是在回憶和感慨中度過的嗎！上世紀 90 年代初期，在我們那個貧窮落後的西北小鎮中學，就連一間像樣的圖書室也沒有，更別說現在那些讓人眼花繚亂的網路圖書、電子閱覽室、電化教室等現代化的資料與知識庫。歷史教科書似乎成為我們獲取歷史知識的主要來源。記得每周兩節「中國近代歷史」課成為大家最為期盼的事，當老師講到中國悠久的歷史和燦爛的文化時，內心的抑制不住的那種激動和自豪，真是無以言表；當老師以他那蒼老而沉重的語調痛斥近代西方資本主義國家的侵略，批判腐敗無能的清政府和贊美勇敢無畏的革命黨人時，我們內心深處泛起的那種痛楚與澎湃也久久不能平息。然而，唯有當老師照著課本朗讀「公車上書」、「戊戌變法」等內容時，他的語調似乎顯得平靜而糾結，末了還不忘記給我們交代一句：「大家好好讀書，等你們學有所成，應該向康有為和梁啟超這些有識之士學習。」那時真的還不理解老師為什麼會這樣講，因為課本上對這些人的描述和我們所要學習的榜樣似乎有著很大的差距。所幸，在以後的成長過程中，隨著學習機會的增多，中學老師交代問題的答案似乎漸漸清晰起來。

　　常言道：「寶劍鋒從磨礪出，梅花香自苦寒來」。長春，這座美麗城市，應該是我的第二故鄉，也是我的福地，她的包容與接納成就了今天的我。從本科到博士的每個學習階段，都是在這裡完成，走上工作崗位的成長和點滴進步，也離不開這裡老師的諄諄教誨與幫助。這裡的一草一木，一街一巷時常浮現在夢境之中。遙想十五年前的那個金秋，當我結束了本科階段的學習，懷揣著改變命運和實現遠大抱負的理想踏上求職之路時，突然發現工作機會

已成爲一種嚴重的稀缺資源。慶幸的是，自己的未雨綢繆加上畢業後正好趕上了國家教育改革的「好政策」，自己才得以進入東北師範大學政法學院攻讀政治學碩士。三年懵懂的學習以及形成的粗糙學術感覺還未來得及加工，就急急忙忙地走上了養家糊口的工作崗位。人們常說「初生牛犢不怕虎」，剛剛走上講臺的自己，感覺「無所不知，無所不曉」，可殘酷的事實給了我當頭棒喝，證明自己實際上是一無所知，百事不通。於是乎發憤圖強矢志再次充電。而享譽盛名的吉林大學則成爲自己首選的神聖象牙殿堂。命運也似乎非常眷顧我這位出身貧寒且無「985」名校學習經歷的追夢人，兩年的付出終於換來了吉林大學的博士錄取通知書。經過幾年的輾轉努力，拙文即將出版，但內心深處卻沒有那種完成「任務」的喜悅與激動，更多的則是惶恐和不安。因爲，本書思考的結果能否眞正地回答中學老師留給我們的那個問題，其結果不得而知。更爲重要的是，她的出版不僅意味著思考和學習步伐的繼續，而且也意味著下一個奮鬥目標的開始。回顧這十幾年的求學之路，正是有這麼多良師益友的相助，才能使我這樣順利地走下來。

感謝我的恩師孫曉春教授！老師宅心仁厚，嚴謹細緻。每當翻閱被老師一字一句修改了四遍的開題報告時，慚愧、感激與敬仰之情油然而生。在這幾年裏，雖說與老師相處的時間不多，但他的正直與嚴厲，依然讓我敬仰生畏。每每談及那些社會不公和學術不端的現象時，老師便像一位「憤青」那般起而批判鞭撻；當學生在學習上稍稍露出投機取巧之跡，他更是毫不客氣地將那些「邪念」扼殺在萌芽狀態。老師通達且富有人情味，每當學生遇到挫折準備打退堂鼓時，您那句「別人能做到的你一定能做到」的話語，讓學生重新燃起了克服困難的堅定信心！老師的寬容和關懷，是學生一步一步成長的最大動力。大恩不言謝，老師的栽培之恩惟有努力的學習和工作來報答。在此，我還要特別感謝寶成關老師、王彩波老師、張賢明老師、顏德如老師、龔蔚紅老師，正是您們不辭辛勞的點撥與教導才讓我們燃起了學習和生活的希望！

感謝亦師亦友的趙來文教授。忘不了那三年的啓蒙，也忘不了日常生活中的點滴教導。老師畢業前的那句「凡事要順其自然，萬不能和別人爭這爭那」的贈言，竟成爲我日後生活與學習的座右銘，時刻提醒和鞭策著我。感謝我本科的班主任胡雪老師，老師慈母般的關懷與鼓勵使我感知到了身在異鄉的幸福，老師的噓寒問暖，也讓我忘記了長春冬天的嚴寒，感受著春天般

的溫暖。還要感謝我在蘭州大學政治與行政學院的領導和同事，沒有你們的寬容與接濟，我也不可能順利地完成學業，謝謝您們！

感恩我親愛的家人！父母含辛茹苦的養育和默默無聞的支持成為我努力上進的精神源泉。她們所做的一切不求回報，都是為了自己的子女考慮著想，家中的一切困苦從不向兒女訴說，只有那難以報答的無私奉獻。父母的關懷與愛護成為我溫暖的港灣！感謝我的岳父岳母。感謝您們把賢慧能幹的女兒嫁給我，讓她和我一起承擔生活的重擔。有了您們無微不至的關心照顧，我才能放心地奔波在求學的道路上！感謝我的妻子，在我求學的幾年裏，她承擔了家中大大小小的事情，儘量讓我有一個舒適愉悅的學習環境，感謝妻子在論文寫作過程中提出的那些寶貴意見和付出的辛勤勞動！還要感謝我那活潑可愛的兒子，他的健康成長消除了我生活中的煩惱，給我帶來了無限的歡樂。每每聽見他在一旁「爸爸你的作業寫完了嗎」的督促，讓我一刻也不敢偷懶！謝謝你，我的寶貝兒子！

感謝花木蘭文化事業有限公司，正是由於貴社的抬愛，才使得拙文有幸得以出版！感謝楊嘉樂先生對本書提出的寶貴意見和不辭辛勞地修改校對，正是在您的幫助下，使得本書在出版過程中少走了許多彎路，避免了很多錯誤！

最後，我要特別說明的是，本書中的一些觀點與要旨在論文答辯時，就與幾位老師和專家存在不同的看法，雖然在後期的修改過程中做了種種修正和完善，但依然有力所不逮的感覺，文中所存在的種種錯誤和疏漏，責任應歸於筆者本人。尚望諸位學界前輩、專家、同仁和讀者們不吝給予指正和教言，以待未來能有更求精進的機會。

楊亮軍

2017 年 4 月